세계관 변혁을 위한 설교

교회를 세우는
기독교 세계관

노천상 지음

생명나무

교회를 세우는
기독교 세계관

초판 1쇄 발행	2016년 3월

지은이	노천상
펴낸이	노천상
펴낸곳	생명나무
전화	02-977-2780
팩스	02-977-2780
등록일	2011. 11. 9
등록번호	306-2011-31
주소	서울, 중랑구 묵2동 234-15
홈페이지	www.rcw.co.kr
총판	(주)비전북출판유통
	경기도 고양시 일산서구 덕이동 1347-7
	전화: 031-907-3927
	팩스: 031-905-3297
디자인	토라디자인(908-5538)
ISBN	978-89-9676-917-0 03230
가격	12,000원

생명나무 출판사는

위대한 종교개혁의 정신을 계승하고, 개혁신앙의 유산을 이 시대에 적용하고 확산시키며 후손들에게 상속하기 위해 설립되었습니다. 이러한 거룩한 도전과 모험을 통해서 주께서 영광을 받으시고 주의 백성들이 새롭게 되며, 교회가 참된 권능을 회복하도록 최선을 다하겠습니다.

세 계 관   변 혁 을   위 한   설 교

교회를 세우는
기독교 세계관

이 책은 기독교세계관학교를 후원해주시는
성도들의 도움으로 발행되었습니다.

저자 서문

기독교 세계관 학교가 시작 된지 8년째가 되었다. 어린아이와 젖먹이 같은 자들을 사용하셔서 권능을 베푸시는 하나님의 은혜는 참으로 놀라웠다. 하나님께서는 세계관 학교의 강좌들을 통해서 길을 잃고 방황하는 영혼들을 당신의 품으로 이끄셨다. 오프라인 강좌는 4년 8학기로 진행되고 있다. 하나님께서는 4년의 교육과정 동안 말씀을 통해서 세속에 물든 우리 모두를 책망하시고 도전하셨다. 그리고 그것들에서 떠나도록 인도하셔서 참된 위로와 성장을 이루게 하셨다. 원근 각처에서 말씀을 듣기 위해 모인 성도들의 열정은 은혜의 열매들이었다.

매주 진행된 강좌를 촬영하고 편집으로 섬겨준 성도들과 정기 간행물인 Knowing the Times를 편집하고 배포하는 일을 말없이 감당해 주신 성도들의 사랑의 수고로 인해 한국교회를 위한 아름다운 열매를 내놓을 수 있었다. 기독교 세계관 학교는 어느 한 사람의 능력이나 지혜가 아니라 함께 동역하며 기도와 후원해 주신 성도들의 헌신을 통해서 든든하게 세워지고 있다.

『사이버 세계관 학교』의 동영상 강좌는 해외와 지방에 계신 성도들을 섬기는 중요한 역할하고 있다. 사이버 강좌를 통해서 많은 성도들이 하나님과 역사, 인간과 사회에 대한 성경적인 통찰력을 갖게 되었고, 바른 기독교 세계관을 정립할 수 있게 되었다. 하나님께서는 『사이버 세계관 학교』를 통해서 우리가 예상하지 못했던 풍성한 열매를 주셨다. 해외와 지방에서 온라인 강좌를 수강하면서 놀랍게 변화된 성도들의 소식을 들을 때마다, 놀라운 하나님의 인도하심을 찬양하게 되었다. 지금도 목회자들과 성도들이 온라인 강좌를 통해서 참된 자유와 안식을 체득해 가고 있다. 하나님의 은혜로 3월부터는 온라인에서 "창세기와 기독교 세계관" 중국어 통역 강좌를 시작하게 되었다. 하나님께서 이 강좌를 사용하셔서 중국현지 오프라인 강좌에서처럼 많은 유익을 주실 것을 소망한다. 앞으로 세계관 학교의 모든 정규과정이 중국어 통역이나 자막으로 제작되어 중국 교회를 섬길 수 있기를 기도한다.

모든 영광을 주님께 돌려 드린다. 우리는 무익한 종으로 우리가 해야 할 일을 한 것뿐이었다. 그동안 세계관 학교의 사역을 자신의 사명으로 알고 기도와 후원으로 동역해 주신 박미애, 유도형, 김진우 (임연화), 이지영 성도님께 감사드린다. 그리고 온오프 라인에서 기독교 세계관 학교의 강좌를 수강하며 기도와 재정적으로 후원해 주신 모든 목회자와 성도님들께 감사드린다. 동역자들의 섬김과 기도는 주께서 받으시는 향기로운 제물이 되어 더 넓은 지역으로 복음이 달릴 수 있는 큰 원동력이 되고 있다. 주를 기쁘시게 하는 동역자들의 헌신에 주께서 상을 주시길 기도한다.

개혁교회를 세우기위해 노력하는 예림교회의 성도들의 기도와 헌신에 감사드린다. 개혁교회를 세우기 위한 성도들의 열정은 자기를 부정하고 공동체를 섬기는 것과 말씀을 삶에서 구현하려는 열망에서 잘 드러나고 있다. 모든 가정이 가정예배와 맥체인 성경읽기를 지속하고 있고, 개혁교회의 신조들을 공부하고 있다. 예림교회는 개혁교회의 전통에 따라 어린 아이부터 노인에 이르기까지 함께 공예배를 드린다. 하지만 예배가 부산하거나 소란한 적이 없다. 오히려 설교가 한 시간이 넘게 진행되는 경우가 많지만 어린 아이들의 집중력은 떨어지지 않는다. 이런 아이들의 집중력은 간혹 손님으로 방문하여 예배하시는 분들을 놀라게 한다. 이는 우리 아이들이 말씀의 사람으로 빚어지고 성장하고 있음을 보여주는 증거이다. 필자는 이 아이들의 모습에서 말씀에 깊이 뿌리내린 개혁 교회의 미래를 보게 된다.

이 책은 2009년 교단신문에 기고했던 '교회를 세우는 기독교세계관'(1장)과 2013년 성균관대학교 로스쿨 특강 '그리스도인 법률가의 사명'(11장)이 앞과 뒤에 들어있다. 2장부터 10장까지는 예림교회의 강단에 주신 말씀 아홉편으로 구성되어 있다.

    예림교회는 기독교 세계관을 정립하여 세상과 역사를 통찰하면서 이 시대에 주어진 사명을 감당하기 위해 분투하고 있다. 이렇게 말씀을 간절한 마음으로 받고, 그 말씀을 구현하기를 갈망하는 성도들을 섬기는 것이 필자에게는 큰 기쁨이며 특권이다. 이렇게 복된 성도들과 함께 주님의 교회를 섬기게 하신 하나님께 영광을 돌린다.

    전우애(戰友愛)로 함께 동역하는 아내와 교정을 맡아 수고해 준 딸 현경에게 고마움을 전한다. 주께서 이 책을 사용하셔서 한국교회와 성도들이 기독교 세계관을 정립하는것이 시급함을 조금이라도 인식하게 되기를 소망한다.

2016년 3월 15일
봉화산 자락 서재에서
저자 씀

저자 서문   4

1장. 교회를 세우는 기독교 세계관   15

   기독교 세계관을 찾아 주세요   15
   그간의 기독교 세계관 운동을 돌아보며   17
      단순한 틀에만 집착하는 기독교 세계관 운동   18
      현장 목회자들의 인식부족   19
      기독교 세계관 정립에 대한 오해   20
      고정된 틀로서 인식되는 기독교 세계관   21
   기독교 세계관은 체계적인 성경공부를 통해서 정립   22
   교회를 굳건하게 세우는 기독교 세계관   25

2장. 보지 못하는 자여 보라   33

   팔자가 센 여자?   33
   본문의 배경과 해석의 열쇠   34
      성경해석의 원리   34
      본문의 문맥   36
   보지만 보지 못하는 자   39
      언약 백성의 정체성을 보지 못하는 자   39
      아들들의 죄를 보지 못하는 사람   41
      자부도 알아보지 못하는 사람   44
   보고 변화된 사람   47
      보고 회개하는 사람   47
      보고 은혜를 깨달은 사람   50
   영적인 실재를 보라   51

3장. '그 날'을 생각하며 살자 — 59
- 결코 잊을 수 없는 그날 — 59
- 운명의 날 — 60
  - 녹슨 가마 예루살렘 — 60
  - 녹을 제거하기 위해 애쓰시는 하나님 — 63
  - 언제까지나 참으시는 하나님? — 66
- 애곡도 할 수 없는 날 — 67
  - 이해하기 힘든 하나님의 행동 — 67
  - 포기하시는 하나님 — 70
  - 하나님께 아내를 빼앗긴 에스겔 — 74
- 십자가가 의미하는 것 — 75

4장. 주께서 원하시는 예배 — 84
- 중요한 것은 눈에 보이지 않는다 — 84
- 잘못된 선택과 그 결과 — 86
  - 보이는 것을 따라 행하는 사람들 — 86
  - 보이는 것에 따라 행한 결과 — 90
  - 떠나심과 기다리심 — 95
- 괴로움을 더하는 피상적인 회개 — 97
  - 회개의 노래? — 97
  - 도구화된 구원 — 101
  - 하나님의 탄식 — 106
- 주께서 원하시는 예배 — 111
  - 제사보다 인애 — 111
  - 번제보다 하나님을 아는 것 — 112
- 잘 보려면 마음으로 보아야 한다 — 114

5장. 영적인 현실주의자가 되라   126
   붙들라   126
   구원에 대한 감사   128
      구원서정에 대한 감사   128
      복음으로 부르셔서 그리스도의 영광을 얻게 하심   133
   굳게 서서 말씀을 지키라   136
      굳게 서라   136
      사도적 가르침을 붙잡으라   140
   영적인 현실주의   144

6장. 자기 소위를 살펴보라   156
   아직은 때가 아니다   156
   우선순위를 정하라   159
      역사적 배경과 학개 선지자   159
      무엇을 위해 사는가   163
   성전을 재건하라   171
      즉시 시작하라   171
      너희가 내 기쁨이 되고 내가 영광을 받으리라   173
   내가 너희와 함께 하노라   176
      회개와 청종   176
      하나님의 위로   177
   우리의 마음을 각성시켜 주소서   180

7장. 교회 개혁, 법과 규례대로 하라   189
   착한 사람 콤플렉스?   189
   본문의 문맥   191
   교회 개혁에 대한 그릇된 시도들   192

여론 조사를 통한 개혁	192
전통에 근거한 교회 개혁	195
기득권을 보장하는 교회 개혁	197
바른 교회를 세우려면	200
교회의 근본 문제를 직시하라	200
말씀의 사람이 되자	202
거룩한 사람이 되자	205
법대로 개혁하기 위해 기도하는 사람이 되자	206
주의 법이 즐거움이 되는 교회	209

8장. 종말에 비추어 살자　　　　　214

거짓된 평안	214
도적같이 임하리라	215
'때와 시기'에 관하여	215
도적같이 임하는 주의 날	218
평안하다 안전하다 할 그 때	220
세상의 평안과 위험	220
해산이 임하는 것같이	221
그리스도의 군사는 깨어 있다	223
밤에 속한 사람들: 세상의 정신에 취함	223
낮에 속한 사람들: 영적으로 무장함	224
우리의 소망의 근거	227
하나님의 예정하심	227
그리스도의 구속	227
피차 권면하고 덕을 세우라	228

9장. 욥의 회개와 기도　　　　　238

영적인 도착	238

본문의 문맥	240
욥과 세 친구들의 대화	240
엘리후의 연설	242
하나님께서 찾아오심	244
욥의 기도	247
이제 아는 것을 말하나이다	247
헤아리기 어려운 말을 하였나이다	250
주여 내게 알게 하옵소서	252
회개한 자의 회복	258

10장. 모든 것이 합력하여 선을 이루는 방식   266

영원의 관점으로 보자	266
본문의 문맥과 약속의 대상	268
하나님께서 이루시는 '선'이란?	273
'선'을 이루는 방식은?	276
약속의 절대적 성취의 증거들	283
담대한 그리스도인	286

11장. 그리스도인 법률가의 사명   294

갈등하는 변호사?	294
국가의 기원과 법	296
국가의 권위와 질서에 순복하라	300
하나님께 반하는 국가 권력에도 복종해야 하는가?	301
그리스도인 법률가의 사명과 책임	304
그리스도인 법률가는 하나님의 사자(使者)다	304
그리스도인 법률가는 이익보다 공의를 추구한다	307
공의를 세우고 약자들을 돕는 법률가가 되라	309

교회를 세우는
기독교 세계관

세계관 변혁을 위한 설교

세계관 변혁을 위한 설교

1장

교회를 세우는
기독교 세계관

1장

교회를 세우는 기독교 세계관
기독교 세계관에 대한 오해와 진실

들어가며: 기독교 세계관을 찾아 주세요

"○○○색 강아지를 찾습니다. 도움을 주신 분께 후사하겠습니다"라는 벽보를 가끔 접한다. 반려 동물에 대한 사랑이 애절하게 묻어나는 신문광고도 등장 하는 세상이다. 오늘날 한국교회가 광고라도 해서 다시 찾아야 할 것이 있다면 무엇일까? 그것은 바로 기독교 세계관이 아닐까 생각해 본다. 그래서 우리도 "기독교 세계관을 아시나요? 한국교회에 기독교 세계관을 찾아주시면 후사 하겠습니다"라고 광고해야 할 것 같다. 왜냐하면 오늘날 한국교회가 광고를 해서라도 다시 찾아야 할 것은 바로 기독교 세계관이기 때문이다.

이런 바람이 많아져서인지 근래 들어 한국교회안에 다시금 기독교 세계관에 대한 관심이 높아지고 있다. 많은 교회들이 앞 다투어 기독교 세계관 강좌를 개설하고 있으며, 기독교 세계관에 대한 다양한 세미나와 강좌들이 여기저기에서 개최되고 있다. 이는 기독교출판계를 통해서도 확인 할 수 있다. 기독교 세계관에 관한 책들이 지난 30년 동안 나왔던 책들을 모두 합친 것보다 근래 나온 책들이 양도 많고, 내용적으로도 더 충실하며 판매량도 늘고 있다. 이러한 변화는 매우 긍정적이다. 왜냐하면 한국교회가 그간의 세속주의와 성공지향적인 교세확장에서 탈피하고 좀 더 교회다워지려는 몸부림의 일환으로 보이기 때문이다.

그동안 한국교회는 양적인 성장에 치중하여 역사상 유래 없는 결과를 보여주고 있다. 그래서 한국은 세계에서 가장 많은 메가 처치(대형교회)를 보유한 나라가 되었지만, 이 과정에서 교회와 성도들은 세상의 소금과 빛이 아니라 세상의 지탄의 대상이 되어 갔다. 이러한 현상을 통해 교회 안팎으로 이 문제를 해결하려는 진단과 처방이 수 없이 쏟아져 나왔다. 그리고 다양한 주체들은 교회를 개혁해야 한다고 목소리를 높였으나 시간이 흘러 이제는 개혁을 이야기하는 것 조차 진부한 일이 되어 버렸다.

한국 사회는 어떤 문제를 만나면 그것을 침소봉대(針小棒大)하고 그 문제를 획일화시켜서 그 문제를 풀려고 냄비처럼 끓어오르는 성향이 강하다. 그래서 한국에는 갑자기 큰 계획과 목표를 세우고 모든 문제를 일소하려는 의욕을 가진 사람들이 많고 이벤트성 행사가 끊이지 않는다. 이러한 성향은 교회에서도 마찬가지로 나타난다. 한국교회에서 내로라하는 분들이 교회의 문제를 한 묶음으로 묶어서 단번에 해결해 버리겠다며 연중 다양한 이벤트를 벌이고 있다. 그러나 그러한 행사와 세미나들을 알리는 광고는 많지만, 어떤 성과를 내었는지는 도무지 알려지지 않는다. 오히려 무성한 말잔치로 끝나는 경우가 대부분이다.

이천년 교회사에서 교회의 문제가 대형 이벤트를 통해서 해결된 예는 찾아 볼 수 없다. 교회의 근본문제는 언제나 하나님의 말씀에서 이탈함으로 시작되었기 때문이다. 그렇다면 답은 오히려 단순하고 명확하다. 그런 대형 이벤트를 열 것이 아니라 성경으로 돌아가야 한다. 성경을 가르치고 배우는 것을 경히 여겼기 때문에 한국교회 성도들은 '생각은 불교식으로 하고, 생활은 유교식으로 하고, 믿기는 미신적으로 믿으며(맹신), 예배를 위해 교회'에 나간다. 따라서 우리는 거창하게 교회개혁을 부르짖을 것이 아니라, 성경을 순수하게 가르치고 배워야 한다. 그래서 교회와 성도들이 '성경대로 생각하고(계시 의존적으로 사색하고), 성경적으로 생활하고(복음에 합당한 삶을 살고), 성경적으로 믿는(계시를 따라 믿음) 공동체'를 이루었을 때 교회가 세상을 향해 빛을 비출 것이다.

이 글에서는 그동안 한국교회에서 진행되어 온 기독교 세계관운동을 돌아보고, 그 성과와 한계, 그리고 대안을 간단하게 짚어보고자 한다.

1. 그간의 기독교 세계관운동을 돌아보며

한국에서 기독교 세계관운동은 80년대의 민주화 운동이라는 시대적 격랑 속에서 처음 시작되었다. 당시 대다수의 국민들 속에서 분출하고 있던 '민주화'라는 시대적 어젠다(agenda)에 기독교인이 어떻게 대처 할 것이며, 사회 참여를 어떤 방식으로 어느 정도로 할 것인가에 대한 고민과 질문을 하게 된 것이다. 이런 현실 문제에 대한 기독청년들의 참여와 한계에 일정부분 가이드 역할을 한 것이 바로 '기독교 세계관을 통해 보자'라는 결론이었다. 그리고 더 나아가서 현실의 부조리한 정치와 사회를 기독교인들이 어떻게 해석하고 적용해야 하는가에 대한 성경적 대안을 찾도록 이끌어 준 것은 기독교 세계관 운동의 큰 기여라고 할 수 있다.

단순한 틀에만 집착하는 기독교세계관운동

그러나 당시 기독교 세계관운동은 역사의 통시적(通時的) 흐름을 바르게 읽었으나, 공시적(共時的) 상황을 너무 단순화했거나 무시하는 경향을 가졌다. 이런 점은 현재까지도 상당부분 그대로 지속되고 있다. 기독교 세계관의 기본적인 틀을 '창조-타락-구속'이라는 통시적 역사의 흐름은 잘 파악했지만, 공시적으로 인간과 사회와 역사의 다층적 구조와 심층적인 문제들에 대한 성경에서 가르치는 적확(的確)한 답을 제시하지는 못했다. 인간의 문제를 바라보면서도 창조 당시의 인간과 타락 후의 인간, 그리고 구속받은 인간의 상태와 현실을 성경이 보여주는 만큼 세밀하고 풍성하게 드러내지 못했다. 그래서 사회와 역사에 대한 이해가 부족하여 단편적인 적용에 머물게 된 것이다. 또한 역사적으로 개혁교회가 고백하고 실천해 왔던 신앙고백과 교리를 소홀히 함으로써 삶의 모든 영역에서 하나님의 주권과 규범을 제시하는데 까지는 나아가지 못했다.

현장 목회자들의 인식부족

따라서 그간의 세계관운동은 기독교인들의 사회참여에 대한 큰 틀에서 성경적 원리를 제시하는 긍정적인 역할을 했지만, 보다 실제적인 상황에 대한 성경적인 대안을 제시하지는 못했다. 또한 우리가 사는 세상은 '창조-타락-구속'이라는 단순한 틀만으로는 해석할 수 없을 정도로 복잡하게 얽혀 있다. 따라서 그 틀을 단순하게 적용해서 풀 수 있는 문제는 별로 없다. 왜냐하면 인간과 사회의 문제는 다층적이면서도 유동적인 수많은 문제와 갈등이 얽혀 있고 계속해서 새롭게 양산되고 있기 때문이다. 그래서 대다수 교회와 성도들은 기독교세계관을 적용하여 현실에 직면한 문제들을 해결할 수 있다는 주장에 대해 회의(懷疑)를 가질 수밖에 없었다. 이로 인해 지금까지도 많은 성도들이 기독교 세계관이라는 용어마저도 낯설어 하고 있다. 이것이 기독교세계관 운동이 일부 대학교수들과 대학생들의 지성운동의 범주에서 벗어나지 못하고 있다는 반증이다. 물론 그분들이 기독교 세계관운동을 확산하려는 노력을 하지 않은 것은 아니다. 그러나 그들은 성도들의 기독교 세계관을 정립하는데 주체가 되어야 할 일선 목회자들을 설득하지 못했다. 그래서 일선에서 목회하는 분들은 성도들의 세계관의 변혁의 필요성을 크게 인식하지 못했다. 또한 대부분의 목회자들은 교회의 양적 성장에만 집중한 나머지 성도들의 세계관의 변화는 우선순위에서 뒤로 미루게 되었다.

기독교 세계관 정립(正立)에 대한 오해

기독교 세계관운동을 하시는 분들이나 기독교 세계관에 관심 있는 목회자들과 성도들은 기독교 세계관을 이론적으로 공부하거나 어떤 훈련 프로그램을 마치면 자동적으로 세계관이 정립될 수 있을 것처럼 단순하게 생각한다. 마치 1년 동안 제자 훈련을 마치면 모두 제자가 된다고 생각하듯이 말이다. 그러나 그렇게 쉽게 기독교 세계관을 정립할 수 있다면, 그것이 과연 진정한 기독교 세계관일까 반문해 보아야 한다.

기독교 세계관을 정립한다는 것은 새로운 집을 짓는 것으로 비유할 수 있다. 세계관은 각 사람과 문화가 갖고 있는 사상의 체계로부터 외현화(外現化)된 것이다. 그런데 정상인이라면 어떤 사람도 그의 사상이 백지 상태로 있는 사람은 없다. 인지 능력에 장애가 있거나 어린 아이가 아니라면 말이다. 세계관은 우리가 세계와 그 안에 있는 우리의 삶을 바라보는 방식이다. 따라서 세계관은 우리가 직면하는 근본적인 질문들에 대한 해답을 제공한다. 모든 사람은 '인생의 목적은 무엇인가? 우리가 이 땅에 존재하는 이유는 무엇인가? 선과 악을 판단하는 참된 기준은 무엇인가? 하나님은 과연 존재하는가? 인간은 어떤 존재인가?'와 같은 질문들에 나름의 답을 가지고 있다. 이런 사상들은 사람들이 세계를 어떻게 이해하는지 기준이 될 뿐만 아니라, 그들의 삶의 방식과 행동의 기반이 된다. 따라서 기독교 세계관을 정립하는 데 가장 우선되어야 할 일은 이미 존재하고 있는 기존의 사상체계의 허구를 드러내고, 그것을 부수고 해체하는 작업이다. 이는 선택이 아닌 필수적인 과정이다.

우리가 주변에서 흔히 볼 수 있는 주택의 재개발이나 재건축을 하는 현장을 생각해 보자. 재개발과 재건축을 할 때, 새로 집을 짓는 일보다 훨씬 더 힘든 과정은 노후화된 주택에 살던 많은 사람들을 이주시키고, 그곳에 있던 온갖 낡은 건축물들을 허물고 새로운 터를 닦는 것이다. 이와 같이 어떤 한 사람이 회심하여 구원을 받았다 할지라도 그 안에 이미 존재하고 있던 기존의 낡은 사상과 사고 체계가 한 순간에 변화되지 않는다. 따라서 그에게 새로운 세계관을 세워 주려면 기존에 갖고 있는 인본주의적이고 자기중심적인 세계관을 철저히 부정하는 작업이 선행되어야 한다. 그래서 새로운 사상의 집(기독교 세계관)을 짓기 위해서는 기존의 집(인본주의 세계관)을 허물기 위한 엄청난 힘과 노력이 요구된다.

그런데 이러한 과정을 적당히 하거나 생략하면서, 단지 '창조-타락-구속'이라는 단순한 틀을 기존의 세계관 위에 덧붙여서 사회의 현상들에 적용하고 몇 가지 사례를 들어 설명해서 기독교 세계관이 형성될 수 있다고 기대하는 것은 순진한 생각이다. 이미 우리는 그런 교육을 받았던 사람들에게서 자신들의 삶이 변화되지 않는다는 탄식의 소리를 듣고 있다.

고정된 틀로서 인식되는 기독교세계관

세계관은 그저 세상을 보는 눈이라고 생각하기 때문에 많은 사람들이 세계관의 변화를 기존의 안경을 벗고, 기독교 세계관이라는 새로운 안경을 쓰기만 하면 되는 것처럼 단순하게 생각하는 경향이 있다. 그러나 인본주의적인 세계관은 한순간에 제거되지도 않을 뿐만 아니라, 기독교 세계관도 단번에 완성품으로 주어질 수도 없고 주어지지도 않는다. 세계관은 그의 사상에서 나오기 때문에 우리가 세뇌(brainwash)라는 비인격적인 방식을 사용하는 것이 아니고서는 그렇게 변화될 수 없을 뿐만 아니라 그러한 변화는 진정한 것도 아니다. 세계관은 그가 가진 사상에서 발현되기 때문에 우리의 사상이 점점 성경적으로 변화될수록 기독교 세계관은 더 명확해지고 그 시야도 확대되어진다. 따라서 기독교 세계관은 고정되어있는 것이 아니라 역동적으로 발전하면서 세상을 보는 시야가 깊어지고 명확해지는 것이다.

그렇다면 진정한 삶의 변화를 담보할 수 있는 기독교 세계관을 정립하기 위해서는 어떻게 해야 하는가? 그것은 기존의 틀, '창조-타락-구속'이라는 통시적 인식의 틀 위에 성경의 구속사 안에 풍성하게 펼쳐져 있는 인간과 사회와 역사에 대한 공시적 이해가 심층적으로 이뤄지도록 체계적인 성경공부를 꾸준히 해야 한다.

2. 기독교 세계관은 체계적인 성경 공부를 통해서 정립

따라서 우리는 기독교 세계관이 특별한 책이나 프로그램을 사용한 어떤 특정한 사람들에게만 주어진다는 생각을 버려야 한다. 물론 그것들을 전혀 무시할 수 없을지라도 하나님께서 사용하시는 수단은 성경말씀과 성령의 방식이다. 교회가 바른 구원의 도리와 성경적 삶의 방식을 지속적으로 가르쳤다면, 이와 같은 책을 읽거나 프로그램을 사용하지 않았다 할지라도 모든 성도들이 기독교 세계관을 정립할 수 있다.

교회의 사역자는 개혁주의 신학에 입각한 성경공부를 통해서 '창조-타락-구속'의 통시적인 틀과 인간과 사회와 역사에 대한 공시적 이해를 넓혀야 한다. 그래서 기존의 세속적 세계관을 허물면서 동시에 성도들의 사상을 성경적으로 재건축함으로써 온전한 기독교 세계관을 세울 수 있다. 이는 물론 말씀 사역자의 오랜 인내를 통한 수고와 그 위에 하나님께서 은혜를 베푸셔야만 가능한 것이다. 이러한 노력이 없이 적용 중심의 기계적인 프로그램을 사용하는 것은 단기적인 효과를 거둘 수도 있겠지만, 진정한 사고의 변화를 통한 기독교 세계관 정립에는 도달하지 못한다.

모든 영적인 생활에 지름길이 없듯이 기독교 세계관을 정립하는 데도 지름길은 없다. 그럼에도 불구하고 많은 사람들이 '어떻게 해야 기독교 세계관을 쉽게 정립할 수 있을까'라고 묻는다. 그것을 한마디로 대답하면 개혁주의 신학에 근거한 철저한 성경 공부가 답이다. 그러나 무작정 성경을 많이 읽고 공부해서 성경적인 지식이 많아졌다고 기독교 세계관이 저절로 정립되지 않는다. 마치 비행기가 사백만여 개의 부품을 조립해서 만든 것이라고 해서, 사백만개의 부품을 모두 쌓아 놓는다고 해서 비행기가 되는 것도 아니고, 하늘을 날 수 있는 것도 아닌 것처럼 말이다. 그러면 어떻게 해야 비행기가 되고 하늘을 날 수 있게 되는가? 비행기가 날기 위해서는 각각의 부품이 적재적소에 조립되어야 창공을 날 수 있다. 이처럼 성경을 공부하되 세계관의 변화라는 분명한 목표를 갖고 성경의 진리들이 체계적이고 유기적으로 우리의 사상체계를 변화시키도록 교육과정을 구성해야 한다. 그리고 그러한 변화가 실제 삶에서 분별력 있게 작동하도록 가르치고 배워야 한다. 그래서 교리공부가 중요하다. 교리는 세상을 하나님의 방식으로 보게 해 준다. 역사적으로 개혁교회들은 그들이 고백하고 작성했던 교리문답[1]들을 가르치고 배웠다. 교리문답서들은 성경의 진리들을 가장 체계적으로 정리해 놓았고, 이미 역사 가운데서 그 효과가 검증된 자료다. 따라서 기독교세계관을 정립하는 위한 지름길은 성경신학적인 방법으로 구속사의 흐름을 따라 풍성하게 주어진 계시의 다양성을 최대한 존중하는 성경공부와 더불어 개혁주의 신앙고백서들과 교리문답들, 즉 교의신학을 함께 공부하는 것이다.[2]

---

1) 하이델베르크 요리문답, 벨직신앙고백서, 돌트신조, 웨스트민스터 신앙고백등
2) 이와 관련하여 기독교세계관학교(www.rcw.kr/xe)의 교육과정을 참고하면 도움이 될 것이다.

학년	1학기	2학기	3학기	4학기
1학년	창세기와 기독교세계관	율법의 렌즈를 통해서 본 인생의 목적	하나님 나라와 그 백성의 삶	산상수훈과 제자도
2학년	사도행전과 교회	바울서신과 세계관 (로마서)	요한계시록과 종말론	신앙고백과 직업을 위한 준비 (사도신경, 하이델베르크요리문답)

이렇게 공부하자면 시간이 많이 걸리고 현장 목회자들에게 많은 수고와 헌신이 요구된다. 그러나 그 효과와 열매는 시간이 지날수록 진정한 가치를 나타낼 것이다. 그러한 공부에 참여하는 성도들은 인본주의적인 세계관의 허구와 자기파멸성을 명확히 보면서 세상을 추구하던 세계관에서 돌이킬 것이다. 그리고 역동적으로 하나님 중심의 기독교 세계관으로 무장하려고 할 것이다. 선교학자이며 문화인류학자인 폴 히버트는 『21세기 선교와 세계관의 변화』에서 이렇게 말한다. "회심에는 세 가지 차원이 있는데, 그것은 행위와 믿음, 그리고 그 밑에 깔린 세계관의 변화이다. 회심이 믿음과 행위의 변화를 포함하더라도 세계관이 변하지 않을 경우에는, 장기적으로 보면, 복음이 거꾸로 뒤집어지고 기독교의 모양은 있으나 알맹이가 없는 혼합주의 종교를 초래하게 된다. 기독교가 일종의 새로운 마술과 아주 미묘한 형태의 우상숭배로 변질되고 만다. 행위의 변화가 19세기 선교 운동의 초점이었고, 믿음의 변화가 20세기 운동의 초점이었다면, 21세기에는 세계관의 변화가 핵심과제가 되어야 한다." 따라서 세계관의 변화를 위한 목회자의 헌신적 노력은 모든 목회사역의 중심에 있어야 한다.

나가며: 교회를 굳건하게 세우는 기독교 세계관

교회는 해석의 공동체이다. 교회는 성경을 해석하고, 자신이 속해 있는 사회와 문화 그리고 큰 역사의 흐름 속에서 자신이 처한 시대의 다양한 현상을 해석해야 한다. 그리고 바르고 정확한 해석에 근거해서 오직 복음만이 유일하고도 진정한 대안임을 제시해야 한다(행 4:12). 오늘 우리 시대의 교회와 성도가 새로워지고, 온전하고 강해져서 하나님께서 맡기신 사명을 수행하려면, 기독교 세계관에 근거해서 모든 사회현상을 관찰하고 해석하며 적용을 할 수 있어야 한다. 기독교 세계관은 성도들이 모든 일을 하나님의 방식으로 볼 수 있도록 인도해 준다. 기독교 세계관은 교회와 성도가 더 이상 비루하게 세상과 타협하지 않게 하고 담대하게 십자가와 복음의 능력을 선포할 수 있게 해 준다. 따라서 교회가 본질을 회복하고 시대적 사명을 수행하려면 아무리 힘들고 어려워도 성경적 세계관을 정립하는데 온힘을 기울여야 한다.

이제는 목회자들이 나서서 앞장서야 한다. 교회에 기독교 세계관을 되찾아 오는 것은 몇몇 엘리트 지식인들이 나서서 할 수 있는 것도 아니며, 세계관에 관한 책들을 이론적으로 공부한다고 해서 자동적으로 되는 것도 아니다. 경제학자보다 유능하고 정직한 기업가가 중요하듯이, 기독교 세계관을 정립하는 데는 신학자보다 말씀에 붙잡힌 헌신된 목회자가 더 중요하다. 이제는 목회자들이 성경과 교리를 가르치고 지키게 함으로써 성도들이 기독교 세계관을 정립하도록 해야 한다. 따라서 목회자들은 성도들의 세계관의 변화라는 분명한 목표를 갖고, 꾸준히 인내하면서 성경을 연구하고 가르쳐야 한다. 그리고 우리에게 계승된 위대한 개혁 신앙의 유산인 신앙고백서들과 교리문답들을 연구하고 가르쳐야 한다. 이러한 헌신을 통해서 한국교회와 성도들에게 '기독교 세계관'이 확립된다면, 교회는 순결하고 강한 공동체가 될 것이다.

기독교 세계관은 개인의 세계관으로 머무는 것이 아니라, 처음부터 교회 공동체의 세계관이었다. 모든 성도들이 온전케 되어 그리스도의 장성한 분량이 충만 한데까지 이르러 맡겨진 사명을 감당하게 하는 세계관이다(엡 4:11-16). 그리스도의 몸을 세우기 위해서 성도를 온전케 하는 것이 기독교 세계관이다. 이는 주 예수 그리스도께서 승천하실 때 교회에 직분 자들을 주신 목적이다. 따라서 기독교 세계관은 그리스도의 몸된 교회를 세우는 세계관이며, 교회 공동체성을 회복하는 세계관이다.

따라서 기독교 세계관을 정립한 성도들은 자기 정체성을 그리스도의 몸된 교회의 지체로 인식한다. 기독교 세계관을 정립한 성도는 개인주의적인 정체성이 아니라 교회 공동체로서의 교회아(敎會我) 의식을 갖는다. 교회와 분리된 기독교 세계관 운동은 개인적인 성화차원을 벗어나지 못한다. 하지만 교회아로서 자기 정체성을 세워주는 기독교 세계관은 이 세상의 어둠을 이기고 교회에게 주어진 시대적 사명을 감당하게 한다. 따라서 기독교 세계관을 정립하는 것은 바른 교회를 세우고, 교회적 사명을 감당하게 하는 첩경이다. 그동안 한국교회는 양적 성장에 치중한 나머지 명목상 그리스도인들을 양산해 왔다. 그런 그리스도인은 다원주의 사회에서 세상 사람들과 다를 바 없이 살고 있다. 이제는 패러다임의 전환이 요구되고 있다. 교회가 원상(原狀)의 모습을 회복하고 예수 그리스도를 닮은 제자 공동체가 되려면, 성도들 각 사람이 온전한 자로 세워져야 한다(골 1:28). 그것을 가능하게 하는 것이 바로 기독교 세계관의 정립이다. 이것이 사람을 많이 모으는 것보다 더 중요하다는 것을 목회자들이 깨달아야 한다. 기독교 세계관으로 무장한 성도와 교회만이 치열하게 전개되는 영적 전쟁에서 참된 승리를 맛보게 될 것이다(참고 대상 12:32).

교회를 세우는
기독교 세계관

세계관 변혁을 위한 설교

세 계 관 변 혁 을 위 한 설 교

2장   보지 못하는 자여 보라!

교회를 세우는
기독교 세계관

창세기 38: 1~ 30

1 그 후에 유다가 자기 형제에게서 내려가서 아둘람 사람 히라에게로 나아가니라
2 유다가 거기서 가나안 사람 수아라 하는 자의 딸을 보고 그를 취하여 동침하니
3 그가 잉태하여 아들을 낳으매 유다가 그 이름을 엘이라 하니라
4 그가 다시 잉태하여 아들을 낳고 그 이름을 오난이라 하고
5 그가 또 다시 아들을 낳고 그 이름을 셀라라 하니라 그가 셀라를 낳을 때에 유다는 거십에 있었더라
6 유다가 장자 엘을 위하여 아내를 취하니 그 이름은 다말이더라
7 유다의 장자 엘이 여호와 목전에 악하므로 여호와께서 그를 죽이신지라
8 유다가 오난에게 이르되 네 형수에게로 들어가서 남편의 아우의 본분을 행하여 네 형을 위하여 씨가 있게 하라
9 오난이 그 씨가 자기 것이 되지 않을줄 알므로 형수에게 들어갔을 때에 형에게 아들을 얻게 아니하려고 땅에 설정하매
10 그 일이 여호와 목전에 악하므로 여호와께서 그도 죽이시니
11 유다가 그 며느리 다말에게 이르되 수절하고 네 아비 집에 있어서 내 아들 셀라가 장성하기를 기다리라 하니 셀라도 그 형들 같이 죽을까 염려함이라 다말이 가서 그 아비 집에 있으니라
12 얼마 후에 유다의 아내 수아의 딸이 죽은지라 유다가 위로를 받은 후에 그 친구 아둘람 사람 히라와 함께 딤나로 올라가서 자기 양털 깎는 자에게 이르렀더니
13 혹이 다말에게 고하되 네 시부가 자기 양털을 깎으려고 딤나에 올라왔다 한지라
14 그가 그 과부의 의복을 벗고 면박으로 얼굴을 가리고 몸을 휩싸고 딤나 길곁 에나임 문에 앉으니 이는 셀라가 장성함을 보았어도 자기를 그의 아내로 주지 않음을 인함이라
15 그가 얼굴을 가리웠으므로 유다가 그를 보고 창녀로 여겨
16 길곁으로 그에게 나아가 가로되 청컨대 나로 네게 들어가게 하라 하니 그 자부인줄 알지 못하였음이라 그가 가로되 당신이 무엇을 주고 내게 들어 오려느냐
17 유다가 가로되 내가 내 떼에서 염소 새끼를 주리라 그가 가로되 당신이 그것을 줄 때까지 약조물을 주겠느냐
18 유다가 가로되 무슨 약조물을 네게 주랴 그가 가로되 당신의 도장과 그 끈과 당신의 손에

있는 지팡이로 하라 유다가 그것들을 그에게 주고 그에게로 들어갔더니 그가 유다로 말미암아 잉태하였더라

19 그가 일어나 떠나가서 그 면박을 벗고 과부의 의복을 도로 입으니라

20 유다가 그 친구 아둘람 사람의 손에 부탁하여 염소 새끼를 보내고 그 여인의 손에서 약조물을 찾으려 하였으나 그가 그 여인을 찾지 못한지라

21 그가 그곳 사람에게 물어 가로되 길 곁 에나임에 있던 창녀가 어디 있느냐 그들이 가로되 여기는 창녀가 없느니라

22 그가 유다에게로 돌아와 가로되 내가 그를 찾지 못하고 그곳 사람도 이르기를 여기는 창녀가 없다 하더라

23 유다가 가로되 그로 그것을 가지게 두라 우리가 부끄러움을 당할까 하노라 내가 이 염소 새끼를 보내었으나 그대가 그를 찾지 못하였느니라

24 석달쯤 후에 혹이 유다에게 고하여 가로되 네 며느리 다말이 행음하였고 그 행음함을 인하여 잉태하였느니라 유다가 가로되 그를 끌어내어 불사르라

25 여인이 끌려 나갈 때에 보내어 시부에게 이르되 이 물건 임자로 말미암아 잉태하였나이다 청컨대 보소서 이 도장과 그 끈과 지팡이가 뉘 것이니이까 한지라

26 유다가 그것들을 알아보고 가로되 그는 나보다 옳도다 내가 그를 내 아들 셀라에게 주지 아니하였음이로다 하고 다시는 그를 가까이 하지 아니하였더라

27 임산하여 보니 쌍태라

28 해산할 때에 손이 나오는지라 산파가 가로되 이는 먼저 나온 자라 하고 홍사를 가져 그 손에 매었더니

29 그 손을 도로 들이며 그 형제가 나오는지라 산파가 가로되 네가 어찌하여 터치고 나오느냐 한 고로 그 이름을 베레스라 불렀고

30 그 형제 곧 손에 홍사 있는 자가 뒤에 나오니 그 이름을 세라라 불렀더라

2장

보지 못하는 자여 보라!
창 38:1-30

들어가며: 팔자가 센 여자?

　여성들의 사회적 지위가 낮았던 과거에는 집 안에 어떤 불행한 일이나 문제가 생기면 그에 대한 원인을 여자들에게 돌리곤 했다. 자녀를 낳지 못해도 여자가 잘못해서 그렇다고 했고, 아들을 못 낳아도 여자 때문이라고 했고, 남편이 일찍 사망해도 여자가 드세서 그랬다는 등등의 일들이 참 많았다. 남성 중심의 사회에서 권력과 힘을 가진 자들은 자신들의 편의대로 정의의 기준을 설정한다. 그런 사회에서 약자들은 언제나 보호받기 어렵고 정당한 대우를 받지 못한다. 오히려 억압당하고 소외 된다. 그래서 불행이 겹겹이 따라오는 여자는 팔자가 센 여자이기 때문에 그런 여자를 피하는 것이 더 큰 불행을 미연에 방지하는 것으로 생각한다.

　성경에서도 그런 예들이 자주 나타난다. 그래서 여성 해방을 궁극적 목표로 하는 페미니즘적인 여성신학자들은 성경에 나오는 인물과 사건을 이데올로기적으로 해석함으로써 엉뚱한 결론을 도출하기도 한다. 가령 에스더서에는 아하수에로 왕의 아내인 왕후 와스디가 왕의 잔치에 청함을 받고도 거절함으로써 폐위 되는 사건이 나온다. 이를 여성신학자들은 남성우월주의자들의 잘못된 권력과 전통에 의연하게 맞선 것으로 해석하여 와스디를 영웅시하기도 한다. 그러나 이런 이데올로기적인 해석은 저자의 의도와 하나님의 뜻을 왜곡하기 때문에 주의해야 한다.

창세기 38장에 나오는 다말도 어떤 사람들의 눈에는 팔자가 센 여자로 보였을 것이다. 누구보다 그의 시아버지인 유다의 눈에는 그렇게 보였다. 그렇다면 과연 본문은 이 사건을 통해서 팔자 센 여자의 부도덕한 행위를 고발하려는 것일까?

1. 본문의 배경과 해석의 열쇠

1) 성경해석의 원리

우리는 성경에서 수많은 인물들과 다양한 사건들을 만나게 된다. 성경 속의 인물들과 사건들은 우리에게 교훈을 주기도 하고 때로는 위로와 경고를 주기도 한다. 그래서 바울 사도는 "무엇이든지 전에 기록한 바는 우리의 교훈을 위하여 기록된 것이니 우리로 하여금 인내로 또는 성경의 안위로 소망을 가지게 함이니라"고 말씀했다(롬 15:4). 성경은 우리에게 구원에 이르게 하는 지혜를 주며 하나님의 사람으로 온전케 하여 모든 선한 일을 행하도록 준비하게 한다(딤후

3:15-17). 그러나 성경은 기계적으로 우리의 삶을 변화시키지 않는다는 것을 명심해야 한다. 벤자민 워필드는 '성경의 의미가 성경이다'라고 말했다. 즉 성경이 바르게 해석되고 그 의미가 적실성 있게 적용될 때만이 하나님의 말씀으로써의 능력과 지혜를 준다는 말이다.

전통적으로 개혁교회는 성경에 구원과 신앙생활에 필요한 모든 것이 들어 있다고 믿는다. 개혁교회는 성경의 기록이 완성됨으로써 특별계시가 종료되었음을 믿을 뿐만 아니라 성경의 완전성과 충족성을 믿는다. 또한 개혁교회는 성경의 명료성을 믿는다. 성경의 명료성이란 사람들의 구원과 삶을 위한 모든 진리들이 분명하고 명료하게 선포되어 있음을 믿는 것이다. 물론 성경의 모든 부분이 다 명확한 것은 아니다. 성경의 어떤 부분은 때로는 모호하거나 심오하여 쉽게 이해하기 어려운 부분도 있다. 사도행전 8장에서 에디오피아 여왕 간다게의 권세있는 내시는 성경이 어려워서 고심했을 때, 빌립의 도움이 필요했다. (행 8:26-40) 베드로 사도는 성경의 어떤 부분들은 이해가 쉽지 않음을 인정하고 억지로 풀지 말라고 경고하고 있다(벧후 3:15-16).

이런 이유로 로마 가톨릭 교회는 자신들의 교회만이 성경을 정확하게 해석할 수 있고, 그들의 해석은 무오하다고 주장하였다. 그러나 종교 개혁자들은 성경의 명료성을 강조했고, 성경 속에는 인간의 이성을 초월하는 신비가 있다는 사실 또한 인정했다. 개혁자들은 성경에 대한 학문적 주석의 필요성을 강조했고, 자신들이 위대한 주석가이기도 했다. 그들은 교회가 성경에 대해 갖는 역할을 축소시키지 않았다. 그러나 근본적으로 개혁자들은 성경 해석의 준거(準據)가 교회나 주석가에게 있는 것이 아니라 성경 자체에 있다고 바르게 주장하였다. 그들은 "성경이 성경의 해석자다"라는 원리를 천명하였다.

성경이 성경을 해석한다는 것은 성경 해석의 원리를 사람이나 교회의 권위에서 찾는 것이 아니라 성경 자체에서, 성경이 지시하는 내적 원리에서 찾는 것이다. 성경은 부분적으로 모호하고 난해한 부분이 있으나 전반적인 내용은 명확하고 성경 전체의 맥락에서 볼 때 분명한 뜻을 발견할 수 있게 되어 있다. 때로 어떤 부분의 의미가 분명하지 않다하더라도, 진지하고 겸손하게 성령의 조명하심을 기도하면서 성경 전체의 문맥 가운데 연구한다면 진리에 도달하게 되어 있다.

사실 창세기 38장은 가까운 문맥에서는 의미가 쉽게 드러나지 않는 본문 중에 하나이다. 따라서 우리는 성경이 성경을 해석해 주는 원리를 따라 본문의 앞 뒤 문맥과 성경 전체의 문맥에서 이 말씀을 해석해야 한다. 그리고 당시의 사회 문화적 배경을 이해하는 것이 이 본문을 이해하는 중요한 열쇠가 된다.

2) 본문의 문맥

어떤 학자들은 요셉 이야기에 유다의 이야기가 갑자기 끼어들어 있기 때문이 본문의 신빙성을 의심하기도 한다. 그러나 본문을 면밀하게 읽는다면 본 사건은 갑자기 끼어든 것이 아니라 본문이 꼭 있어야 할 자리에 있음을 확인하게 된다. 창세기 38장은 오경 전체의 구조 속에서 중요한 신학적 메시지를 담고 있음을 알 수 있다. 우선 가까운 문맥을 먼저 살펴보자.

　야곱은 아버지 이삭과 형(兄) 에서를 속이고 축복을 받았었다.(창 27장) 그로 인해 그는 오랜 기간 처가살이를 하면서 많은 고생을 했다.(창 29-30장) 하나님의 축복을 언약의 성취가 아닌 속임수로 받았던 야곱은 자신보다 간교한 외삼촌이자 장인(丈人)인 라반에게 속임을 당하여 험악한 세월을 보냈다(창 47:9). 야곱은 하나님의 은혜로 라반을 떠나 가나안으로 돌아오던 중 그가 가장 사랑했던 라헬을 잃는다. 야곱은 라헬을 사랑했기 때문에 자식들 중에서도 요셉과 베냐민을 편애하였다. 이로 인해 레아의 자녀들은 큰 불만을 품게 된다. 장자 르우벤은 라헬이 죽은 후 라헬의 종이자 서모인 빌하와 통간을 함으로써 아버지의 편애에 대해서 보복하고자 했다. 이 사건으로 인해 르우벤은 장자로서의 지위와 특권을 상실하게 된다. 또한 레아의 딸 디나가 하몰에게 수치를 당했을 때도 야곱은 아버지로서는 예상 밖에 무심한 대응을 한다. 그래서 둘째와 셋째 아들인 시므온과 레위는 격분하여 세겜 사람들을 가혹하게 학살한다. 이로 인해 야곱은 큰 두려움에 사로잡히게 되고 자녀들을 책망했다. 하지만 오히려 그들은 아버지의 태도에 더 분노를 나타낸다. 창세기 34장 31절에서 레위와 시므온은 이렇게 말한다. "그들이(시므온과 레위) 가로되 그가 우리 누이를 창녀 같이 대우함이 가하니이까?" 이 구절을 히브리 원문에 가깝게 번역하면 이렇다. "우리 누이가 창녀처럼 다루어져도 좋

2장 보지 못하는 자여 보라! 37

다는 말씀입니까?" 히브리 원문에서 저자 모세는 레위와 시므온이 비난한 대상에 아버지인 야곱을 배제하지 않고 있음을 암시해 주고 있다. 이런 일련의 사건으로 인해 유다 위에 있는 세 형들(르우벤, 시므온, 레위)은 형제들을 이끌만한 도덕적인 자격을 상실하게 되었다.

또한 야곱은 어린 요셉에게 채색 옷을 입히는 것으로 다른 자녀들이 요셉을 미워하는 빌미를 제공했다. 당시 문화에서 채색 옷을 입히는 것은 그에게 장자의 권리를 상속하겠다는 의미였다. 야곱이 어린 요셉에게 장자의 권리를 상속하는 것 때문에 장성한 레아의 자녀들은 더욱 화가 난 상태였다. 설상가상으로 요셉은 자신의 꿈을 형제들에게 말함으로써 더욱 형제들로부터 미움을 사게 된다.

이런 상황에서 요셉은 형제들에게 죽임을 당할 위기에 처하게 되었다. 르우벤은 후에 요셉을 구해주려는 의도로 요셉을 구덩이에 던져 넣자고 했지만, 르우벤의 말은 형제들에게 더 이상 권위가 없었다. 유다는 레아의 넷째 아들이었지만, 르우벤과 시므온과 레위가 아버지의 신망을 상실했기 때문에 자연스럽게 그의 지도력이 부상하고 있었다. 그래서 유다가 요셉을 애굽에 팔자는 제안을 했을 때, 모든 형제들이 유다의 제안을 따른 것이다.

유다와 그 형제들은 요셉의 채색 옷에 수염소 피를 뿌려서 아버지 야곱에게 건넨다(창 37:32). 이것의 의미는 "아버지께서 요셉에게 장자권을 주려고 하는 시도는 무산되었습니다"라는 선언이었다. 특히 붉은 팥죽으로 형 에서를 속였고, 털옷으로 아버지 이삭을 속였던 야곱이 이제는 자식들에게 붉은 피가 묻은 옷으로써 속임을 당한다.

속이는 자가 속임을 당하는 모습은 우리에게 많은 것을 생각하게 한다. 속이던 자가 똑같은 방식으로 속임을 당한 것이다. 야곱은 심히 애통해하며 자녀들의 어떤 위로도 받지 않는다. 이런 상황에서 38장의 본문이 이어진다.

2. 보지만 보지 못하는 자

1) 언약 백성의 정체성을 보지 못하는 사람

요셉을 팔고 난 후에 유다는 자기 형제들에게서 떠나 아둘람 사람 히라에게로 갔다. 그리고 그 곳에서 가나안 사람 수아의 딸을 보고 아내로 취한다(1-2절). 여기서 주목할 점은 유다가 언약 공동체인 아버지와 형제들을 떠나 가나안 사람들에게로 내려갔다는 것이다. 마치 롯이 소돔과 고모라 땅이 비옥한 것만을 보고서 그 땅을 선택한 것처럼 유다도 가나안 사람들의 땅으로 내려간 것이다.

창세기 38장을 이해하는 중심 단어는 "보다"라는 단어다. 38장에는 '보다'라는 의미의 히브리어 단어가 여섯 가지(라아:보다, 아인:목전, 나카르:살펴보다, 마짜:찾다, 야다:알다, 히나:보라)로 사용되고 있다. 2절에서는 "라아"라는 히브리어 단어가 사용되었는데 이 단어는 눈에 보기에 좋다는 것을 의미한다. 롯이 소돔 땅을 보았다고 할 때도 "라아"가 사용되었다. 삼손이 딤나에서 블레셋 여자를 보았을 때도 "라아"가 사용되었다. 그렇다면 유다가 본 것은 외형적인 화려함과 아름다움, 육신적인 추구를 위해서 가나안 사람들에게로 내려갔음을 알 수 있다.

이미 유다는 가나안 여인과의 결혼이 언약 백성에게 합당하지 않음을 배워서 알고 있었을 것이다(창 24:3[이삭]; 26:34-35[에서]; 28:1-2[야곱]; 28:6-9[에서]). 유다는 할아버지인 이삭과 아버지인 야곱이 어떻게 혼인하였는지도 알고 있었을 것이다. 또한 그의 큰 아버지인 에서가 가나안 여인과 결혼함으로써 할아버지와 할머니의 속을 썩인 사실을 들어서 알고 있었을 것이다. 그럼에도 불구하고 그는 가나안 여자를 아내로 취하였다.

이 사실이 심각한 이유는 유다는 세상의 풍요와 이방 여인의 아름다움을 보고 언약 백성이 반드시 준수해야 할 규례를 가볍게 여겼다는 점이다. 유다는 세상의 풍요와 세상의 아름다움을 보았지만, 언약 백성이 소중하게 보아야 할 신앙의 가치를 보지 못한 것이다. 노아 시대 사람들이 세상의 딸들의 아름다움을 보고, 그들과 통혼함으로 동화되어 멸망했다. 유다 역시 야곱의 장자권을 상속받을 수 있는 유력한 위치에 있었음에도 불구하고 가나안 사람들의 세계관에 동화되어 갔음을 보여준다.

우리도 유다처럼, 세상의 번영과 화려함을 보고 하나님 나라의 소중한 유산들을 소홀히 하고 있지는 않는지 돌아보아야 한다. 유다처럼 세상을 보는 사람은 세상에서 벌어지는 현상은 볼 수 있을지라도, 그 안에 담겨진 참된 실상은 보지 못한다. 세상의 화려하게 수놓은 커튼 뒤에 가려진 허무와 절망, 죽음의 그늘은 볼 수 없다. 세상의 번영과 영광만을 바라보며, 그것을 추구하는 사람은 믿음의 공동체가 갖고 있는 영원하고 복된 가치를 보지 못한다. 나름 세상의 풍조를 재빨리 읽고 자신의 세속적 성공을 따라간 유다, 그는 과연 어떤 열매를 얻었을까? 그의 생명의 열매인 자식들은 어떻게 되었을까?

2) 아들들의 죄를 보지 못하는 사람

유다는 가나안 여인과 결혼하여 엘과 오난과 셀라, 세 아들을 낳았다. 여기까지는 그의 선택이 나름 성공한 것처럼 보인다. 유다는 장자인 엘에게 가나안 여인 중에서 다말을 취하여 아내로 주었다(6절). 그런데 장자 엘은 여호와의 목전에서 악을 행함으로써 자식도 없이 죽고 만다(7절). 어떤 악을 행했는지 본문에는 나오지 않는다. 추측컨대 유다는 그의 자식들에게 언약 백성으로서의 삶의 도리를 가르치지 않았을 것이다. 유다는 자식들이 가나안 사람들의 삶의 방식을 따라 살도록 방치했을 것이다. 그런 상황에서 그의 아들들은 자연히 영적으로나 도덕적으로 심각한 결함을 가질 수밖에 없었을 것이다. 유다는 장자가 자식이 없이 죽었기 때문에 당시의 관례대로 둘째 아들 오난에게 형수와 결혼하도록 한다.

고대근동에서 수혼 제도, 곧 형사취수제는 전통적인 관례였다. 당시 왜 이런 법이 필요했을까? 당시 여자는 상속 재산을 받을 수 없었고, 자식이 없으면 장자의 자손이 끊어지게 되었다.[1] 뿐만 아니라

---

1) 수혼법(brother's marriage)은 죽은 자의 혈통이 끊어지지 않도록 씨를 남겨서 그의 가계를 계

그 과부를 보호해줄 사람이 없기 때문에 생명에 위협을 당할 수밖에 없는 상황이었다. 따라서 빈곤한 과부로 하여금 생명을 유지하고 그를 보호하기 위한 인도주의적인 조치였다. 그래서 이 법은 모세의 율법에서도 중요하게 다루어진다. 모세는 신명기 25장 5-10절에서 자세한 규정을 준다. 신명기 24장과 25장은 인도주의적인 법 원리를 제시하는데 수혼법이 그 중심에 놓여 있다. 예수님께서 오셨던 1세기 당시에 사두개인들은 부활이 없음을 주장하며 예수님을 공격하기 위해서 이 법을 인용했다(마 22:23-33). 그러나 수혼법은 죽은 다음의 세계에서의 부부관계를 규정하는 것이 아니었다. 남편이 일찍 죽음으로써 일어난 이 세상에서의 사회적·경제적 약자의 생명을 보호하기 위한 인도주의적인 율법이었다.

오난은 자신의 욕망은 채우면서도 당시 사회를 지탱하는 중요한 법적 장치이자 자신에게 주어진 의무를 고의적으로 회피했다. 더 나아가 오난이 형의 뒤를 이을 아들을 낳지 않으려 한 것은 하나님께서 소중히 여기시는 혈통의 보존에 대한 숭고한 존엄성을 깨뜨린

속 보존하려는데 그 목적이 있다. 구약 시대에 있어서 이 제도는 신학적인 관점으로 보아도 충분한 이유가 있다. 왜냐하면 아담과 하와에게 약속된 구원의 씨(창 3:15)는 아담과 하와의 혈통이 보전되어야만 후손이 생산되기 때문에 어떤 경우에 있어서도 아담의 혈통은 지속되어야 한다. 이러한 의미는 하나님이 노아에게 언약하신 약속 안에서도 확연하게 제시 된다. 약속의 씨를 생산할 혈통이 끊어지지 않도록 하기 위해 하나님은 다시는 인생들을 홍수로 멸절시키는 심판을 행치 않겠다고 약속하셨고(창 9:15-16) 사람들을 향해서도 살인을 금하셨던 것이다(창 9:6). 하나님께서 생명을 중시하는 것은 사람의 혈통이 인류의 구세주이신 메시아가 이 땅에 태어나는 통로가 되기 때문이다. 따라서 그 혈통을 보전하기 위해 사람의 생명은 보장되어야 하며 도중에 혈통이 끊어져 가문이 소멸되지 않도록 인간의 이성에게 빛을 비추어 자연스럽게 수혼법을 만들게 하신 것으로 보인다.

것이다. 하나님께서는 이런 악한 행동을 한 오난을 죽이신다. 오난은 형의 자식이 태어날 경우에 자신에게 주어질 장자의 권한이 상실됨으로써 자신이 받을 유산이 적어질 것을 우려해서 이와 같은 짓을 저지른 것으로 보인다. 이렇게 하나님을 떠나 세상의 번영과 자기 영광을 추구하는 유다의 자식들은 자신의 이익을 위해서라면, 그 어떤 짓도 서슴지 않을 만큼 대담하게 죄를 짓게 된다.

그런데 더 큰 문제는 유다는 두 아들이 죽은 것이 자신과 자식들의 죄 때문임을 보지 못했다. 악한 자식들이 죽은 것은 자신과 아들들의 죄 때문이 아니라, 자부인 다말이 팔자가 세기 때문이라고 생각했다. 그래서 셋째 아들을 줄 의사도 없으면서도 그럴듯한 핑계를 만들어 며느리를 친정으로 보내 버린다. 유다는 며느리 다말에게 셋째 아들인 셀라가 자라기까지 친정에 돌아가 있으라고 말한다. 이러한 유다의 모습은 가나안의 세계관에 동화되어 자신과 자식들의 문제를 제대로 파악하지 못하는 어두움에 빠져 있음을 보여준다.

유다는 세속주의 세계관에 갇혀서 문제의 본질을 보지 못하고 애꿎은 며느리에게 책임을 전가하는 영적인 소경이 되어 있었다. 그리고 심지어 자신의 방법으로 팔자 센 여자를 쫓아 보냄으로 막내아들의 생명을 지키려고 한다. 잘못된 추론에 근거해서 자비와 인도주의적인 원리마저 고의적으로 무시한 것이다. 이처럼 유다는 하나님의 백성으로서의 정체성과 사명을 거의 상실해 버렸음을 보여준다. 진정으로 보아야 할 것을 보지 못하고, 세상의 허황된 꿈을 이루기 위해서 동분서주하는 유다는 더 깊은 영적인 잠에 빠져가고 있었다.

이제 유다는 자신이 누구인지, 무엇을 위해 존재하는지를 알지 못한 채 사막 한가운데서 신기루를 좇느라 허둥대며 방황하고 있다.

오늘 여러분은 무엇을 보고 있는가? 하나님 나라의 실재와 아름다운 가치들을 바라보고 있는가? 아니면 세상의 번영과 화려함을 좇느라 유다처럼 이방 땅 가나안에서 헤매고 있는가? 오늘날 한국교회가 세상의 번영을 추구하고 세상의 즐거움을 얻기 위해 하나님 나라의 보화들을 버리고 있다. 요즘 교회는 세상의 주목받는 영화를 단체로 관람하는 것이 유행이라고 한다. 이는 참으로 안타까운 일이 아닐 수 없다. 성경을 공부하고 가르치기에도 부족할 시간에 영화를 보는 곳에서 하나님 나라의 통치가 이루어지겠는가?

3) 자부도 알아보지 못하는 사람

자기 사랑과 세상의 세계관에 매몰되어 버린 유다는 다말에게 거짓말을 하면서도 부끄러워할 줄 모르는 상태까지 이르게 된다. 그런 상황에서 유다는 얼마 지나지 않아 아내까지 죽게 된다. 자신의 눈에 보기 좋았던 아내마저도 허무하게 죽음을 맞았다. 그가 가나안에서 얻었던 두 아들은 여호와의 목전에서 악을 행하다가 죽음으로 그를 떠났다. 유다는 자신이 가나안에서 얻은 아내와 자식, 그리고 재물로도 어떤 위로나 안식을 발견하지 못했다.

한편 다말은 시아버지의 말을 믿고 기다렸다. 그러나 세월이 흘러 셀라가 장성하였는데도 유다가 다말을 셀라의 아내로 주지 않음을 보고서 다말은 시아버지의 마음을 간파하게 된다. 시아버지 유다가 처음부터 자신을 속였음을 알게 된 것이다.

그러던 어느 날 다말은 시아버지가 근처에 온다는 말을 듣는다. 다말은 어떻게든 처음 남편의 씨를 잇게 하겠다는 염원을 갖고 과감하게 파격적인 행동을 하기로 마음먹는다. 그래서 그녀는 유다가 지나 가는 길목에서 창녀의 복장을 하고 앉아서 기다렸다. 아내와 사별하고 홀로 지내던 유다는 허무와 공허를 채우려고 길가에서 창녀를 보자 그녀를 산다. 고대 근동에서는 추수를 하거나, 양털을 깎는 날은 큰 축제를 벌였다. 그날에는 음식과 많은 양의 포도주를 마시고 즐거운 시간을 가졌다. 또한 경우에 따라서, 풍요를 기원하기 위해서 바알 신전에서 신전 창녀들과 매춘을 하기도 했다. 가나안 문화에서는 다산과 풍요를 기원하기 위한 성전 매춘의식을 공공연하게 행해졌다. 그러한 행위는 일반적인 매춘과는 달리 사람들에게 지탄을 받는 일이 아니었다. 당시에도 매춘은 불법적인 것은 아니었지만, 훌륭한 시민에게는 수치스러운 일이었기에 점잖은 사람들은 멀리했다.

유다는 창녀에게 염소 새끼 한 마리를 화대로 정했지만, 그 자리에서 값을 지불할 수 없었다. 그래서 그는 몸값 대신 일종의 채무증서로서 약조물을 주었다. 약조물은 자신의 도장과 그 끈과 지팡이였다. 고대 근동에서 '도장과 끈 지팡이'는 자신의 신원을 확인하는 신분증과 자신의 권위를 상징하는 표시였다. 그래서 도장에는 아름다운 문양을 새기고, 지팡이 머리에는 멋있는 장식이나 이름을 써넣었다. 유다가 이 모든 것을 소유했음을 볼 때 상당한 부자였음이 드러난다.

　다말은 이렇게 유다와 관계를 맺고 난 후 곧바로 떠나 창녀의 옷을 벗고 다시 과부의 옷을 입었다. 당시 과부는 결혼한 여자와 마찬가지로 면박을 쓰지 않았다. 그러나 과부임을 나타내는 특별한 옷을 입었다. 이런 '과부의 의복' 때문에 이스라엘 사회에서는 이삭줍기나 십일조의 한 부분을 나누어 가질 수 있는 자격을 인정받게 되었다.

　다말이 기대했던 바대로 그녀는 잉태를 한다. 한편 유다는 자신의 아둘람 친구를 통해서 창녀에게 맡긴 약조물을 찾아오도록 하려고 염소 새끼를 보낸다. 유다의 친구는 에나임으로 갔지만, 유다가 만났던 창녀를 찾을 수가 없었다. 히브리어 원어에는 유다가 그녀를 평범한 창녀('자나':일반적인 매춘부)임을 알고 있었으면서도(15절) '거룩한 여자('케데쇠')'라고 부른다. 거룩한 여자('케데쇠')는 종교적인 목적으로 성관계를 맺는 신전의 여사제, 곧 신전창녀를 말한다. 당시 사람들이 일반창녀와 관계를 맺으면 부끄러운 일이었지만, 신전창녀와 관계를 맺는 것은 거룩한 일이라고 생각하였기에 유다는 일부러 이렇게 말한 것이다. 유다는 그의 친구가 그곳에는 창녀(자나)는 커녕 여사제(케데쇠)도 없었다고 하자 더 이상 부끄러움 당할 것을 두려워하여 더 이상 찾지 말라고 한다.

　유다는 세상 사람들도 부끄러워하는 짓을 하였다. 유다는 가나안 사람에게 수치 당할 것을 걱정하면서도, 언약백성으로서 수치 될 일을 한 것에 대해서는 조금도 부끄러워하지 않았다. 죄는 사람들의 양심을 점점 마비시켜서 나중에는 양심에 화인을 맞은 것처럼, 죄를 짓고도 부끄러움을 느끼지 못할 정도로 자라게 된다. 유다는 가나안 사람과 다를 바 없는 상태가 되어 버린 것이다.

3. 보고 변화된 사람

1) 보고 회개하는 사람

그 후 석 달쯤 지났다. 그런데 유다의 귀에 참으로 부끄러운 소식이 들렸다. 수절하고 친정에 가있는 며느리가 잉태하였다는 것이다. 수절한 며느리의 임신은 곧 그녀가 행음했음을 의미한다. 다말은 당시 법과 관행에 따라 막내아들 셀라와 정혼한 상태이기 때문에 행음한 며느리를 처형하기 위해 유다가 나선다. 유다는 그렇지 않아도 막내 아들 셀라를 다말에게 주지 않을 구실을 찾고 있었던 참이었다. 그런데 다말이 마침 행음했다는 소식에 다말을 제거해 버릴 절호의 기회가 왔다고 생각했다. 유다는 잔인하게도 다말에게 아무런 발언 기회도 주지 않은 채 화형을 시키라고 명령한다(24절).

이 모든 것을 예상하고 있었던 다말은 자신과 잠자리를 한 남자의 신분을 알려줄 증거물을 제시한다. 다말은 시아버지에게 냉정하게 말한다. "이 물건 임자로 말미암아 잉태하였나이다. 청컨대 보소서! 이 도장과 그 끈과 지팡이가 뉘 것이니까?"(25절) 여기서 '보소서'라는 말은 히브리어로 '나카르'라는 단어다. 알아보고 세밀하게 조사해서 본다는 의미이다. 다말은 유다에게 똑똑히 관찰하고 자세히 살펴보고 판단하라고 말한 것이다. 유다는 다말의 말대로 그 증거물을 자세히 살펴보았다('나카르'). 그는 예전처럼 대충보고 판단할 수 없었다. 유다는 자세히 미루어 살펴본 결과 며느리와 관계를 맺은 당사자가 누구인지를 확실하게 알게 되었다.

유다는 화형(火刑)을 당해야 할 사람은 다말이 아니라 오히려 자신임을 인정하게 된다. 자신의 약조물을 본 유다는 드디어 영적인 눈이 열렸다. 그래서 그동안 자신이 행했던 죄와 어리석음과 간교함을 보게 되었다. 유다는 마침내 자신의 근본적인 죄와 잘못을 깨닫게 된다. 그는 드디어 자신의 정체성과 삶의 목표를 자세히 살펴 보게 된 것이다. 언약 백성으로서의 정체성과 세계관을 회복해야 함을 깨닫게 된 것이다. 유다는 다말이 자신의 육체적 정욕을 위해서가 아니라 남편의 대를 잇기 위해서 부끄러움을 무릅쓰고 유다와 관계를 가졌다는 것을 알게 되었다.

이 모든 일의 정황을 조사해서 보고 나서 유다는 며느리가 자신보다 옳다는 사실을 인정하고 고백한다. 유다는 눈꺼풀이 벗겨져서 모든 일의 근본적인 책임이 자신에게 있음을 인정하게 된 것이다. "그는 나보다 옳도다!"(26절) 유다는 다말을 통해서 자신의 영적인 상태를 발견할 수 있었다. 그리고 유다는 진정으로 회개한다. 이는 그가 자신의 잘못을 공개적으로 고백할 뿐만 아니라, 다시는 다말을 가까이 하지 않았음이 그의 고백을 통해서 드러난다.

38장 이후에 이어지는 사건 속에서 유다의 리더십은 공동체와 부모를 위해서 자기를 희생하는 진정한 지도자의 모습으로 나타난다. 창세기 44장 14-34절에 나타난 유다의 모습은 그가 진정으로 회개한 사람임을 드러낸다. 유다의 회개는 바로 이 사건에서부터 시작되었다. 이 일 후에 야곱이 애굽으로 이주하는 과정에서도 유다는 계속 중보자의 역할을 담당하면서 야곱의 신임을 얻는다. 46장 28절은 이렇게 기록하고 있다. "야곱이 유다를 요셉에게 미리 보내어 자기를 고센으로 인도하게 하고 다 고센 땅에 이르렀다." 그러나 유다 사건의 절정은 49장 8-12절이다. 유다를 향한 야곱의 유언은 우리들의 모든 상식과 기대를 깬다. 요셉이 아니라 유다가 아브라함에게 주었던 씨의 약속을 성취할 중요한 인물, 곧 장자가 될 것을 예언한다. "홀이 유다를 떠나지 아니하며 치리자의 지팡이가 그 발 사이에서 떠나지 아니하시기를 실로가 오시기까지 미치리니 그에게 모든 백성이 복종하리로다"(창 49:10).

누가 되었든지, 자신의 죄 된 실상을 발견한 자는 회개에 이르게 된다. 영적 실재(reality)를 볼 수 있는 사람은 하나님께 은혜를 입은 사람이다. 그는 죄가 얼마나 하나님을 불쾌하게 하는지를 안다. 죄를 따라가는 인생이 얼마나 큰 허무와 절망에 빠지게 되는지를 안다. 그래서 무엇보다 죄를 미워하게 된다. "그 때에 너희가 너희 악한 길과 너희 불선한 행위를 기억하고 너희 모든 죄악과 가증한 일을 인하여 스스로 밉게 보리라"(겔 36:31). 유다는 영적인 시각이 회복되고 철저한 회개를 통해서 다시 언약백성의 정체성과 사명을 다시 보게 되었다. 이처럼 경건의 비밀은 세상과 역사를 자세히 미루어 살피고(나카르) 자기 불선한 길을 돌이켜 회개한 자에게만 보인다.

2) 보고 은혜를 깨달은 사람

사람이 책임을 소홀히 하고, 자기 방식으로 문제를 꼬이게 만들었다고 해서 하나님의 계획이 무산되지 않는다. 인간의 어리석음이 하나님의 경륜을 파할 수 없다. 하나님은 이방 여인인 다말을 통해서 언약 백성인 유다를 꾸짖으시고 변화시키신다. 더 놀라운 것은 그렇게 부적절한 관계를 통해서 태어난 아들의 계보에서 메시아가 태어나게 된다. 27절에서 산파는 소리 지른다. "보라(히네)! 쌍둥이라!" 히브리어 '히나'는 감탄사로 '보라!'는 의미다. 여기서 "보라!"는 말은 하나님의 은혜에 대한 감격에서 터져 나오는 외침이다. 하나님께서는 이 때 태어난 쌍둥이 중에서도 장자인 세라가 아니라 차자인 베레스를 택하셨다. 하나님의 구원은 사람의 외모나 능력에 좌우되지 않는다. 오직 택하심을 따라 되는 하나님의 은혜로 말미암은 것이다.

이것이 우리가 기뻐하고 놀라야 하는 일이다. 우리도 "보라"라고 외쳐야 한다. 우리도 어려서부터 항상 악만 행하고, 자기사랑과 세상의 세계관에 빠져있었던 소경들이었다. 그럼에도 불구하고, 우리 같은 소경들에게 베푸시는 하나님의 사랑을 체험했다. 우리도 외쳐야 한다. "보라! 지금은 은혜 받을만한 때요, 보라! 지금은 구원의 날이로다!"(고후 6:2) 바울 사도는 우리의 구원이 전적인 은혜의 결과라고 선포한다. "그런즉 원하는 자로 말미암음도 아니요 달음박질하는 자로 말미암음도 아니요 오직 긍휼히 여기시는 하나님으로 말미암음이니라"(롬 9:15).

나가며: 영적인 실재(reality)를 보라.

성경의 역사는 구원의 역사다. 창세기에서는 인간의 연약함과 하나님의 신실하심이 가장 선명한 대조를 보여 준다. 믿음의 조상 아브라함도 넘어졌다. 이삭도 넘어졌다. 이스라엘이라 칭함을 받았던 야곱도 실수를 했다. 유다도 이처럼 온전하지 못한 사람이었다. 다말도 자신의 방식으로 그 문제를 풀려고 율법을 범했다. 그러나 그들을 사용하시는 하나님은 신실하셨다. 하나님의 자비와 은혜가 그들을 새롭게 하셨고 변화시키셨다.

그렇다고 그들의 실수와 죄에 전혀 책임이 없는 것이 아니다. 그들이 넘어지고 자신의 의무를 소홀히 하면 유다처럼 그만큼 고통과 아픔을 당해야 했다. 우리에게 이것을 기록해서 보여주시는 하나님의 뜻이 여기에 있다(참고. 고전 10:11).

우리도 유다처럼 현실의 유익만을 대충 보고(라아, 2, 14, 15절) 하나님의 백성으로서의 영적인 시력을 상실한다면 고통을 당하게 될 것이다. 우리가 잘못된 시각으로 세상의 세계관을 수용하게 되면, 우리의 눈은 유다처럼 점점 더 어두워지고, 우리의 마음은 강퍅하게 될 것이다. 영적인 감각이 둔해질수록 우리는 더 큰 위험에 직면하게 될 것이다.

이 세상이 아무리 견고해 보이고 화려할지라도 그것은 진정한 실재가 아니다. 보지 못하는 사람들에게는 영적인 실상(reality)이 비현실적으로 보이고 불가능하게 보일 것이다. 진정하고 영원한 실재는 유다의 후손이신 예수님 안에서 이 땅에 임한 하나님 나라다. C.S. 루이스는 『천국과 지옥의 이혼』이라는 책에서 하루 동안 지옥에서 천국으로 가는 한 무리들을 묘사하고 있다. 그들이 귀찮게 여기는 것 중에 하나는 거기(천국)에 있는 모든 것이 그들 자신보다 더 실재적이라는 것이다. 심지어 잔디조차 그들보다 더 실재적이어서 그들의 몸무게에도 불구하고 잔디가 구부려지지 않아 걸을 때마다 통증을 느끼게 한다. 마찬가지로 우리에게 이 세상에서 아주 실재적이고 현실적인 것처럼 보이는 것들은 다가올 세상과 비교할 때 비실재적이며 비현실적인 것들이다.

따라서 우리는 세상과 역사, 자기의 인생을 적당히 대충 보아서는 안 된다. 자신과 세상의 실상을 철저히 조사해서 영적으로 꿰뚫어 볼 수 있는 시각이 열려야 한다(나카르, 25, 26절). 그래서 허상이 아니라, 참된 실재에 우리의 모든 것을 걸어야 한다. 우리는 역사 전체를 동시에 통찰하고 계시는 하나님의 목전(目前)에(아인, 7, 10절) 살고 있다. 우리가 비록 이 세상에서 고통을 당하고 때로는 억울하게 누명을 쓴다 할지라도, 이 모든 것을 하나님께서 지켜보고 계시며 우리를 보호하고 계심을 알아야 한다. 그러므로 우리는 모든 일을 신중하게 보고 행동해야 한다. 성경은 우리가 사랑의 하나님을 섬기기 때문에 세상과 인생을 대충 보고 적당히 살아도 된다고 가르치지 않는다. 바울 사도는 "우리가 다 반드시 그리스도의 심판대 앞에 드러나 각각 선악간에 그 몸으로 행한 것을 따라 받으려 함이라"(고후 5:10)고 했다. 따라서 우리는 자신의 정체성에 맞는 복된 삶을 살기 위해서 바로 보고 신중하게 살아야 한다!

우리의 안전과 보장이 하나님께 있기에 우리는 비굴하게 세상과 타협하거나 굴복할 수 없다. 이렇게 사는 것이 우리의 자랑이며 우리의 힘이다. 세상을 육신적인 안목으로 보지 않아야 한다. 모든 것들을 피상적으로 대충 보지 않아야 한다. 성경에 비추어서 영적 실상을 보아야 한다. 그리고 담대하게 나아가자. "주의 말씀은 내 발의 등이요 내 길에 빛이니이다"(시 119:105). 주의 말씀의 빛으로 모든 것을 세밀하게 살피면서 가자. 이것이 우리가 승리하는 길이다. 이제 우리가 산파처럼 세상을 향해서 참된 실상을 똑바로 "보라!"(히네)고 외치자. "보라 지금은 은혜 받을 만한 때요! 보라 지금은 구원의 날이로다!"

기독교 세계관 정립을 위한 질문들

2장. 보지 못하는 자여 보라!

1. 성경을 이데올로기적으로 해석할 때 문제는 무엇입니까?

2. '성경의 의미가 성경이다'라는 말은 무엇을 의미합니까?

3. 개혁교회는 성경의 완전성과 충족성, 그리고 명료성을 믿습니다. 성경의 명료성이란 무엇입니까?

4. 종교 개혁자들은 성경해석의 준거를 무엇이라고 보았습니까?

5. 창세기 38장을 이해하기 위해서는 앞뒤 문맥과 역사 문화적 문맥을 살피는 것이 중요합니다. 그 이유를 말해 보세요.

6. 야곱이 요셉에게 채색옷을 지어 입혔습니다. 이는 당시 문화적 배경에서 어떤 의미였습니까?

7. 유다가 가나안 여인과 결혼한 것이 왜 문제가 됩니까?

8. 고대 근동에서 형사취수제가 언약 백성에게도 주어졌습니다. 구약 시대에 이 제도의 신학적 의미는 무엇일까요?

9. 유다가 다말을 친정으로 돌려보내는 사건을 통해서 유다의 어떤 문제가 드러나고 있습니까?

10. 고대 가나안 문화에서 "도장과 끈 지팡이"는 어떤 역할을 했습니까?

11. 저자인 모세는 38:20-23절에서 유다의 위선을 폭로합니다. 그것은 무엇입니까?

12. 유다가 무엇을 보고(나카르) 회개하여 언약백성으로서의 정체성과 세계관을 회복하게 되었습니까?

13. 그리스도인이 세상의 세계관을 수용하면 어떤 문제가 발생합니까?

14. 우리가 영적 싸움에서 승리하려면 어떻게 해야 합니까?

교회를 세우는
기독교 세계관

세계관 변혁을 위한 설교

세 계 관   변 혁 을   위 한   설 교

3장 '그 날'을 생각하며 살자!

교회를 세우는
기독교 세계관

에스겔 24장

1 제 구년 시월 십일에 여호와의 말씀이 내게 임하여 가라사대
2 인자야 너는 날짜 곧 오늘날을 기록하라 바벨론 왕이 오늘날 예루살렘에 핍근하였느니라
3 너는 이 패역한 족속에게 비유를 베풀어 이르기를 주 여호와의 말씀에 한 가마를 걸라
4 건 후에 물을 붓고 양떼에서 고른 것을 가지고 각을 뜨고 그 넓적다리와 어깨고기의 모든 좋은 덩이를 그 가운데 모아 넣으며 고른 뼈를 가득히 담고 그 뼈를 위하여 가마 밑에 나무를 쌓아 넣고 잘 삶되 가마 속의 뼈가 무르도록 삶을찌어다
5 (4절에 포함되어 있음)
6 그러므로 나 주 여호와가 말하노라 피 흘린 성읍, 녹슨 가마 곧 그 속의 녹을 없이 하지 아니한 가마여 화 있을찐저 제비 뽑을 것도 없이 그 덩이를 일일이 꺼낼찌어다
7 그 피가 그 가운데 있음이여 피를 땅에 쏟아서 티끌이 덮이게 하지 않고 말간 반석 위에 두었도다
8 내가 그 피를 말간 반석 위에 두고 덮이지 않게 함은 분노를 발하여 보응하려 함이로라
9 그러므로 나 주 여호와가 말하노라 화 있을찐저 피를 흘린 성읍이여 내가 또 나무 무더기를 크게 하리라
10 나무를 많이 쌓고 불을 피워 그 고기를 삶아 녹이고 국물을 졸이고 그 뼈를 태우고
11 가마가 빈 후에는 숯불 위에 놓아 뜨겁게 하며 그 가마의 놋을 달궈서 그 속에 더러운 것을 녹게 하며 녹이 소멸하게 하라
12 이 성읍이 수고하므로 스스로 곤비하나 많은 녹이 그 속에서 벗어지지 아니하며 불에서도 없어지지 아니하는도다
13 너의 더러운 중에 음란이 하나이라 내가 너를 정하게 하나 네가 정하여지지 아니하니 내가 네게 향한 분노를 풀기 전에는 네 더러움이 다시 정하여지지 아니하리라
14 나 여호와가 말하였은즉 그 일이 이룰찌라 내가 돌이키지도 아니하며 아끼지도 아니하며 뉘우치지도 아니하고 행하리니 그들이 네 모든 행위대로 너를 심문하리라 나 주 여호와의 말이니라 하셨다 하라
15 여호와의 말씀이 또 내게 임하여 가라사대
16 인자야 내가 네 눈에 기뻐하는 것을 한번 쳐서 빼앗으리니 너는 슬퍼 하거나 울거나 눈물을 흘리거나 하지 말며

17 죽은 자들을 위하여 슬퍼하지 말고 종용히 탄식하며 수건으로 머리를 동이고 발에 신을 신고 입술을 가리우지 말고 사람의 부의하는 식물을 먹지 말라 하신지라
18 내가 아침에 백성에게 고하였더니 저녁에 내 아내가 죽기로 아침에 내가 받은 명령대로 행하매
19 백성이 내게 이르되 네가 행하는 이 일이 우리에게 무슨 상관이 되는지 너는 우리에게 고하지 아니하겠느냐 하므로
20 내가 그들에게 대답하기를 여호와의 말씀이 내게 임하여 가라사대
21 너는 이스라엘 족속에게 이르기를 주 여호와의 말씀에 내 성소는 너희 세력의 영광이요 너희 눈의 기쁨이요 너희 마음에 아낌이 되거니와 내가 더럽힐 것이며 너희의 버려 둔 자녀를 칼에 엎드러지게 할찌라
22 너희가 에스겔의 행한 바와 같이 행하여 입술을 가리우지 아니하며 사람의 식물을 먹지 아니하며
23 수건으로 머리를 동인채, 발에 신을 신은채로 두고 슬퍼하지도 아니하며 울지도 아니하되 죄악 중에 쇠패하여 피차 바라보고 탄식하리라
24 이와 같이 에스겔이 너희에게 표징이 되나니 그가 행한대로 너희가 다 행할찌라 이 일이 이루면 너희가 나를 주 여호와인줄 알리라 하라 하셨느니라
25 인자야 내가 그 힘과 그 즐거워하는 영광과 그 눈의 기뻐하는 것과 그 마음의 간절히 생각하는 자녀를 제하는 날
26 곧 그 날에 도피한 자가 네게 나아와서 네 귀에 그 일을 들리지 아니하겠느냐
27 그 날에 네 입이 열려서 도피한 자에게 말하고 다시는 잠잠하지 아니하리라 이와 같이 너는 그들에게 표징이 되고 그들은 내가 여호와인줄 알리라

3장

'그 날'을 생각하며 살자!
에스겔 24장

들어가며: 결코 잊을 수 없는 '그 날'

　누구에게나 결코 잊을 수 없는 날이 있다. 그래서 사람들은 기념일을 제정하고 기억하고자 한다. 아마도 대부분의 사람들은 자신의 생일을 기억해 주기를 바랄 것이다. 어떤 사람에게는 자신의 이름으로 집을 처음 구입한 날이 영원히 잊지 못할 날이 될 수도 있다. 또 어떤 사람에게는 사랑하는 사람을 만나서 결혼한 날을, 또 어떤 사람에게는 자녀가 태어난 날을 평생 기억할 것이다. 여러분에게 결코 잊을 수 없는 날은 언제인가?

　에스겔에게는 아마도 결코 잊지 못할 두 날이 있을 것이다. 바로 그 두 날에 그의 삶이 극적으로 변화되었기 때문이다. 그 두 날에 에스겔은 자신을 마비시키는 듯한 정서적 충격으로 가득 찼을 것이다. 첫 번째 날은 그의 서른 번째 생일에 선지자로 부름을 받은 날이다. 그날은 주전 593년 7월 31일이었다. 그는 명문가의 제사장 출신으로 이방 나라 바벨론에 포로로 잡혀 와서 부정한 음식을 먹으며 절망과 비통한 마음으로 낙심해 있었다. 바로 그 날에 여호와의 영광의 환상을 보았고 선지자로 부름을 받았다. 그는 저항할 수 없는 하나님의 부르심을 확인하고 파수꾼으로서 자신의 사명을 받아들이고 순종했다.

두 번째 날은 첫 번째 날로부터 4년 반 후인 주전 588년 1월 15일이었다. 에스겔이 고통 속에서도 선지자로서 사명을 감당할 수 있도록 보이지 않게 내조하던 아내가 죽은 날이었다. 그는 '그 날'에 슬픔마저도 표현할 수 없었고, 그 슬픔에 압도당하게 된다. 동시에 이 날에 그가 그동안 전했던 메시지가 진리로 확증되면서 그의 사역의 두 번째 국면이 시작되었다. '그 날'은 에스겔에게 개인적으로 그리고 선지자로서 그의 인생의 전환점이 되었다. 옛 것이 끝나고 새 것이 시작되는 시점이었다.

1. 운명의 날(겔24:1-14)

1) 녹슨 가마 예루살렘

'날이 더디고 모든 묵시가 응험이 없다'(12:22)라며 에스겔 선지자의 메시지를 비웃던 자들의 눈앞에 하나님의 심판의 '그 날'이 드디어 왔다. 더 이상 깨끗해질 가능성이 없는 예루살렘과 그 주민들에게 구원의 문이 완전히 닫히게 된다. 제 9년 10월 10일은 사로잡힌 지 9년이 되던 해, 곧 주전 588년 1월 15일이다. 이날 바벨론 왕이 예루살렘 성을 포위했다. 이 날은 유대인들에게 너무나 충격적인 날이었기 때문에 유대인들은 '이 날'을 기념하여 포로기간 동안 매년 금식을 하였다.

스가랴 8장 19절을 보자. "만군의 여호와가 이같이 말하노라 넷째 달의 금식과 다섯째 달의 금식과 일곱째 달의 금식과 열째 달의 금식이 변하여 유다 족속에게 기쁨과 즐거움과 희락의 절기들이 되리니 오직 너희는 진리와 화평을 사랑할지니라." 사월의 금식(4월 9일)은 예루살렘이 함락된 날을 기념하여 금식하였고, 오월의 금식은 느브갓네살 왕이 성전과 왕궁과 귀족들의 집을 불살랐음을 애통하는 금식이었다(5월 7일). 7월의 금식은 대 속죄일의 금식이기도 하지만, 나중에는 유다 총독인 그달랴가 살해되고, 유대인들이 완전히 흩어진 날을 기억하며 금식했다. 시월의 금식은 예루살렘이 포위되었던 날을 기억하면서 금식했다. 이렇게 네 번의 금식은 이스라엘의 멸망과 불행한 역사를 기억하면서 포로기 때부터 지켰던 절기였다. 유대인들은 포로기간 동안 이 네 날을 기억하고 금식하며 절기를 지켰다.

에스겔이 그동안 선포했던 '애가와 애곡과 재앙의 말'(겔2:10)이 그 결정적인 모습을 드러냈다. 치유가 불가능한 유다와 예루살렘의 반역과 부패가 결국 멸망을 초래했다. 하나님께서는 에스겔이 선포했던 예루살렘의 멸망에 관한 예언이 그대로 성취되는 날짜를 기억하도록 기록하라고 말씀하셨다. 이스라엘의 남은 자들은 성전이 있는 예루살렘이 왜 이방민족에게 멸망했는지를 기억해야 했다.

예루살렘이 포위된 날에 하나님은 에스겔에게 "이 패역한 족속에게 비유를 베풀라"고 말씀하신다(3절). 그 명령대로 에스겔은 다시 비유를 통하여 하나님의 말씀을 선포한다. 에스겔은 많은 비유와 상징을 통해서 말씀을 전했다. 그러나 사람들은 "그는 비유를 말하는 자가 아니냐?"(20:49)라며 조롱했다. 그들은 선지자가 전한 비유의 내용과 경고는 물론 선포 방식까지 조롱하며 거부했다.

에스겔은 '가마와 고기'의 비유를 통해서 이스라엘이 이미 회복이 불가능한 상태임을 보여준다. 가마솥을 걸고 거기에 물을 채우고 최상급 고기와 뼈를 넣어 삶으라고 한다. 이 말은 원래 잔치의 음식을 준비하며 부르는 유쾌한 노래 가사였다. 만약 3절 후반부부터 5절까지만 떼어 놓고 읽는다면 축제의 기쁨과 풍요로움을 느낄 수 있었을 것이다. 그러나 이어지는 해석의 말씀은 즐거운 노동요가 불길한 심판의 말씀으로 주어졌음을 알 수 있다. "화 있을 진저 피 흘린 성읍이여!"(겔 24:6,9절) 가마에 담긴 뼈까지 녹아지도록 활활 타오르는 장작불에 모든 것이 다 태워지는 상황을 보게 한다. 강한 불에 가마솥 안의 뼈마저 무르도록 삶아지는 장면은 예루살렘 성의 운명을 보여준다. 예루살렘의 주민들도 점차 강해지는 바벨론의 막강한 공격 앞에 마찬가지로 전멸(全滅)할 것을 보여준다.

계속된 회개의 기회를 비웃고 조롱했던 구약시대의 이스라엘 백성들에게 하나님의 심판의 날이 왔던 것처럼, 신약시대를 살아가는 우리에게도 마찬가지다. 예수님께서는 아무도 예상치 못한 '그 날'에 반드시 재림하셔서 심판하실 것이다. 그래서 더 늦기 전에 회개하고 돌아오라고 외치는 교회의 메시지를 조롱하는 자들은 '그 날'의 심판을 피할 수 없을 것이다. 최종적인 '그 날'이 오기 전에 회개해야 한다. 세상과 자기 방식으로 살고자하는 모든 세계관을 버려야 한다. 회개를 대체하려는 어떤 명분이나 자기 합리화도 포기해야 한다.

2) 녹을 제거하려 애쓰시는 하나님

6-8절에서는 예루살렘 성이 포위되고 공격당하는 원인을 설명해 준다. 이는 22장에서 자세히 다루졌다. 예루살렘은 피의 성읍, 녹슨 가마솥으로 화(禍)를 면할 수 없다(6절). 녹슨 가마솥에 고기를 넣어 삶으면 결국 그 삶은 고기마저 녹으로 더럽혀져 먹을 수 없게 된다. 녹이 너무 심하게 슬어 아무리 노력해도 제거할 수 없는 가마솥은 버려질 수밖에 없다. 바로 예루살렘이 녹슨 가마였다. 예루살렘을 못 쓰게 만든 녹은 '피 흘림'이었다. 예루살렘은 무죄한 자들이 억울하게 흘린 피로 가득 차 있었다.

스스로 하나님의 도성이라고 자부하였던 예루살렘에서 이웃의 권리와 생명을 유린하는 폭력과 불법이 일상적으로 행해졌다. 죄가 관영한 예루살렘에서 피 흘림은 공개적이고 노골적이기까지 했다. 그들은 그것을 감추려고 하지도 않았다. 7절을 보자. "그 피가 그 가운데 있음이여! 피를 땅에 쏟아서 티끌이 덮이게 하지 않고 말간 반석 위에 두었도다." 이스라엘에서는 통상적으로 먹기 위해 잡는 짐승의 피도 땅에 붓고 덮어 가려야 했다(신 12:15-16, 20-25). 하지만 사람의 피가 '말간 반석'에, 즉 하늘의 시선(視線)을 전혀 상관하지 않고 공공연히 뿌려지고 있었다.

예루살렘은 부당하게 피 흘리며 죽은 자들의 원한을 풀어주려고 애쓰기는 커녕 불의와 불법을 더욱 조장할 뿐이었다. 그래서 8절에서는 여호와께서 그들의 원한을 풀어서 지금 그 악한 자들에게 되갚고 그 피를 바위 위에 두고 덮이지 않게 하시겠다고 말씀하신다.

9-13절에서는 죄를 제거하기 위해 애쓰시는 여호와의 노력에 관심을 기울인다. 9절에서도 "화"가 선포된다. 하나님께서는 예루살렘의 불의한 행동에 상응하도록 심판의 불을 더욱 크게 피우신다. 가마솥에 녹을 없애기 위해서 장작더미를 높이 쌓고 솥 안에 있는 고기가 녹고 국물이 다 달아 없어지며 뼈가 타버릴 정도로 불을 세게 지피신다(10절). 솥에 아무것도 남아있지 않아도 중단하지 않고 그 안의 녹을 녹여버리기 위해서 불을 더 세게 지핀다(11절). 그러나 불을 피우는 자의 수고는 어떤 열매도 맺지 못한다. 솥은 너무 심하게 녹이 슬어서 강한 불로도 녹을 제거할 수 없었다(12절). 여호와께서 아무리 노력해도 죄에 속속들이 물든 예루살렘은 깨끗해지지 않았다. 많은 노력을 기울이셨지만, 예루살렘 주민들의 완강한 거절로 인해 하나님께서 의도하신 결과를 얻지 못한다. 결국 여호와께서는 모든 기대를 접으시고 예루살렘을 바벨론에 넘겨주기로 결정하신다.

에스겔 11장에 보면 예루살렘 사람들은 예루살렘 성이 자신들을 보호해 줄 '안전한 가마'라고 여겼다. 그러나 하나님의 손길을 거부한 예루살렘은 펄펄 끓는 '심판의 가마'가 되었다. 자신들이 가마 안에 있는 '최상급 고기'라고 확신했던 그들은 처참한 심판의 제물이 되었다. 이는 하나님의 자리에 우상을 갖다놓고 하나님의 도성을 욕망의 도성으로 전락(轉落)시키고, 언약의 땅을 부정한 땅으로 오염시킨 예루살렘 백성들을 향한 하나님의 보응이었다. 그들은 선지자들이 생명을 걸고 외친 하나님의 말씀을 거부하고 잘못된 신학에 안주하고 있었다. 거짓 선지자들의 말을 따라 제의적인 종교 행위로 죄책감을 무마했다. 그들은 마음에 우상과 불의를 가득 채우고 있으면서도 예배에 빠지지 않고 참여하였기 때문에 구원을 확신했다. 그들의 그릇된 신학과 낙관주의는 멸망을 피할 기회가 있었음에도 그것을 피하지 못하게 만들었다.

자신들이 굳게 믿고 의지했던 신학들은 정작 그들이 어려울 때 아무런 도움도 주지 못했다. 도리어 피할 수 없는 재앙을 불러오는 원인이 되었다. 이는 오늘날도 변하지 않는 불편한 진리다. 오늘날 '한번 구원은 영원한 구원'이라는 맹신에 사로잡힌 채, 교리를 부인(否認)하는 삶을 살면서도 자기를 살피지 않는 사람들이 많다. 우리는 자신이 의뢰하는 것과 자랑하는 것이 과연 성경에 근거한 것인지 살펴야 한다. 진리에 관하여 그릇된 자들이 사람들의 믿음을 무너뜨리는 일은 모든 시대의 교회에 항상 있어 온 일이기 때문이다(참고. 딤후 2:18). 그래서 바울 사도는 이미 구원받은 고린도교회 성도들에게도 이렇게 말한다. "너희가 믿음에 있는가 너희 자신을 시험하고 너희 자신을 확증하라 예수 그리스도께서 너희 안에 계신 줄을 너희가 스스로 알지 못하느냐 그렇지 않으면 너희가 버리운 자니라"(고후 13:5).

3) 언제까지나 참으시는 하나님?

하지만 어떤 사람은 '하나님께서는 자기 백성을 사랑하시는 분이 아니신가'라고 반문할 수 있다. 그렇다! 그래서 오래 참으셨던 것이다. 그러나 예루살렘은 그 오래 참으심을 멸시했다. 그들은 모든 구원의 기회를 스스로 걷어 차버렸다. 이제 예루살렘은 어떤 기대도 할 수 없는 상황이 되었다. 하나님께서 뜻을 돌이키시기에는 모든 것이 너무 늦었다. 이미 심판이 시작되었다. 바벨론 군대가 거룩한 성을 에워싸고 있다. 하나님의 심판을 피할 수 있는 길은 더는 없다.

느브갓네살 왕은 예루살렘 주위에 산더미처럼 '나무'를 쌓아 올렸다. 그리고 그 나무 더미에 불을 붙일 것이다. 이제 예루살렘에게 최후의 멸망의 날이 다가 왔다. 14절을 보자. "나 여호와가 말하였은즉 그 일이 이룰찌라 내가 돌이키지도 아니하며 아끼지도 아니하며 뉘우치지도 아니하고 행하리니, 그들이 네 모든 행위대로 너를 심문하리라." 여호와의 인내가 다했음을 나타내는 최종적인 말씀이다. 간결하기 때문에 더 강력하게 들린다. 더 이상 어떤 논쟁도 있을 수 없다.

하나님은 언약 백성을 아끼시며 그들을 위해 오래 참으셨다. 하지만 하나님은 무한히 인내하시고, 무조건 은혜를 베푸시는 분이 아니다. 하나님은 사랑하는 자들의 배반과 불순종에 진노를 발할 수밖에 없다. 하나님은 심판을 통해서 그가 어떤 분이신지를 알게 하실 것이다. 만약 우리가 진정으로 그의 백성이라면, 우리가 회개하고 돌아올 때까지 심판과 징계의 채찍을 거두시지 않으실 것이다. 그것을 통해서 사랑과 공의의 하나님을 알게 될 것이다. 또한 예수님께서 재림하실 '그 날'은 더딘 것이 아니다. "오직 너희를 대하여 오래 참으사 아무도 멸망치 않고 다 회개하기에 이르기를 원하시기 때문이다"(벧후 3:9). 오해하지 말라! 하나님의 오래 참으심을 남용하지 말라! 자신의 죄에 대해서 징벌이 속히 임하지 않는다고 해서 잘못된 신학에 빠지지 말라! "악한 일에 징벌이 속히 실행되지 않으므로 인생들이 악을 행하기에 마음이 담대하도다"(전 8:11).

2. 애곡도 할 수 없는 날(24:16-27)

1) 이해하기 힘든 하나님의 행동

우리는 이 단락에서 이스라엘의 선지자들의 삶 가운데 가장 준열(峻烈)한 순간들 중 하나를 보게 된다. 이는 호세아의 비탄과 예레미야의 외로움과 고통에 비할 수 있다. 에스겔의 고통은 그 모든 것을 능가한다. 에스겔은 제사장이었기 때문에 제사장의 아내는 율법에 규정된 대로 매우 엄격한 선별이 이루어졌을 것이다. 에스겔의 나이가 이 무렵 34세 정도였다면 그의 아내는 20대였을 것이다. 하나님은 그의 아내를 '네 눈에 기뻐하는 것'이라고 말씀하신다. 그것은 진정한 사랑 강렬한 애정을 나타내는 용어였다. 즉 '너의 가장 귀한 보물'이라는 의미다. 에스겔의 아내는 경건한 젊은 여인으로 선지자에게 가장 존귀한 존재였다.

에스겔의 아내는 남편이 기이한 상징행위를 반복하는 상황에서도 남편의 편에서 그를 이해해 주었다. 그리고 거의 기아 상태로 굶어가며 상징행위를 해야 하는 상황에서 남편을 보살폈다. 또한 포로민들이 자주 드나들며 선지자에게 이것저것을 물으며 번거롭게 하는 중에서도 잘 인내하고 그들을 섬겼다. 그녀는 에스겔과 함께 조롱과 멸시를 당했다. 하지만 그녀는 남편인 에스겔을 보호하고 그를 헌신적으로 섬겼다.

이스라엘의 정상적인 상황에서 예루살렘의 제사장 가문으로 시집가는 것은 명예로운 일이었다. 뭇 사람들의 존경을 한 몸에 받았던 자리였다. 그러나 포로지로 끌려와서 특권을 상실한 제사장에다 백성들에게 배척을 받는 선지자의 아내로 사는 것은 큰 고통을 감내해야하는 일이었다. 그녀는 에스겔을 헌신적으로 후원하고 위로하고 격려함으로써 이중으로 황폐하게 된 에스겔의 육체적, 정서적, 신학적 고통 속에서 그의 눈에 기쁨을 주는 유일한 사람이었을 것이다. 하나님께서 에스겔에게 '네 눈에 기뻐하는 것'이라는 말을 사용하신 것을 보면, 아무도 에스겔을 사랑하거나 존경하지 않았어도 그의 젊은 아내는 그를 사랑하고 존경했음을 알 수 있다.

그렇다면, 이런 상황에서 16절의 말씀을 에스겔이 들었을 때, 그가 얼마나 황망했겠는가? 그것도 '한번의 치심'으로 그의 가장 귀한 소유물을 빼앗으신다니! 이 말씀은 그의 아내가 건강이 악화되어 병을 앓게 됨으로 죽는 것이 아니라 마음의 준비를 할 새도 없이 갑자기 죽는다는 것을 의미한다. 겨우 하나님께서는 하루 전에 알려주셨다. 그의 아내의 죽음은 사고가 아니라 하나님의 무거운 손이 치셨기 때문이다. 이렇게 비통한 죽음은 그 백성들에게 마지막 '표징'이 되기 위한 것이었다(24, 27절). 이는 예루살렘과 그 성전을 멸망시키시는 하나님의 마지막 표징이었다. 그 표징을 위해 에스겔은 아내가 죽는 것뿐만 아니라, 그 죽음을 애도하는 탄식마저도 안으로 꾹꾹 눌러야 했다.

그 장면을 한 번 생각해 보자. 에스겔은 아내가 다음날 죽을 것이라는 계시를 받는다. 그에게 존귀한 보물인 아내가 죽는다는 말씀은 그를 반쯤 넋이 나가게 했을 것이다. 그는 그 계시의 말씀으로 아내와 어떤 대화도 나눌 수 없었을 것이다. 에스겔이 이 사실을 알고서 어떤 눈으로 그 아내를 보았을까? 더욱이 아내가 죽은 후에도 조문객들이 가져오는 음식을 먹지도 않고, 정상적인 애도의식도 치르지 않아야 했다. 그리고 그를 찾아오는 사람들에게 다른 때와 마찬가지로 통상적으로 해 왔던 선지자의 사역을 담담하게 계속해야 했다. 에스겔은 애끓는 간절함 속에서 하나님께서 자신에게 명하신 것을 다 준행하였다.

포로 공동체 안에 이 끔찍한 소식이 급속히 퍼졌다. "에스겔의 아내가 죽었다!" "에스겔의 아내가 갑자기 죽었다!" 이 소식을 듣고 친구와 친족, 지지자들과 구경꾼들이 집으로 몰려들었을 것이다. 그리고 그들은 젊고 건강한 여인의 예상치 못한 죽음에서보다 더 큰 충격을 받게 된다. 그들은 에스겔이 당시 문화에 맞는 애도 의식을 담은 장례 절차를 거행할 것으로 기대했었다. 하지만 에스겔은 아무 일도 없다는 듯이 씻고 옷을 입고, 평상시처럼 업무를 볼 준비를 하고 있었다. 또한 에스겔은 조문객들이 가져온 음식에 손도 대지 않았다.

이런 에스겔의 예상치 못한 행동으로 인해 몰려 온 사람들은 더 큰 충격을 받는다. 그들은 기분이 상하고 당혹스러웠을 것이다. 왜냐하면 에스겔이 자기 아내를 얼마나 사랑하고 귀하게 여겼는지를 모두가 알고 있었기 때문이다. 또한 그들은 에스겔의 눈물이 흐르지 않는 눈가에서 억눌린 고통을 보았을 것이다. 그리고 에스겔을 붙들고 있는 엄청난 절제와 태연하게 정상적인 모습을 보이려는 에스겔의 행동이 완전히 비정상이라는 것을 알아채는 것은 그렇게 어렵지 않았을 것이다.

그래서 그들은 에스겔이 전할 메시지에 대해서 물을 수밖에 없었다. 19절을 보자. "네가 행하는 이 일이 우리에게 무슨 상관이 되는지 너는 우리에게 고하지 아니하겠느냐?" 그들은 수년간의 경험을 통해서 에스겔이 말할 때 그의 말과 행동들이 자신들을 겨냥하고 있다는 것쯤은 알았다. 19절의 문자적인 의미는 "네가 하고 있는 이 일들이 우리에게 무엇을 의미하는지 선포하지 않겠느냐?"는 말이다. 그들은 에스겔의 아내의 죽음과 에스겔의 반응이 하나의 표적이라는 것을 알아차렸다. 그래서 "무엇에 대한 표적인가? 어떤 징조를 표시하는 것인가?"라고 물었던 것이다.

2) 포기하시는 하나님

하나님께서는 에스겔에게 그들의 질문에 답하라고 말씀 하셨다.

21절을 보자. "내 성소는 너희 세력의 영광이요 너희 눈의 기쁨이요 너희 마음에 아낌이 되거니와 내가 더럽힐 것이며 너희의 버려 둔 자를 칼에 엎드러지게 할찌라." 하나님은 이스라엘이 가장 기뻐하는 예루살렘과 성전을 취하여 가실 것이다. 그들이 강제로 떼어 놓고 온 자녀들도 마찬가지로 취하여 가실 것이다.

하나님께서는 아직도 이스라엘과 포로민들이 구원의 보루로 생각하고 의지하는 성전과 예루살렘성과 유다에 남아있는 자녀들을 칼에 죽게 하실 것이라고 선포하신다. 이스라엘 사람들에게 예루살렘 성전은 종교적 삶의 확고한 토대요, 축복과 구원의 보증수표였다. 이스라엘은 예배 장소인 성전을 예배 받으시는 하나님과 동일시했다. 예레미야 선지자는 이렇게 선언했다. "너희는 이것이 여호와의 전이라, 여호와의 전이라, 여호와의 전이라 하는 거짓말을 믿지 말라" (렘 7:4). 그들은 하나님께서 자신들 가운데 함께 하시기 때문에 어떤 재앙이 닥치더라도 끄떡없다고 자만했다. 이렇게 성전을 자기 힘의 자랑으로 생각하며 성전을 기뻐하고 연모하는 자들로 인해 성전이 더럽혀졌기 때문에 하나님께서는 성전을 떠나실 수밖에 없었다(겔 8-11장).

에스겔이 자기 아내가 인생의 한창 때에 죽으리라고는 믿을 수 없었던 것과 마찬가지로 포로민들에게도 예루살렘과 성전이 파괴될 것이라고는 도저히 믿을 수 없는 일이었다. 하지만 하나님께서는 그들이 아끼는 모든 보물(재물과 사람)을 가져가 버리실 것이다. 그때, 에스겔이 그랬던 것처럼, 그들도 그 무엇으로도 표현할 수 없는 슬픔과 절망으로 완전히 압도될 것이다. 그들 역시 에스겔처럼 큰 애도 의식도 거행하지 못하면서 탄식하게 될 것이다. 그들도 넋을 잃고 황폐하게 하는 슬픔과 고통으로 마비될 것이다(22-23절). 그 때가 되면 그들은 누가 참 하나님이시며, 누가 참 선지자인가 하는 것을 알게 될 것이다. 그리고 자신들의 언약파괴의 죄가 그토록 비참한 상황을 야기했음을 깨닫게 될 것이다(23-24절).

포로민들의 고통은 이중적인 것이었다. 성전의 상실이 공적인 차원의 고통이라면, 그들의 혈육들을 상실하는 개인적인 아픔도 함께 겪어야 했다. 주전 597년 유배당할 때 고향에 남겨둔 가족이나 친척이 죽음에 넘겨진다. 포로민들에게는 의지할 수 있는 것이 이제는 하나도 남지 않고 모두 죽음의 영역으로 사라지게 되었다.

하나님께서 구약 시대의 예루살렘 성전과 이스라엘 백성을 포기하셨다면, 신약 시대의 교회는 버리시지 않을까? 그것은 우리의 희망사항일 뿐이다. 예나 지금이나 하나님은 당신의 백성들을 사랑하시지만, 그렇다고 모든 것을 허락하시는 분은 아니시다. 하나님은 은혜가 충만하신 분이시지만, 당신의 이름을 팔아 세상을 섬기는 자들을 마냥 용서하시는 분이 아니시다. 우리에게도 중요한 것은 우리가 단지 교회로 모이기 때문에 하나님께서 자동적으로 함께 하시지 않는다는 것이다. 에스겔은 거짓된 구원의 이데올로기로 무장한 성전신학에 맞서 싸웠다. 우리도 구원파적인 교리를 맹신하면서 죄가 주는 안락함 속에서 안주하려는 우리의 부패한 정욕과 거짓 교사들과 맞서 싸워야 한다. 최근에 세월호 사태를 보면서 어떤 신학자는 이렇게 말했다. "한국교회가 구원파적인 복음만을 외치면서 구원파를 나무라고 있다. 거룩에 대한 열정이 없는 복음은 참된 복음이 아니다."

예루살렘에 여호와의 성전이 있다는 사실이 그들의 구원을 보장해 주지 않았다. 성전과 하나님은 일치될 수 없다. 성전과 제사가 하나님께 의존하는 것이지, 하나님께서 성전과 제사에 매여 계시지 않는다. 하나님은 자충족 하시는 분이시다. 하나님은 성전과 제사로부터 완전히 독립된 자존자이시다. 예루살렘 성전이 하나님의 뜻을 충분히 드러내지 못할 때, 그 성전을 버리셨던 것처럼 오늘날 교회가 하나님의 뜻을 드러내지 못한다면 그 곳에 더 이상 하나님께서 거하실 수 없다. 융성했던 소아시아 교회가 폐허만 남았고 유럽의 교회가 무너져 내렸다. 교회는 진리의 기둥과 터다. 따라서 하나님의 말씀이 충만히 드러나고 그 말씀에 순종하는 백성들이 있는 그곳에 참 교회가 있다. 하나님의 말씀이 없는 교회에도 좋은 시설의 예배당이 있고, 좋은 프로그램이 있을 수 있다. 그러나 아름답고 좋은 외형이 다 갖추어져 있어도 그곳에 하나님의 말씀이 없다면 참 교회가 아니다.

교회가 하나님의 말씀을 왜곡하고 세상과 타협할 때, 주님은 교회를 떠나시는 심판을 행하실 것이다. 교회의 전통과 교단도 소중하지만, 교회는 무엇보다도 살아계신 하나님의 말씀에 순종하는 사람들이 많아야 한다. 교회의 정치와 조직이 중요하지 않은 것은 아니지만, 보다 더 중요한 것은 말씀이 순전하게 선포되고 그 말씀에 청종하는 사람들이 더 중요하다.

3) 하나님께 아내를 빼앗긴 에스겔

하나님의 말씀을 선포했던 에스겔은 자신의 가장 귀한 보물을 내놓아야 했다. 성경은 우리가 적대적인 세상을 향해 하나님의 말씀을 전하기 위해서는 많은 대가를 치러야 한다는 것을 감추지 않는다. 많은 신실한 사역자들이 말씀을 전하다가 고난을 겪었다. 여기에는 그들과 개인적으로 친한 사람들이 겪는 고난도 포함된다. 그러나 우리의 시각으로 볼 때, 젊은 아내의 죽음은 너무 잔인한 것처럼 보인다. 하나님은 악인이 죽는 것도 기뻐하시는 분이 아니시다 (애 3:33; 겔 33:11). 그렇다면 의롭고 젊은 선지자의 아내의 생명을 취하신 일은 얼마나 더 '기뻐할 수 없는' 일이겠는가? 아니 얼마나 슬픈 일이었겠는가? 이 일은 오직 한 가지 방식에서만 그것을 정당화할 수 있을 것 같다. 그것은 하나님께서 그렇게까지 해서라도 그 '표적'으로 인해 다만 몇 사람이라도 회개하여 하나님께 돌아오는 것이다. 한 사람이라도 은혜와 생명을 얻은 사람이 있다면, 그녀의 죽음은 헛되지 않았다고 할 수 있을 것이다. 그러나 이것이 에스겔에게 얼마나 위안이 되었을지는 알 수 없다.

선지자는 단순히 하나님의 말씀을 선포하는 자만이 아니다. 선지자의 삶 자체가 하나님의 메시지였다. 다른 선지자들보다 에스겔 선지자의 삶은 훨씬 더 충격적이고 비인간적이기까지 했다. 예루살렘의 멸망을 표적적인 상징행위로 보여주기 위해 하나님께서는 선지자의 아내를 죽이시고, 에스겔은 표적이 되기 위해 애도하지도 못하게 했다. 하나님께 송두리째 사로잡혀 그분의 도구가 된 사람이 바로 선지자다.

나가며: 십자가가 의미하는 것

에스겔에게 유일한 위안은 25-27절에서 주어진 말씀이다. "인자야 내가 그 힘과 그 즐거워하는 영광과 그 눈의 기뻐하는 것과 그 마음의 간절히 생각하는 자녀를 제하는 날, 곧 그 날에 도피한 자가 네게 나아와서 네 귀에 그 일을 들리지 아니하겠느냐? 그 날에 네 입이 열려서 도피한 자에게 말하고 다시는 잠잠하지 아니하리라 이와 같이 너는 그들에게 표징이 되고 그들은 내가 여호와인 줄 알리라." 바로 그 심판이 완성되는 '그 날'에 도피한 자가 와서 에스겔의 예언이 옳았다는 것을 확증해 줄 것이다(33:21-22). 그리고 에스겔의 입이 열려서 다시는 잠잠하지 않을 것이다. 자기 백성들을 위해서 중보기도를 할 수 있고, 그들에게 소망과 회복의 메시지를 선포할 수 있게 된다는 말씀이다.

예루살렘에게 가장 어두웠던 멸망의 밤이 그의 백성에게 대한 하나님의 진노가 종결되는 시작점이자 에스겔의 메시지에서 소망으로 전환되는 분기점이 되었다. 마찬가지로 예수 그리스도께서 십자가에서 죽으셔야 했던 가장 깊은 어둠은 죽음은 구원 역사에 새로운 전환점이 되었다. 수난일의 캄캄한 어둠은 유월절 주일의 여명을 밝혀 주었다. 그리고 예수님은 제자들에게 새 권능을 주시기 위해서 성령으로 다시 찾아 오셨다. 제자들의 눈에 기쁨이었던 예수님을 빼앗아 십자가에 달고 무덤 속에 가둔 참혹한 일은, 역설적으로 그 제자들이 주님을 영원히 기뻐할 수 있는 수단이 되었다.

하나님께서는 그의 가장 사랑하시고 기뻐하시는 독생자를 죽이심으로 우리를 살리셨다(마 3:17; 고전 6:20). 하나님은 창조주와 구속주로서 우리와 우리가 소유한 모든 것의 주인이시다(고전 3:7). 하나님은 우리가 편안하고 만족한 삶을 살기를 기뻐하신다. 그래서 우리가 온 세상이 슬피 울며 애곡할 '그 날'에도 애곡하지 않을 수 있도록 새로운 길을 열어 주셨다. 우리는 그리스도께서 슬픔과 고통과 죽음을 이기시고 부활하신 것처럼 부활할 것이다.

하나님께서는 그의 독생자를 아끼지 않으셨기 때문에 당연히 우리 눈에 기쁨이 되는 것을 아끼지 말라고 요구할 권리가 있으신 것이다. 그것이 무엇이 되었든 하나님께는 권리가 있으시다. 우리가 이 세상에서 소유하고 있는 가장 아끼는 것조차도 우리는 청지기로 소유하고 있을 뿐이다. 우리의 아내와 자녀와 우리의 몸조차도 우리의 것이 아니다. 하나님께서는 당신님의 메시지를 선하기 위해서 에스겔에게 엄청난 대가를 요구했듯이, 우리에게도 큰 대가를 요구하실 수 있다.

우리는 복음에 합당한 삶을 살기 위해서, 하나님의 영광을 위해서, 이 복음이 열방을 향해 전진하도록 하기 위해서 기꺼이 그것들을 포기할 수 있어야 한다. 그러나 기꺼이 그렇게 하는 것만으로 충분할 수 있을까? 실제로 하나님께서는 우리가 예기치 않은 시점에서, 전혀 생각지도 못한 상황에서 우리에게 가장 소중한 것을 취해 가실 수 있다. 그 때 우리가 어떻게 반응하는가에 따라서 우리의 믿음의 진정성이 가려질 것이다.

우리가 하나님을 의뢰하면서 "내 뜻대로 마옵시고 아버지의 뜻대로 하옵소서!"(마 26:39)라고 기도하며 복음에 합당한 반응을 한다면, 우리는 세상 사람들에게 은혜와 심판을 알리는 살아 있는 '표징'(標徵)이 될 것이다. 우리는 살아계신 '하나님의 메시지'가 될 것이며, 살아 있는 '그리스도의 편지'가 될 것이다.

루터는 이렇게 노래했다.

"이 땅에 마귀 들끓어 우리를 삼키려 하나
겁내지 말고 섰거라 진리로 이기리로다.
친척과 명예와 생명을 다 빼앗긴대도
진리는 살아서 그 나라 영원하리라."(찬송가 384장)

그러나 예기치 못한 섭리적 고통 속에서 하나님의 뜻을 헤아리지 못하고 하나님을 떠나게 된다면 우리는 하나님보다 하나님께서 주신 것을 더 사랑하였음을 드러내는 것이다. 우리가 하나님의 이름을 부르면서도 하나님이 아니라 우상을 섬기고 있었음을 스스로 드러내고 만 것이다.

십자가는 하나님의 사랑뿐만 아니라, 하나님의 맹렬한 진노를 선명하게 보여준다. 죄에 대한 하나님의 진노의 불길이 십자가에 달린 예수님에게 쏟아져 내렸다. 거기에는 어떤 긍휼함이나 망설임도 없었다. 그곳에서 하나님께서 영원부터 영원까지 가장 사랑하시며 기뻐하시는 아들이 고통 속에서 부르짖으셨다. "나의 하나님 나의 하나님 어찌하여 나를 버리셨나이까?"(마 27:46) 온 우주를 뒤흔드는 아들의 탄식과 고통스런 울부짖음에도 하나님께서는 끄떡도 하지 않으셨다.

하지만 우리는 눈물이 흐르지 않은 에스겔의 눈에서 말할 수 없었던 비탄을 본 것처럼, 하나님의 말할 수 없는 슬픔과 고통을 볼 수 있어야 한다. 십자가는 아들을 고통과 죽음에 던지신 아버지 하나님의 한없는 슬픔도 함께 아로새겨 있다. 인류의 죄를 제거할 수 있는 모든 노력이 실패로 판명되었던 바로 '그 날'에, 하나님께서는 그가 가장 기뻐하시는 아들을 십자가 위에서 치셨다. 하나님께서 그리스도에게 진노의 불을 쏟으신 것을 통해서 우리를 얼마나 사랑하시는지를 보여주신 것이다. '그 날'에 하나님의 진노와 사랑이 십자가에서 하나가 되었다. 인간 역사에 겹겹이 눌려 붙어 도저히 제거할 수 없었던 멸망으로 이끄는 죄의 녹이 완전히 제거되었다.

따라서 하나님께서 죄를 제거하시기 위해 준비하신 유일한 수단인 십자가를 거부하는 사람들에게는 다시 기회가 없다. 가장 기뻐하시는 독생자를 치심으로써 생명을 주시려는 하나님을 거부하는 사람들에게 또 다른 기회는 없다. 영원한 심판의 활활 타오르는 불만이 그들을 기다리고 있다. 그 불은 그들이 아꼈던 모든 보물을 태워 버릴 것이다.

십자가는 죄에 대한 하나님의 진노와 심판의 불이 얼마나 무서운 것인지를 보게 해 준다. 따라서 우리가 십자가의 의미를 바르게 이해했다면, 우리의 정체성에 합당한 삶을 살아야 한다. 말씀을 삶으로 구현하며, 주께서 기뻐하시는 것을 택하고 행해야 한다. 또한 아직 시간이 있을 때에 복음을 선포해야 한다. 이 세상이 종말을 맞이하기까지 우리는 잠잠히 있어서는 안 된다. 우리는 에스겔처럼 이 시대를 향한 표적과 징조가 되어야 한다. 교회는 바로 이 세상의 모든 허영과 영광이 녹슨 가마솥처럼, 불태워질 날을 향해 돌진하고 있음을 경고해야 한다. 그들에게도 시간이 무제한 주어진 것이 아님을 경고해야 한다.

또한 우리는 이 마지막 종말의 '그 날'을 바라봄으로 우리의 삶의 방향과 방식을 재조정해야 한다. 이 세상의 모든 것이 사라질 것이라는 영적인 관점이 우리의 생각과 삶을 지배해야 한다. 바울이 고린도 교회에게 말했듯이 그 지식이 우리의 관계, 우리의 감정, 우리의 소유에 이르기까지 우리의 모든 태도에 영향을 미쳐야 한다.

"형제들아 내가 이 말을 하노니 때가 단축하여진 고로 이 후부터 아내 있는 자들은 없는 자같이 하며, 우는 자들은 울지 않는 자같이 하며 기쁜 자들은 기쁘지 않은 자같이 하며 매매하는 자들은 없는 자같이 하며 세상 물건을 쓰는 자들은 다 쓰지 못하는 자같이 하라 이 세상의 형적은 지나감이니라"(고전 7:29-31).

기독교 세계관 정립을 위한 질문들

3장. '그 날'을 생각하며 살자!

1. 예루살렘이 멸망의 위기를 맞이한 이유는 무엇입니까? 그것이 신약시대의 교회에게는 어떤 교훈을 줍니까?

2. 하나님의 백성임을 자부했던 예루살렘이 피의 성읍이 되었습니다. 그것은 무엇 때문입니까?

3. 그릇된 신학과 자기중심적인 낙관주의는 어떤 위험을 가져 오게 됩니까?

4. 하나님의 속성을 잘못 이해하거나 한 가지만 강조할 때 발생하는 문제는 무엇입니까?

5. 에스겔은 아내가 죽은 상황에서도 애도의식을 치르지 않았습니다. 그 이유는 무엇입니까? 그것이 이스라엘 백성들에게 주는 메시지는 무엇이었습니까?

6. 이스라엘 백성들이 성전과 하나님을 동일시함으로써 발생한 문제는 무엇이었습니까?

7. 에스겔은 거짓된 구원의 이데올로기로 무장한 ○○신학과 맞서 싸웠습니다. 그것은 무엇이고, 오늘날 우리에게 주는 함의는 무엇일까요?

8. 교회가 하나님의 말씀을 왜곡하고 세상과 동화될 때, 하나님께서 교회를 떠나실 수 있습니다. 참 교회는 어떤 교회입니까?

9. 선지자의 삶 자체가 메시지라는 말은 곧 교회의 복음 전도에 어떤 함의를 줍니까?

10. 예수 그리스도의 십자가 사건은 구원 역사의 전환점이 되었습니다. 하나님께서 가장 아끼시는 아들을 우리에게 주셨기 때문에 우리가 가장 아끼는 것도 요구하실 수 있는 권리가 있음을 인정하십니까?

11. 십자가에서 하나님의 사랑과 진노가 만났습니다. 하나님의 사랑은 하나님의 공의(진노)에서 가장 선명하게 드러났습니다. 그것을 설명해 보시오.

12. 교회가 이 시대를 향한 표적과 징조가 되어야 합니다. 그것을 위해 우리가 해야 할 일은 무엇입니까?

교회를 세우는
기독교 세계관

세계관 변혁을 위한 설교

세 계 관 변 혁 을 위 한 설 교

4장　　주께서 원하시는 예배

교회를 세우는
기독교 세계관

호세아 5:8~ 6:6

8 제 너희가 기브아에서 나팔을 불며 라마에서 호각을 불며 벧아웬에서 깨우쳐 소리하기를 베냐민아 네 뒤를 쫓는다 할찌어다
9 견책하는 날에 에브라임이 황무할 것이라 내가 이스라엘 지파 중에 필연 있을 일을 보였노라
10 유다 방백들은 지계표를 옮기는 자 같으니 내가 나의 진노를 저희에게 물 같이 부으리라
11 에브라임은 사람의 명령 좇기를 좋아하므로 학대를 받고 재판의 압제를 당하는도다
12 그러므로 내가 에브라임에게는 좀 같으며 유다 족속에게는 썩이는 것 같도다
13 에브라임이 자기의 병을 깨달으며 유다가 자기의 상처를 깨달았고 에브라임은 앗수르로 가서 야렙 왕에게 사람을 보내었으나 저가 능히 너희를 고치지 못하겠고 너희 상처를 낫게 하지 못하리라
14 내가 에브라임에게는 사자 같고 유다 족속에게는 젊은 사자 같으니 나 곧 내가 움켜갈찌라 내가 탈취하여 갈찌라도 건져낼 자가 없으리라
15 내가 내 곳으로 돌아가서 저희가 그 죄를 뉘우치고 내 얼굴을 구하기까지 기다리리라 저희가 고난을 받을 때에 나를 간절히 구하여 이르기를

1 오라 우리가 여호와께로 돌아가자 여호와께서 우리를 찢으셨으나 도로 낫게 하실 것이요 우리를 치셨으나 싸매어 주실 것임이라
2 여호와께서 이틀 후에 우리를 살리시며 제 삼일에 우리를 일으키시리니 우리가 그 앞에서 살리라
3 그러므로 우리가 여호와를 알자 힘써 여호와를 알자 그의 나오심은 새벽 빛 같이 일정하니 비와 같이, 땅을 적시는 늦은 비와 같이 우리에게 임하시리라 하리라
4 에브라임아 내가 네게 어떻게 하랴 유다야 내가 네게 어떻게 하랴 너희의 인애가 아침 구름이나 쉬 없어지는 이슬 같도다
5 그러므로 내가 선지자들로 저희를 치고 내 입의 말로 저희를 죽였노니 내 심판은 발하는 빛과 같으니라
6 나는 인애를 원하고 제사를 원치 아니하며 번제보다 하나님을 아는 것을 원하노라

4장

주께서 원하시는 예배
호세아 5:8-6:6

들어가며: 중요한 것은 눈에 보이지 않는다!

프랑스 작가 생텍쥐페리가 쓴 『어린 왕자』라는 유명한 동화가 있다. 어린 왕자는 떠돌이 별에서 자존심이 강한 장미꽃 한 송이와 함께 살았다. 그런데 그는 장미꽃의 투정에 마음이 상해서 그 별을 떠나게 된다. 어린 왕자는 여러 별들을 여행하다가 지구에 오게 되었다. 그는 지구에서 뱀을 처음 만나고 여우도 만난다. 여우와의 대화에서 어린왕자는 진정한 관계가 무엇인지를 배우게 된다. 참된 관계를 맺기 전까지는 어떤 것이든 자신과 아무 관련 없는 사물일 뿐이라는 것이다. 그러나 서로를 아는 존재로 발전하게 되면 이 세상에 단 하나뿐에 없는 유일한 존새가 된다. 다음은 여우가 어린 왕자에게 친구가 되어 주기를 부탁하면서 하는 말이다.

"내 생활은 무척 단조로워요 나는 닭을 잡고, 사람들은 나를 사냥하지요. 닭들은 모두 비슷하고, 사람들도 모두가 비슷해요. 그래서 나는 좀 심심해요. 그렇지만 당신이 나를 길들이면 내 생활은 햇빛을 받은 것처럼 환해질 거예요. 난 어느 누구의 발소리와도 다른 당신의 발소리를 알게 될 거예요. 다른 발소리를 들으면 나는 급히 땅굴로 들어가 버리지만, 당신의 발소리는 음악 소리 같아 나를 굴 밖으로 불러낼 거예요. 그리고 저걸 봐요! 저기 밀밭이 보이죠! 난 빵을 먹지 않아요. 그러니까 밀은 나한테는 아무 소용이 없어요. 밀밭을 보아도 내 머릿속에는 아무것도 떠오르지 않아요. 그건 슬픈 일이에요. 당신의 머리칼은 금발이군요. 당신이 나를 길들여 놓으면 참 기막힐 거예요. 황금빛 밀을 보면 당신 생각이 나겠지요. 그러면 밀밭을 일렁이며 지나가는 바람소리조차도 사랑스러울 거예요."

여우가 길들여 달라는 것은 참된 우정을 나누는 관계를 맺자고 하는 것이다. 여우는 그런 우정을 맺기 위해서는 서로에 대해 참을성이 많아야 된다고 말한다. 우정을 나누는 관계를 맺으면, 세상의 수많은 여우 중에 그 여우는 딱 하나의 여우가 된다. 세상의 수천송이 장미꽃은 아름답지만, 무심코 지나가는 장미꽃에 불과할 뿐이다. 그러나 어린왕자와 함께 떠돌이 별에서 지냈던 장미꽃 한 송이는 자신과 동일시할 정도의 애정의 대상이 된다. 어린 왕자는 그 한 송이 장미꽃과 나눈 사랑과 우정을 생각하고 다시 그 별로 돌아가려고 결심한다. 그 때 여우가 작별인사를 하면서 이렇게 말한다. "잘 가세요. 그전에 내 비밀을 일러 줄게요. 아주 간단한 거예요. '잘 보려면 마음으로 보아야 한다. 가장 중요한 것은 눈에 보이지 않는다.'는 거예요."

우리의 눈은 참으로 중요하다. 옛 속담에 몸이 천 냥이면, 눈은 구백 냥이라고 했다. 그만큼 볼 수 있는 눈은 중요하다. 그러나 가장 중요한 것은 눈에 보이지 않는다. 물리적인 실제보다 더 중요한 실체인 영적인 실상은 육안으로 보이지 않는다. 그래서 육에 속한 사람들은 육신의 눈으로 보이는 것을 전부로 안다. 그래서 그들은 인생의 가장 중요한 것을 놓치는 것이다. 하나님의 백성들도 보이는 것들을 보이지 않는 하나님의 말씀보다 우선하게 될 때 잘못된 선택을 하게 된다. 그 선택이 가져오는 파국을 피할 수 없다. 이스라엘 백성들의 오류와 실패가 바로 여기에 있다. 우리가 성경을 읽고 해석할 때도 마찬가지다. 본문을 피상적으로 읽지 말고 그 말씀을 통해 하나님의 마음을 읽으려고 해야 한다.

1. 잘못된 선택과 그 결과(5:8-15)

1) 보이는 것을 따라 행하는 사람들

호세아서 5장 8절 이하에서는 북이스라엘의 최대 전성기를 구가하던 여로보암 2세가 죽은 후의 일이다(주전 753년). 여로보암의 아들 스가랴는 6개월 만에 살룸에 의해서 암살된다. 살룸은 왕좌에 앉아

보지도 못하고 므나헴에 의해 죽임을 당한다. 므나헴은 자신의 정권 안정을 위해서 친 앗수르 정책을 펼쳤다. 그는 부자들에게 인두세를 거두어 앗수르에 매년 막대한 조공을 바쳤다. 그가 죽고 그의 아들 브가히야가 집권하지만 2년 만에 반 앗수르파인 베가에 의해 축출 당한다. 베가는 반 앗수르 동맹을 맺어 앗수르에 대항한다.

본문의 말씀은 이런 배경에서 주전 733년에 있었던 앗수르와 반 앗수르 동맹국인 에브라임과 다메섹의 전쟁 전후에 주어진 말씀으로 보인다. 주전 8세기 후반부터 다시 앗수르의 위협이 고조되고 있었다. 이런 앗수르의 위협에 대항하기 위해서 다메섹 왕 르신과 이스라엘 왕 베가는 주변 나라들을 끌어들여 반 앗수르 동맹을 주도했다. 그러나 유다 왕 아하스는 그의 아버지 요담처럼 반 앗수르 동맹에 참여하기를 거절했다. 그러자 그들은 유다를 먼저 공격했다. 이런 풍전등화 같은 위기 앞에 있었던 아하스에게 하나님께서는 이사야 선지자를 보내셔서 하나님을 의뢰하면 구원해 주시겠다고 하셨다. 하지만 아하스는 많은 뇌물을 주면서 앗수르에게 이미 도움을 요청하였기에 하나님을 의뢰하지 않았다.

아하스에게 돈을 받은 앗수르 왕 디글랏 빌레셀 3세는 먼저 이스라엘을 공격하여 갈릴리와 이스르엘 평원과 해안 평야 그리고 요단 동편을 다 점령하여 앗수르 영토로 편입해 버렸다. 그러자 북이스라엘에서는 호세아가 베가를 죽이고 앗수르에 항복함으로써 왕국의 멸망은 면하였지만 혹독한 대가를 치러야 했다. 이스라엘의 영토는 사마리아와 에브라임 산지로 크게 축소되었다. 시리아의 맹주였던 다메섹은 이때 완전히 멸망당했다. 이런 배경에서 8-10절의 말씀이 주어진 것이다.

8-9절을 보자. "너희가 기브아에서 나팔을 불며 라마에서 호각을 불며 벧아웬에서 깨우쳐 소리하기를 베냐민아 네 뒤를 쫓는다 할지어다. 견책하는 날에 에브라임이 황무할 것이라 내가 이스라엘 지파 중에 필연 있을 일을 보였노라." 이 말씀은 5장 7절에서 지도자들의 부패와 죄악으로 인해 그들과 그들의 기업이 함께 멸망할 것이라고 하셨던 말씀이 성취되고 있음을 선언한다. 8-9절에서도 세 곳의 지명(地名)과 세 가지 전쟁을 알리는 도구들이 병행되고 있다. 기브아와 라마, 그리고 벧아웬은 북이스라엘의 국가적인 성소였다. 그러나 그곳은 우상 숭배의 중심지가 되었고, 이제는 가장 치열한 전쟁터가 되었다. 나팔을 불고, 호각을 불고, 큰 소리를 지르는 파수꾼의 긴급한 움직임은 전쟁이 임박했음을 보여준다. 눈앞에 몰려온 적들의 엄청난 규모는 모든 사람들을 공포로 몰아넣기에 충분했다.

하나님께서 심판하시는 날 곧 '견책하는 날'(벌하는 날)에 이들은 완전한 황무지가 될 것이다. 그러나 음란의 영에 사로잡힌 북이스라엘은 위기의 실체를 제대로 파악하지 못했다. 선지자들의 경고를 무시하고 하나님이 아니라 현실적인 힘을 의뢰했다. 그들은 선지자들의 거듭된 경고에도 자신들의 문제를 영적으로 보지 못했다. 그들은 정치적 계산에 따라 다메섹과 함께 유다를 공격했다. 하지만 그들의 잘못된 선택은 하나님의 징벌을 불러왔고, 이로 인해 그 땅이 황무지가 될 것이다. '견책의 날'은 완전한 멸망을 의미하는 '여호와의 날'과 구분하기 위해서 사용되었다. 견책은 완전한 멸망이 아니라, '개선을 위한 징계'의 긍정적인 표징을 닮고 있다. 사람이 살 수 없을 정도로 폐허가 되지만 그것이 끝은 아니다. 새로운 출발이 가능할 수 있다.

이는 '이스라엘 지파 중에 필연 있을 일'이라는 표현에서도 확인된다. 이스라엘 지파들이라는 말은 이스라엘이 12지파로 구성된 하나님의 백성이라는 전통적인 표현이다. 견책이 필연적으로 일어난다면, 심판 후에 있게 될 하나님의 회복 또한 반드시 일어나게 될 것이다. 이렇게 선포된 에브라임에 대한 징벌은 반드시 성취될 것이다. 이를 강조하기 위해서 선지자는 '보였노라'라는 완료형시제를 사용했다.

10절을 보자. "유다 방백들은 지계표를 옮기는 자 같으니 내가 나의 진노를 저희에게 물같이 부으리라." 유다는 앗수르와 더불어 에브라임을 징계하시려는 하나님의 심판의 도구였다. 하지만 유다는 동시에 심판의 대상이 된다. 유다는 앗수르가 북이스라엘을 침략하는 상황에서 북이스라엘의 영토를 빼앗으려는 야욕을 품었기 때문이다. 이러한 유다의 탐욕은 하나님의 율법을 어긴 것으로 심판을 피할 수 없게 된다. 시간적으로 볼 때 10절과 8-9절 사이에는 얼마간의 간격이 있었을 것이다. 유다의 북왕국 침략이 어느 정도 성공적이었음을 전제한다. 그래서 유다는 북왕국의 땅을 일부 빼앗아 영토를 확장할 수 있었다. 그러나 이는 하나님께서 정하신 '지계표를 옮기는' 행위였다. 하나님께서는 땅의 경계를 임의로 바꾸는 행위를 엄격하게 금하셨다(신 19:14).

땅은 하나님께서 언약 공동체의 각 구성원들에게 나눠주신 것이기에 가족이나 씨족의 경계를 넘어 사사로이 매매할 수 없었다. 모세는 하나님의 율법을 무시하고 이웃의 지계표를 옮겨 땅을 넓히는 자는 저주를 받는다고 선언하였다(신 27:17). 따라서 유다의 행위는 하나님의 율법과 소유권을 침범한 불법으로 고발당한다. 에브라임이 먼저 유다를 침략했었다고 해서 유다가 에브라임을 침략하여 영토를 빼앗는 것에 대한 면죄부를 주지 않는다. 에브라임의 남침이나 유다의 북침 모두 땅의 지계표를 옮기려는 불법이라는 점에서 차이가 없다. 하나님께서는 율법을 무시한 유다에게 분노를 물처럼 쏟아 부으실 것이다. 홍수가 나서 물이 둑을 무너뜨리고 생명뿐만 아니라 집과 농토를 다 휩쓸어가듯이 쏟아 붓는 여호와의 분노가 유다를 덮치게 될 것이다. 형제의 어려움을 이용해서 지계표를 옮겼던 유다도 결국 심판을 받게 될 것이다. 하나님께서는 언제든지 교만하여 "하나님의 말씀을 거역하며 지존자의 뜻을 멸시"(시 107:11)하는 사람들을 낮추신다.

2) 보이는 것을 따라 행한 결과

11절에는 다시 에브라임의 선택의 결과가 선언된다. "에브라임은 사람의 명령 좇기를 좋아하므로 학대를 받고 재판의 압제를 당하는 도다." 재판의 압제를 당한다는 말은 전쟁 이후에 사회적 무질서를 배경으로 주어졌음을 시사한다. '법이 부서졌을' 정도로 불의와 불법이 난무하여 수탈과 학대가 만연한 사회 상황을 보여준다. 법과 질서가 붕괴되어 통제할 수 없는 상태까지 간 것이다. 이렇게 된 것은 그들이 '사람의 명령'을 쫓았기 때문이다. 여기서 사람의 명령은 단지 인간적인 가르침을 의미하기 보다는 '헛된 것들' 전체를 의미한다. 다시 말해서 열강들과의 정치·군사적 동맹을 통해서 자신의 생존과 안전을 지키려는 모든 노력을 말한다. 그러나 그들은 이로 인해 오히려 학대를 받고 무정부 상태까지 떨어지는 고통을 당하게 되었다.

하나님이 아니라 보이는 우상과 열국(列國)과의 군사적 동맹을 통해서 자신을 지키겠다고 했던 에브라임은 가장 처참한 파국을 맞이하게 된다. 당시 시리아 권력의 핵심이었던 다메섹과 동맹하여 앗수르를 대항했지만 다메섹은 주전 732년 완전히 멸망해서 사라져 버린 헛것일 뿐이었다. 에브라임은 헛것을 쫓다가 자신도 헛것이 되어 버렸다. 하나님의 날개 아래서 보호를 받고 모든 필요를 공급받을 수 있는 특권을 버리고 헛것을 선택한 그들은 스스로 헛것이 되어 버렸다. 눈에 보기에 바알 우상과 주변 강대국들은 강한 유혹이었다. 그들을 따르면 모든 것이 잘 될 것처럼 보였다. 그러나 그것들은 에바라임을 지켜 줄 수 없었을 뿐만 아니라 자신조차도 지킬 수 없는 헛것이었다.

그들이 하나님이 아닌 눈에 보이는 것을 따른 두 번째 결과가 12-13절에 나온다. "그러므로 내가 에브라임에게는 좀 같으며 유다 족속에게는 썩이는 것 같도다. 에브라임이 자기의 병을 깨달으며 유다가 자기의 상처를 깨달았고 에브라임은 앗수르로 가서 야렙 왕에게 사람을 보내었으나 저가 능히 너희를 고치지 못하겠고 너희 상처를 낫게 하지 못하리라." 에브라임이나 유다가 동일한 상태가 되었다. 하나님께서 에브라임에게는 '좀'처럼 되고, 유다에게는 '썩이는 것'처럼 될 것이다. 하나님을 좀과 썩이는 것이라고 표현한 것은 신성모독적인 비유이다. 이렇게 파격적인 비유를 사용하는 이유는 그들의 죄가 얼마나 심각한 것인지를 드러내시기 위한 것이다. 옷을 헤어지게 해서 못쓰게 만드는 '좀'은 언제나 멸망이나 덧없음을 나타낼 때 사용된 단어다(사 50:9; 51:8; 욥 4:19; 13:28; 27:18; 시 39:11). '썩이는 것'은 뼈를 곪게 만드는 골저(骨疽)로 죽음에 이르는 부패나 부식을 함축한다(합 3:16; 욥 13:28; 잠 12:4; 14:30).

    좀과 골저는 처음에는 겉으로 드러나지 않고 조금씩 속에서 진행되다가 결국에는 옷을 못 쓰게 만들고, 사람을 죽게 한다. 하나님께서 에브라임과 유다에 보낸 질병도 그렇다. 좀은 외적인 파괴를 나타내고, 골저는 내적인 부패를 의미한다. 하나님을 버린 그들이 겉과 속에 모두 병들어 죽어갈 것을 선포한 것이다. 이러한 비유가 충격적인 것은 하나님께서는 이스라엘을 치료하시는 의사였다는 것이다. 출애굽기 15장 26절에서 하나님께서는 "나는 너희를 치료하는 여호와임이라"고 말씀하셨다. '여호와 라파'이신 하나님께서 이스라엘의 모든 질병과 어려움을 치료하시겠다고 약속하셨다. 그러나 에브라임과 유다가 하나님을 버리면서 병을 치료해 주시는 의사이신 하나님께서 병의 원인자가 되셨다.

    이들의 병은 죽음에 이르게 하는 심각한 병이지만 아직 기회가 있었다. 하나님께서 병의 원인을 가르쳐주셨기에 치료약을 찾는 것은 어렵지 않기 때문이다. 그들이 겪고 있는 앗수르의 위기는 겉으로 볼 때는 정치군사적 사건 이지만 실상은 하나님과의 관계를 회복하라는 신학적인 사건이었다. 사실 앗수르는 하나님의 징계의 막대기일 뿐이었다.

13절에서는 그들이 자신들의 병과 상처를 깨닫게 되었지만 그 원인을 찾는 데는 실패하고 있음을 보여준다. 하나님을 아는 지식이 없는 이들은 당면한 위기의 본질을 통찰하지 못한다. 그런 심각한 위기가 하나님을 저버린 것에서 비롯되었음을 인식하지 못했다. 그들은 자신들의 위기를 군사력이 약해서 발생한 것으로 진단했다. 병의 진단이 잘못되면 처방전도 잘못될 수밖에 없다. 그들은 자신들을 치료할 의사를 버리고, 헛된 것들에게 또 다시 도움을 구했다. 그들은 당시 절대 강자였던 앗수르에게 자신들의 병을 치료해 달라고 돈을 들고 찾아갔다. 에브라임과 유다 모두 앗수르에게 사신을 파견하여 자신들을 도와 달라고 요청했다. 하지만 그들의 상처와 위기는 하나님께로 말미암은 것이었다. 따라서 하나의 정치세력에 불과한 앗수르가 이들을 고쳐줄 수 없었다.

므나헴을 비롯한 친앗수르파 왕들이 치료해 달라고 찾아간 앗수르 왕은 야렙이었다. 즉 싸움꾼이었다. 그들은 오히려 앗수르에게 철저히 짓밟히고 고통만 당하게 된다.[1] 그 후에 베가는 므나헴의 아

---

1) 디글랏빌레셀 3세의 비문에는 므나헴에 대해서 이렇게 기록하고 있다. "므나헴의 경우, 나는 그를 눈보라 폭풍같이 제압했으며, 그는 … 작은 새처럼 홀로 피난했으며 내 발에 머리를 숙였다." James Pritchard, *ANET*, pp. 283-84. Walter C. Kaiser, Jr. *A History of Israel*, 유근

들 브가히야를 죽이고 반 앗수르 정책을 쓴다. 에브라임은 다메섹과 동맹하여 앗수르에게 반기를 들었다가 영토 대부분을 빼앗기고 만다. 이런 상황 가운데 북이스라엘에서는 베가를 죽이고 반정(反正)에 성공한 호세아가 급히 앗수르에 항복하게 된다. 그리고 앗수르의 봉신(封臣)이 되어 겨우 목숨을 연명하는 처지가 된다. 한편 유다 왕 아하스는 잠시 당면한 위기를 모면했지만, 지속적으로 앗수르에게 유린당하게 된다. 아하스의 아들 히스기야는 앗수르로부터 주권을 되찾기 위해 반기를 들었다가 전국토가 유린당하는 파국을 경험한다.

이처럼 역사를 주관하시는 하나님을 알지 못하면, 자신 앞에 당면한 문제의 근본 원인을 보지 못한다. 그래서 장고(長考) 끝에 악수를 두는 것처럼, 자충수(自充手)를 두게 된다. 눈앞에 현실만 보는 사람들은 지혜롭게 살길을 찾았다고 생각하지만 그 선택은 그들을 몰락으로 이끈다. 우리는 모든 문제를 육신의 눈이 아닌 영적인 시각으로 볼 수 있어야 한다. 그래야 정말 중요한 것을 볼 수 있다. 이것을 보지 못하는 사람들의 지혜는 결국 자신을 더 큰 위험에 노출시킬 뿐이다.

14절을 보자. "내가 에브라임에게는 사자 같고 유다 족속에게는 젊은 사자 같으니 나 곧 내가 움켜갈지라 내가 탈취하여 갈지라도 건져낼 자가 없으리라." 역사를 주관하시는 하나님을 버리고 헛것[앗수르]을 따르는 자들을 하나님께서 사자가 되어 공격하신다. 굶주린 사자가

상역, 『이스라엘의 역사』, (서울: 크리스챤출판사, 2003), 452.에서 재인용.

먹이를 공격하듯이 하나님께서 유다와 에브라임을 맹렬하게 공격할 것이다. 아무도 그 손에서 구할 자가 없을 것이다. 12절에서 '좀'과 '썩이는 것'이 심판의 점진성을 함축했다면, '사자와 젊은 사자'는 심판의 갑작스러움과 맹렬함에 초점이 맞추어져 있다. 병은 치료할 기회가 주어졌음을 함축했었지만 사자는 구원의 기회가 상실되어 멸망 이외에 다른 길이 없음을 보여준다.

사자는 고대 근동에서 왕권의 상징이었다. 그렇다면 분노한 사자는 무시당한 여호와의 왕권을 함축하고 있다. 하나님의 왕권을 무시하고 눈앞에 보이는 열방을 의존하는 에브라임과 유다에게 누가 진정한 주권자인지를 그가 직접 보여주실 것이다. 에브라임과 유다는 앗수르가 아니라 여호와께서 역사를 주관하시고 자신들의 운명을 결정하시는 분임을 알게 될 것이다. 자신들에게 닥친 고통의 원인이 무엇이며, 그것을 치유할 수 있는 분이 누구신지를 그러한 과정을 통해서 뼈저리게 깨닫게 될 것이다.

3) 떠나심과 기다리심

15절을 보자. "내가 내 곳으로 돌아가서 저희가 그 죄를 뉘우치고 내 얼굴을 구하기까지 기다리리라 저희가 고난을 받을 때에 나를 간절히 구하여 이르기를" 좀 더 쉽게 번역하면 이렇다. "그들이 죄를 깨닫고 내 얼굴을 찾을 때까지 나는 내 자리로 돌아가 있으리라. 그제야 그들은 환난 속에서 나를 찾으리라." 하나님께서는 헛것을 의뢰하는 에브라임과 유다에 진노하셔서 이들을 떠나 원래의 거처로 돌아가

시겠다고 말씀하신다. 그 후에 그들은 돌아와서 여호와를 다시 찾게 될 것이다. 여호와께서는 그들을 떠나시되 완전히 멸망시키지 않으시고, 한 번 더 기회를 주신다.

완전한 결별이 아니라 이스라엘이 하나님의 얼굴을 찾을 때까지 당신님의 처소로 돌아가 기다리시겠다는 말씀이다. 이 말씀은 두 가지를 가르친다. 첫째는 하나님의 부재(不在)는 재앙의 기간을 나타낸다. 그들은 하나님께서 부재하시는 상황에서 절망적인 심판을 경험하게 될 것이다. 둘째는 하나님께서 다시 돌아오시겠다는 것은 징계의 끝이 있음을 의미한다. 이런 점에서 여호와의 부재는 관계의 완전한 단절이 아니라 기다림의 부정적 표현이다. 자신을 숨기신 하나님께서는 이스라엘이 "하나님의 얼굴을 구하기까지" 기다리신다. 이스라엘의 고난은 다시금 하나님을 간절히 찾을 수 있게 하는 교육적인 목적을 갖는다. 하나님의 부재를 통해서 그들은 자신들의 죄를 깊이 인식하고, 하나님만이 역사의 주관자이심을 깨닫게 될 것이다. 하나님만이 신실한 남편으로 자신들을 진정으로 사랑하시는 분이심을 깨닫고 하나님께로 돌아오게 될 것을 기다리신다.

이는 하나님께서 징계를 통해서 무엇을 기대하고 계신지를 분명하게 보여준다. 하나님은 이스라엘의 죄로 초래한 고난과 파멸을 즐기시는 분이 아니다. 그들이 고난을 통해서라도 진정으로 하나님을 알기를 간절히 원하신다. 그들은 고난 속에서 이런 저런 방법을 동원해 보겠지만 결국 하나님만이 자신들의 비참한 운명을 바꿀 수 있는 분이심을 깨닫게 될 것이다. 하나님께서 원하시는 것은 양떼와 소떼(5:6)가 아니라 그들의 마음이었다. 그들이 제사[예배]만 드리고, 마음은 딴 곳에 두는 것이 아니라 하나님께 마음을 두고 신실하게 되기를 바라신 것이다.

2. 괴로움을 더하는 피상적인 회개(6:1-5)

1) 회개의 노래?

6장 1-3절이 참된 회개의 노래인지 또는 구원의 이데올로기에 대한 비판인지에 관해서는 학자들에 따라 의견이 나뉜다. 전통적으로 신학자들은 1-3절을 이스라엘의 간절한 회개로 이해하였다. 특히 구약성경을 헬라어로 번역한 70인역에서 15절 마지막에 히브리어에는 없는 "이르기를"[말하기를]라는 헬라어 단어[legontes]를 삽입함으로써 더욱 그렇게 보여 졌다. 이 본문에서 70인역 번역자들은 자신들의 해석을 본문에 첨가한 것이다. 그래서 많은 학자들이 1-3절을 호세아 선지자의 노래라고 본다. 하나님의 간절한 바람을 담고 있는 호세아 선지자의 목소리로 읽는 것이다. 그래서 그동안 많은 학자들이 그렇게 본문을 읽었다.

그러나 우리는 본문의 의미를 확정하기 위해서는 본문의 앞 뒤 문맥과 본문 자체의 내용을 세밀하게 살펴야 한다. 우선 1-3절의 내용이 참된 회개의 노래라고 이해한다면 4-6절에서 등장하는 하나님의 말씀과 조화가 되지 않는다. 그들의 진심어린 회개를 하나님께서는 얼마나 기다리셨는가? 만약 그들의 회개가 참된 회개라면 하나님께서 그들의 회개를 부정적으로 평가하지 않으셔야 한다. 그러나 4-5절에서 하나님께서는 그들의 확신에 찬 고백을 받아주시지 않고 오히려 책망하신다. "에브라임아 내가 네게 어떻게 하랴 유다야 내가 네게 어떻게 하랴 너희의 인애가 아침 구름이나 쉬 없어지는 이슬 같도다 그러므로 내가 선지자들로 저희를 치고 내 입의 말로 저희를 죽였노니 내 심판은 발하는 빛과 같으니라"(6:4-5).

그리고 그들의 고백에서는 하나님에 대한 지식이 심각하게 왜곡되거나 결핍되어 있음이 발견된다. 또한 참된 회개라면 반드시 포함되어야 할 죄에 대한 고백이나 탄식이 전혀 나타나고 있지 않다. 하나님께 대한 간구도 직접적으로 나타나지 않고, 간접적으로만 나타난다. 전후 문맥을 분리해서 보면 1-3절은 아름다운 회개의 노래와 구원을 확신하는 신뢰의 노래처럼 들린다. 그러나 가까운 문맥인 4-6절에서 그들의 고백은 긍정적으로 받아들여지고 있지 않다. 뿐만 아니라 호세아 4장 1절부터 11장 11절까지의 큰 문맥은 이스라엘의 부패한 제의와 정치를 고발하고 있다. 특히 호세아서 전체에서 호세아는 죄의 철저성과 심판을 통한 회복을 강조하고 있다. 하지만 1-3절에 공동체적 화자인 '우리'는 여호와께 돌아가기만 하면 구원이 자동으로 주어질 것처럼 말한다. 또한 앞서 선지자는 5장 3-4절에서 음란의 영에 사로잡힌 이스라엘이 스스로 여호와께 돌아갈 가능성이 없음을 선언했다. 더욱이 6장 4절에 나오는 하나님의 탄식은 그들의 회개가 위선적임을 시사해 준다.

본문에 나타난 구원에 대한 낙관주의적인 견해도 이스라엘의 죄에 대한 호세아의 비관적인 이해와 맞지 않는다. 호세아서는 음란한 마음을 제거하는 징계의 기간이 끝나야만 여호와의 구원을 기대할 수 있다고 계속 주장하고 있다. 이는 3장에서 이미 확증된 선언이었다. "많은 날 동안 왕도 없고, 군도 없고, 제사도 없고, … 없이 지내다가 그 후에 저희가 돌아와서 그 하나님 여호와와 그 왕을 구하고 … 여호와께로 와 그 은총으로 나아가리라"(호 3:3-5절). 하나님께서는 그들을 회복하시되 징계를 통해 많은 날이 지난 후에 정결케 하실 것이라고 말씀하셨다. 이런 본문의 증거를 종합해 보면 이 말씀을 어떻게 읽어야 하는지가 분명해진다.

이를 전제하면서 본문을 살펴보자. 먼저 1절을 보자. "오라 우리가 여호와께로 돌아가자 여호와께서 우리를 찢으셨으나 도로 낫게 하실 것이요 우리를 치셨으나 싸매어 주실 것임이라." 이 말은 얼핏 보면 여호와의 부재에 대해서 이스라엘이 모범적으로 반응하는 것처럼 보인다. 여호와께서 그분의 처소로 돌아가시자 이스라엘이 여호와께 돌아온다. 하나님의 징계가 긍정적인 목적을 달성한 것처럼 보인다. 여호와께서 사자같이 그들을 찢으셨으나 도로 낫게 하실 것을 고백하고 있다. 그들은 자신들의 중한 상처가 하나님께로 말미암았음을 깨닫는다. 그들은 얼마 전까지는 힘의 논리로 자신들의 상황을 진단했었지만 드디어 신학적인 시각에서 병의 원인을 찾는다. 그들이 헛것을 의지하다가 이렇게 고통당하고 있음을 알고 여호와께로 돌아가자고 한다. 그들은 병을 주신 분만이 자신들의 질병을 고칠 수 있음을 인정한 것이다.

이들의 회개와 확신은 매우 아름답고 신뢰에 차 있다. 그러나 그들의 노래 전체를 면밀히 살펴보면 여전히 '하나님을 아는 지식'이 왜곡되어 있음이 드러난다. 그들이 하나님께 돌아오는 유일한 목적은 자신들의 병과 상처를 치료받기 위해서일 뿐이다. 또한 그들은 돌아가기만 하면 자동적으로 하나님께서 모든 고난을 다 해결해 주실 것이라고 믿는다. 현재 당하고 있는 고난이 하나님께로 말미암은 것을 인정하시만 어떤 이유에서 하나님께서 그들에게 '좀과 썩이는 것'이 되셨고, 자신들을 찢는 사자가 되셨는지는 관심이 없다. 또한 이들의 노래에는 죄에 대한 진중한 고백과 회개가 없다. 그리고 고난의 원인에 대한 진지한 이해가 빠져 있다. 하나님께서는 고난 중에 있는 이스라엘이 당신님을 간절히 찾기를 바라셨지만, 그들은 자신들이 바라는 것만을 아름다운 언어로 포장해서 일방적으로 하나님께 드린다.

호세아서에서 여호와를 주어로 동사 '병을 고치다'라는 표현이 세 번 더 나온다(7:1; 11:3; 14:4). 이는 모두 하나님의 일방적인 치료행위와 관련이 있다. 여기서 주목할 것은 하나님의 치료와 관련해서 먼저 부각되는 것은 이스라엘의 죄악이다. 이스라엘이 죄악의 심각성을 인식하지 못하는 한 하나님의 치료하시려는 의지는 이스라엘의 죄만 더 드러낼 뿐이다. 11장 3절을 보자. "그러나 내가 에브라임에게 걸음을 가르치고 내 팔로 안을지라도 내가 저희를 고치는 줄을 저희가 알지 못하였도다." 여기서 이스라엘은 자신의 질병을 인식하지 못하고 고쳐주려는 의사로부터 도망치는 어리석은 환자로 그려지고 있다.

2) 도구화된 구원

2절을 보자. "여호와께서 이틀 후에 우리를 살리시며 제 삼 일에 우리를 일으키시리니 우리가 그 앞에서 살리라." 이 말씀은 이스라엘이 자신의 병을 어떻게 이해하고 하나님을 찾아갔는지를 잘 보여준다. 돌아가기만 하면 하나님께서 이스라엘을 이틀 후에 살게 하시며 제 삼 일에 일으키실 것이라고 노래한다. 초대 교회의 교부들 가운데는 2절에서 예수님의 부활을 의미한다고 알레고리적으로 해석한 분도 있었다. 그러나 '이틀 후'와 '제 삼일'은 아주 짧은 시간을 나타내는 관용적인 표현이다. 그렇다면 이들은 자신들이 여호와께로 돌아가기만 하면 자동적으로 금방 구원이 주어질 것이라고 생각한 것이다. 자신들이 '돌아감'이 치료와 구원을 결정하는 것으로 본다. 자신들이 결단만 하면 하나님은 언제든지 구원을 주시는 분처럼 생각한 것이다. 그들은 자신들의 결단을 여호와의 의지보다 우선시했다.

더욱이 이들의 관심은 치료의 주체이신 하나님이 아니라 '빠른 시간 내의 치료'에 집중한다. 5장 13-14절에서 본 것처럼 그들에게 임할 고난은 생존을 위협할 정도의 치명적인 것이었다.[2] 그러나 그

---

2) 5: 13-14절을 다시 보자.
  13 에브라임이 자기의 병을 깨달으며 유다가 자기의 상처를 깨달았고 에브라임은 앗수르로 가서 야렙 왕에게 사람을 보내었으나 저가 능히 너희를 고치지 못하겠고 너희 상처를 낫게 하

들은 이것에서 손쉽게 벗어날 수 있을 것이라고 생각한다. 자신들이 결단만 하면 다 된다고 여기고 있다. 하나님을 아는 지식이 없었던 그들은 가나안적인 풍요 제의와 여호와의 종교를 구별하지 못하고 치료와 구원을 성전으로 돌아감이나 제사에 여전히 종속시키고 있다. 이러한 이해가 충격적인 것은 가나안 사람들의 바알에 대한 이해와 다르지 않다는 점이다.

'우리가 그 앞에 살리라'는 이스라엘의 윤리적 결단이나 태도와는 전혀 상관없다. 고난과 질병은 하나님의 부재를 의미하였다. 그렇다면 하나님 앞에서 삶은 생명의 회복을 가리킨다. 그러기 위해서 처소로 돌아가셨던 하나님께서 다시 오셔야만 한다. 그 얼굴을 다시 이스라엘을 향하여 드셔야 한다. 이스라엘은 여호와께서 징벌과 고난을 끝내시고 생명과 구원의 시대를 열어주시길 기대한다. 이처럼 이스라엘의 관심은 하나님의 영광이 아니라 오직 자신들의 치료와 구원에만 집중되어 있다.

3절을 보자. "그러므로 우리가 여호와를 알자 힘써 여호와를 알자 그의 나오심은 새벽 빛같이 일정하니 비와 같이, 땅을 적시는 늦은 비와 같이 우리에게 임하시리라 하리라." '우리가 여호와를 알자, 힘써 여호와를 알자'는 호세아 신학의 핵심이다. 여호와를 아는 지식이 없다는 호세아의 고발(4:6)에 드디어 이스라엘이 긍정적으로 반응하는 것처

지 못하리라 ¹⁴ 내가 에브라임에게는 사자 같고 유다 족속에게는 젊은 사자 같으니 나 곧 내가 움켜갈찌라 내가 탈취하여 갈찌라도 건져낼 자가 없으리라.

럼 보인다. 이스라엘은 서로를 향하여 여호와를 알자고 권면하며 결단한다. 그러나 이어지는 그들의 고백을 보면 호세아 선지자와 동일한 표현을 사용하지만, 그 내용은 전혀 다름이 드러난다. 그들은 바알신이 1년 주기로 자연의 순환을 통해서 나타나는 것처럼, 하나님도 그렇게 나타나실 것으로 이해한 것이다. 반복적이며 순환적인 자연현상에 비유된 하나님의 나타나심에 대한 이스라엘의 이해는 이들이 힘써 알자고 했던 것이 무엇인지를 보여준다. "그의 나오심은 새벽 빛같이 일정하다." 어둠이 지나면 반드시 새벽 빛이 나타나는 것처럼, 얼굴을 숨기셨던 하나님께서도 때가 되면 반드시 다시 나오신다는 것이다.

하나님의 부재를 선언했던 5장 15절과 비교해 보자 "내가 내 곳으로 돌아가서 저희가 그 죄를 뉘우치고 내 얼굴을 구하기까지 기다리리라 저희가 고난을 받을 때에 나를 간절히 구하여 이르기를" 이제 그 의미가 더 명확해 진다. 특히 히브리어로 그 형태가 동일한 동사 '간절히 구하다'(샤하르)와 명사 '새벽 빛'(샤하르)의 언어유희를 통해서 하나님의 기대와 이스라엘의 응답 사이에 얼마나 큰 간격이 있는지를 보여준다. 하나님께서는 자신의 처소로 돌아가셔서 이스라엘이 고난 중에 간절히 찾기(샤하르)를 기다리신다. 그러나 이스라엘은 부재하시는 하나님이 새벽 빛(샤하르)같이 일정한 시간만 되면 자동적으로 다시 나오실 것을 확신한다.

그들은 하나님의 부재로 인한 심판과 하나님의 현존으로 인한 구원이 매일 경험하는 어둠과 빛의 반복적인 패턴과 같이 일상적인 순환으로 여기고 있다. 하나님의 숨으심과 나오심은 어둠이 지나면 새벽이 오는 것처럼, 자동적이며 순환적으로 본다. 5장 15절에서 하나님의 돌아오심은 이스라엘의 회개와 간절한 부르짖음에 대한 인자하신 응답으로 약속되었다. 그러나 이스라엘이 이해하는 하나님의 돌아오심은 순환적인 자연현상처럼 이미 확정된 과정의 일부일 뿐이다. 만약 구원은 심판의 때가 지나면 자동적으로 주어진다면, 우리가 여호와께 간절히 회개하며 매달려야할 이유가 없어진다. 구원과 심판이 여호와의 의지로부터 분리되어 자동적이고 기계적인 것으로 보여 지는 것이다.

이렇게 구원의 불확실성을 완전히 제거한 이스라엘은 하나님을 자신들의 틀 속에 가두고 있다. 즉, 영원한 지혜로 역사에 자유롭게 개입하고 다스리시는 하나님을 자연의 주기에 구속 받는 바알과 같은 신으로 전락(轉落)시켜 버린 것이다. 이들에게 하나님은 '비와 같이, 땅을 적시는 늦은 비 같이' 일정하게 복을 주러 오시는 분이시다. 이렇게 이해되는 하나님은 뿌린 씨가 성장하도록 겨울에 비를, 건기를 앞두고 늦은 봄에 단비를 내려주셔서 땅의 풍요를 주시는 신이다. 이스라엘이 바라는 하나님은 바로 바알의 역할과 차이가 없다. 가나안 종교에서는 바알이 이렇게 비와 풍요를 주관한다고 생각했다.

오늘날 한국교회를 보자. 많은 사람들이 하나님은 우리가 믿음을 고백하기만 하면 자동적이고 기계적으로 우리에게 구원을 베푸신다고 생각한다. 행위가 아닌 믿음으로 구원을 얻기 때문에 행위를 말하면 페더럴 비전(Federal Vision)3)이라고 폄하한다. 믿음이 무엇인지도 모른 채 자신들의 구원이 기계적으로 주어지는 것으로 착각하고 있다. 하나님께 돌아왔다는 사람들에게서도 죄에 대한 인식이 지극히 낮음을 볼 수 있다. 그들이 인식하는 죄는 세상 사람이 양심으로 느끼는 정도에도 못 미친다. 그런 사람들에게는 구원을 베푸시는 하나님보다 믿는 자신이 더 놀랍고 대단한 존재로 여기게 된다. 그들에게 하나님은 구원을 주기 위해서 애걸하는 분으로, 자신은 그런 하나님께 적선(積善)하여 믿어 주는 존재가 된다. 그들에게 하나님은 현대의 경쟁하는 많은 신들 중에 하나일 뿐이다. 자신이 하나님을 선택해서 믿어 주었기 때문에 하나님께서 자신에게 감사해야 하는 것처럼 행동한다. 그래서 하나님은 자신에게 축복해 주어야 할 의무가 있는 신이 되어버린다.

많은 사람들이 믿음과 칭의를 오해하고 있다. 그들에게 마치 칭의란 "열려라 참깨"라고 말하는 주문과 같다. 믿음이라는 동전을 투입하기만 하면, 하늘에 계신 하나님은 '사죄와 칭의'를 선포한다. 지식은 없지만 믿는다고 입으로 고백하기만 하면 다 되는 것처럼 여긴다. 사영리가 그렇고, 영접기도가 그렇다. 하지만 그들의 인격과 삶에서 믿음의 본질은 드러나지 않는다. 믿음과 순종을 분리하고, 믿

---

3) 페더럴 비전(Federal Vision)은 여러가지 문제가 있는데 그중에 가장 주의할 점은 칭의의 근거에 믿음에서 나오는 선행을 포함시키는 것이다. 이는 행위를 칭의의 필수적인 부분으로 까지 과장하는 오류다. 하지만 이런 오류 때문에 행함이 없는 믿음을 옹호하는 것은 더 큰 잘못이다(약2: 17, 22, 갈5: 6).

음과 도덕성을 분리한다. 그러나 성경에서 말하는 믿음이란 입술의 고백 그 이상이다. 마음으로 믿는 것이다. 마음은 지정의를 포함하며 전인격의 중심이다. 진리를 지적으로 알고 정서적으로 감동을 받고 의지적으로 실천하는 것이 믿음이다. 따라서 믿음은 도덕적인 일이며 영적인 일이다. 믿음은 믿는 사람들 속에서 근본적인 변화를 다양한 방식으로 조성한다. 믿음은 자기를 응시하던 눈을 하나님께로 돌리게 한다. 믿음은 자기를 부인하고 하나님을 추구하게 한다. 그런데 오늘날 입술로는 믿음을 고백하지만 자기 영광만을 추구하는 사람들이 얼마나 많은가?

3) 하나님의 탄식

자신들이 돌아가면 언제든지 하나님을 다시 만날 수 있을 것이라는 이스라엘의 자신감과 확신에 찬 고백에 하나님께서는 어떻게 반응하실까? 하나님께서는 기뻐하시는 것이 아니라 깊이 탄식하신다. 4절을 보자. "에브라임아 내가 네게 어떻게 하랴 유다야 내가 네게 어떻게 하랴 너희의 인애가 아침 구름이나 쉬 없어지는 이슬 같도다." 이들의 피상적이며 지속적이지 못한 회개는 하나님을 절망에 빠뜨린다. "에브라임아 내가 네게 어떻게 하랴 유다야 내가 네게 어떻게 하랴"는 탄식은 하나님의 당혹스러움과 실망 그리고 고통이 얼마나 큰지를 보여준다. 도와주려고 애쓰지만 도움받기를 거절하는 백성들 앞에서 여호와는 차라리 무기력한 것처럼 표현하신다. 이는 신인동형동성론(神人同型同性論)적인 표현이다.

하나님께서는 그들에게 심판을 피할 수 있는 길을 열어 놓고 계셨다. 그러나 이들은 사태의 심각성과 본질을 제대로 파악하지 못하고 마음을 찢는 회개가 아닌 습관적이고 제의적인 경건으로 반응했다. 그들은 자신들의 상황을 피상적으로 바라본 것처럼 하나님께 대해서도 피상적으로 보았다. 그들이 하나님께로 돌아오기는 했지만 그들의 회개에는 꼭 있어야 할 내용이 없었고 지속성도 없었다. 그들의 인애는 아침 구름 같고 곧 사라져버리는 이슬 같다. 인애란 언약 백성이 하나님의 말씀에 순종하면서 살아가는 의지적인 태도다. 인애가 없이는 하나님과 이스라엘의 언약적 관계는 유지될 수 없다. 자신이 좋으면 하나님께 순종하는 것처럼 보이지만 자신이 힘들거나 자기를 부인해야 할 순간이 되면 세상으로 슬그머니 빠져 나간다.

'아침 구름'과 '이슬'이라는 표상(表象)은 지속성과 실체가 없음을 의미한다. 하나님의 탄식은 3절과 연결해서 보아야 한다. 이스라엘은 하나님의 구원이 어둠을 뚫고 다시 나타나는 새벽 빛처럼 확실하고 계절에 따라 알맞게 내리는 비처럼 일정하다고 고백했다. 하나님께서는 그들의 말을 인용하시면서 이스라엘의 인애가 새벽녘에 아침 햇살이 비춰면 곧 사라지는 아침 구름이나 이슬에 불과할 뿐이라고 탄식하신다. 그런 사람들은 하나님을 향하여 신실한 것처럼 보이지만 자신의 이익을 포기해야 하거나 자신의 삶의 방식을 바꿔야 할 경우에는 이런 저런 변명으로 빠져 나가 버린다. 일관성도 지속성도 없지만 믿음을 고백했기에 자신의 구원을 확신한다. 세상 사람들도 일편단심(一片丹心)을 말한다. 그러나 그런 사람들의 믿음은 상황에 따라 변하는 '아침 구름과 쉬 없어지는 이슬'과 같을 뿐이다. 그런 사람들은 결국 '아침 구름과 쉬 없어지는 이슬'같이 허무하게 종말을 맞을 것이다. 13장 3절을 보자. "이러므로 저희는 아침 구름 같으며 쉽게 사라지는 이슬 같으며 타작 마당에서 광풍에 날리우는 쭉정이 같으며 굴뚝에서 나가는 연기 같으리라." 실체가 없는 신앙고백 실체가 없는 믿음은 그들을 구원할 수 없고 결국 그들이 멸망하게 될 것을 선언하신다.

그렇다면, 이렇게 행동하는 이스라엘에 대해 하나님은 어떤 조치를 취하실까? 5절을 보자. "그러므로 내가 선지자들로 저희를 치고 내 입의 말로 저희를 죽였노니 내 심판은 발하는 빛과 같으니라." 말로는 고백하지만 진심이 없는 이스라엘에게 거듭 심판이 선고된다. 문자적으로 '치다'[히브리어: 하찹]라는 말은 석공이 돌을 다듬기 위해서 부수는 것을 의미한다. 하나님께서는 언약을 파기한 이스라엘에게 언약적 신실함을 회복하도록 언약의 중재자인 선지자들을 보내셨다. 그러나 이스라엘의 완고함은 선지자들이 선포한 언약적 심판을 확정적으로 만들었다. 그들을 살리고자 주셨던 엄중한 경고의 말씀이 그것을 거부한 사람들에게는 죽이는 심판의 말씀으로 작용하게 되었다. "내 입의 말로 그들을 죽였노니"라는 말씀은 아합 왕 시대에 활동한 엘리야나 엘리사를 떠올린다. 그 당시 사람들은 선지자들의 말을 거부하다가 하늘에서 불이 내려와 죽임을 당했다. 하나님은 선지자가 선포한 말씀이 자신의 말씀임을 선언하신다.

호세아 선지자를 비롯해 수많은 선지자들이 하나님의 말씀을 대언했다. 하나님은 선지자가 대언한 대로 "내 심판은 발하는 빛과 같으니라"고 하신다. 하나님은 "빛"의 상징을 통해서 이스라엘이 기대하였던 구원의 새벽 빛(3절)이 아니라 심판의 빛임을 선포하신다. 그들의 기대를 완전히 무너뜨리신다. 지식이 없는 이스라엘은 하나님을 가나안의 신 바알처럼 생각했지만 하나님의 빛은 구원이 아니라 심판이다. 또한 하나님의 빛은 이스라엘의 인애가 없음을 드러낼 것이다. 그들의 회개가 실상은 '아침 구름과 이슬'에 불과한 위선임을 폭로한다.

진정한 회개가 없으면서도 믿음을 고백할 수 있다. 교회에 나오면서 피상적으로 믿음을 고백하고 약간의 변화도 경험할 수 있다. 종교적인 만족과 기쁨도 얻을 수 있다. 그러나 그런 사람의 마음에는 진리로 인해 근본적인 변화가 일어나지 않는다. 그들에게 구원은 자신이 원하는 것을 얻거나 세상의 자원을 더 얻는 것이다. 그들에게 죄와 악한 행동으로부터의 구원은 생소할 뿐이다.

에이든 토저 목사님은 이렇게 말했다.

"능력 없는 종교가 인간 생명에 아무런 표면적 변화도 일으키지 않는다는 말이 아니다. 단지 우리 인생에 근본적인 변화를 가져오지 못한다는 말이다. 물은 액체에서 기체로 변하고, 기체에서 고체인 얼음으로 변했다가 다시 물로 변할 수 있지만, 물은 여전히 물이다. 근본적으로 달라진 것은 없다.

이와 마찬가지로 무능한 종교는 인간을 피상적인 변화 속으로 끌어들일지 모르나 그 인간을 과거의 인간 그대로 방치해 둘 따름이다. 바로 여기에 함정이 있다. 외형적으로 변화될 뿐, 본질은 그대로인 것이다. 즉 본질상의 변화가 아닌 외형상의 변화인 것이다. 불신자와 또 능력이 배제된 복음을 받은 사람, 이 두 종류의 사람이 행하는 활동의 배후엔 동일한 동기가 깔려 있다. 둘 모두 그 삶의 밑바닥에는 저주스러운 자아(ego)가 도사리고 있다. 다만 차이점이 있다면, 종교적인 사람은 자기의 악을 더 멋지게 위장하는 기술을 터득해 놓았을 따름이다. 종교적인 사람의 죄는 그가 종교를 취하기 전보다 좀 더 세련되고 덜 악질적일지도 모른다. 그러나 그 인간 자체는 하나님의 눈으로 보실 때 조금도 더 나아진 것이 없다. 그 사람은 실로 더 악한 사람일지도 모른다. 왜냐하면 하나님은 위선과 가식을 증오하시기 때문이다."[4]

위선적인 신앙으로써는 하나님의 심판의 빛을 피할 수 없다는 것이다.

---

[4] A. W. Tozer, *THE DIVINE CONQUEST*, 권혁봉역, 『성령 충만한 진짜 크리스천』, (서울:생명의말씀사, 2006), 17-18.

3. 주께서 원하시는 예배(6:6)

1) 제사보다 인애

그렇다면 하나님께서는 어떤 예배를 원하시는 것일까? 6절을 보자. "나는 인애를 원하고 제사를 원치 아니하며 번제보다 하나님을 아는 것을 원하노라." 이 말씀은 호세아서 전체의 요약이자 핵심이다. 이 말씀은 제사나 번제를 부정하지 않는다. 제사나 번제만 드리고 마는 제의적 경건으로 끝나버리는 사람들의 왜곡된 신앙을 고발하는 말씀이다. 제사와 번제도 중요하다. 그러나 제사와 번제의 의미가 무엇인지를 알지 못하고 그 제사에만 열심 있는 사람들에게 경고로 주어진 말씀이다.

제사와 번제는 하나님과의 관계를 시작하기 위해 필요한 법적인 부담이 아니었다. 오히려 하나님과 함께 사랑의 관계를 맺고 살아가기 위해 필요한 것들이 무엇인지를 알려 주시는 선물이었다. 제사와 모든 예배는 하나님의 마음을 읽는 매체이며 하나님과 이웃과의 사랑의 관계를 유지시키는 원리였다. 번제와 제사는 인애와 하나님을 아는 지식을 대체하는 것이 아니라 인애와 하나님을 아는 지식 안에서 행해야 하는 것이었다.

그러나 사람들은 성전을 찾아 제사를 드리는 것으로 하나님께 대한 순종과 이웃에 대한 사랑의 의무를 대체해 버렸다. 이렇게 예배가 제사로 한정될 때 하나님과의 인격적인 사랑의 관계는 형식적인 관계로 변질된다. 하나님은 제사와 성전에서만 활동하시는 분으로 유폐시키고 역사를 주관하시는 분으로 인정하지 않는다. 다시 말해 자신의 삶과 세상의 영역에서는 하나님의 주권을 거추장스러운 부담으로 여긴다. 인애와 하나님을 아는 지식이 없다면 여호와 종교는 가나안 종교와 구분이 없어진다.

인애는 언약에 근거한 개념이다. 인애가 없이는 하나님과 이스라엘 사이에 어떤 언약도 유지될 수 없다. 인애는 하나님께 대한 성실과 전적인 신뢰로, 이웃에게는 공동체적 연대를 가능하게 하는 사랑으로 나타난다. 인애는 하나님의 말씀과 율법을 신실하게 준수하는 것으로 그 실체가 드러난다. 이런 인애가 없는 제사는 그 예배를 받으시는 하나님을 무시한 그들만의 축제일 뿐이다.

2) 번제보다 하나님을 아는 것

하나님을 아는 지식은 바른 예배를 위한 필수적인 요소이다. 하나님을 아는 지식이 없었기 때문에 이스라엘은 하나님과 바알을 구분하지 못하고 가나안의 풍요 제의를 여호와 종교안으로 받아들였다. 겉으로는 하나님의 성소나 산당을 찾아 하나님께 제사를 드리고 있었기에 자신들을 우상숭배자로 고발하는 선지자의 말을 전혀 이해할 수 없었다. 그들은 6장 1-3절에서 나오는 것처럼 하나님을 믿었다. 그러나 그들이 신뢰한 하나님은 바알과 오버랩(overlap) 된 하나님이지 참된 하나님이 아니셨다.

지식이 없는 열심이 또 다른 자기 추구인 것처럼 지식이 없는 예배는 자기(ego)라는 우상에게 경배하는 것일 뿐이다. 제사 제도는 은혜 가운데서 하나님께 나아갈 수 있는 길이었다. 하나님과의 언약적 관계의 심오함을 깨닫고 그 관계를 유지하도록 주어진 것이었다. 따라서 제사를 드리는 자들은 제사를 통해서 죄인임을 자각하고 하나님의 긍휼과 자비에만 소망이 있음을 고백하며 감사와 찬양으로 나아가야 했다. 그러나 그들은 자신들의 제사 행위에 더 큰 중점을 두었고 그 행위 자체가 기계적으로 구원을 줄 것처럼 생각했다. 이렇게 오도(誤導)된 경건은 거룩한 것이 타락한 인간으로부터는 창출될 수 없음을 보여준다.

예수님은 이 말씀을 두 번이나 인용하셔서 바리새인들의 외식을 책망하셨다. 예수님께서는 바리새인들이 죄인들과 식사한다는 비난에(마 9:11-13) 대해서 이렇게 말씀하셨다. "너희는 가서 내가 긍휼을 원하고 제사를 원치 아니하노라 하신 뜻이 무엇인지 배우라 내가 의인을 부르러 온 것이 아니요 죄인을 부르러 왔노라 하시니라"(마 9:13). 예수님께서는 정결과 제사 규정을 이웃 사랑이라는 인애를 척도로 다시 해석하셨다. 제의적 정결을 준수하기 위해 이웃을 무시하는 태도는 하나님의 말씀을 오해한 것이다. 정결과 제사규정은 지켜져야 하지만 이것으로 하나님께서 요구하는 인애를 무시하거나 뛰어넘을 수 없다. 오히려 참된 정결과 제사는 하나님의 언약적 요구에 인애로 응답하는 삶으로 완성되어야 한다.

마태복음 12장의 안식일 논쟁에서도 마찬가지다. 배고픈 제자들이 안식일에 이삭을 잘라 먹은 것을 바리새인들이 비난하였다(마 12:1-8). 예수님께서는 제자들의 행동을 변호하시면서 이렇게 말씀하셨다. "나는 자비를 원하고 제사를 원치 아니하노라 하신 뜻을 너희가 알았더면 무죄한 자를 죄로 정치 아니하였으리라"(12:7). 바리새인들은 안식일 규정을 기계적으로 지키기 위해서 병든 자와 고통 받는 자들도 치료하지 말도록 예수님께 압력을 행사했다. 하지만 예수님께서는 도움이 필요한 병든 자들을 치료하셨다. 그 때 바리새인들은 안식일임에도 불구하고 예수님을 죽이려고 모의했다. 예수님은 안식일 규정도 이웃사랑 곧 인애를 원하시는 하나님의 뜻에 합당하게 해석하신 것이다. 예수님은 하나님께 대한 인애를 율법해석의 근거로 삼았다. 하나님을 아는 것은 하나님을 사랑하는 것이며 하나님을 사랑하는 것은 하나님의 율법의 본의를 따라 행하는 것이다. 하나님께서는 이것이 없는 예배를 받지 않으신다.

나가며: 잘 보려면 마음으로 보아야 한다.

이스라엘은 급변하는 국제정세 속에서 자신들의 안전이 위태로운 위기 상황에 있었다. 앗수르는 그들이 감당하기에는 너무 크고 막강한 세력이었나. 이런 위기 앞에서 이스라엘과 유다는 대외 의존적인 정치적 동맹을 선택했다. 육안(肉眼)으로 보면 그들에게는 그것이 최선의 선택이었을 것이다. 그들에게 하나님을 의뢰하는 것은 선택의 대안조차도 되지 못했다. 하나님은 그들의 삶과 정치에서 완전히 배제되었다. 정치 지도자들은 자신의 능력과 지혜로 위기를 극복하려고 했다. 그들은 당시 강대국이었던 앗수르나 애굽에서 구원을 찾았다. 정치의 세속화는 사회·경제적 영역에서도 하나님께 더 이상 발언권을 주지 않았다. 하나님의 활동 영역은 단지 제사 드리는 성소로 제한되었다. 사람들은 예배를 드릴 때만 하나님을 인정했다. 한마디로, 여호와 하나님께서는 모든 실권을 빼앗기고 성전과 제의의 울타리 안에 감금되신 것이다.

이런 상황에서 선지자들은 입술로만 하나님을 인정하는 세속화된 권력과 사회에 맞서 하나님의 절대주권을 선포했다. "세계 역사와 이스라엘의 운명은 하나님께서 결정하신다. 앗수르와 같은 패권 국가는 단지 하나님의 손에 들린 도구에 불과하다. 이스라엘의 번영과 안전은 하나님께 전적으로 의뢰할 때 보장된다. 따라서 제사를 넘어 자신의 삶의 모든 현장(정치, 사회)에서 하나님의 주권을 인정하고, 그분의 말씀에 순종하라. 이것이 하나님께서 받으시는 참된 예배다." 이와 같은 선지자들의 계속된 경고와 외침에도 그들은 결국 자신들의 방식을 고집하다가 멸망하였다.

종교적 영역에서만 하나님을 섬기는 것은 그렇게 어렵지 않다. 하지만 삶의 모든 영역에서 하나님을 섬기기 위해서는 많은 장애물들을 극복해야 한다. 기독교의 세속화는 기독교 윤리를 모든 공적인 영역에서 추방하고 사적인 영역으로 축소하는 것이다. 교회와 성도의 세속화는 하나님의 말씀을 자신의 삶의 영역에서 거부하고 단지 교회에서 예배로 축소시키는 것을 말한다. 예배는 빠짐없이 참석하지만 자신의 직장에서나 사회에서는 말씀과 상관없이 살아간다. 오늘날 교회에서 이런 모습은 이상한 일이 아니라 당연하게 여겨지고 있다.

지금 우리교회 가운데서도 구원파적인 구원의 확신이 편만하다. "우리가 그 앞에서 살리라!"(호 6:2) 그들은 조금도 의심 없이 하나님께서 구원해 주실 것을 믿는다. 이러한 구원의 확신은 구원의 주체를 모호하게 만든다. 하나님께서 주시는 은혜의 선물인 구원을 '나의' 믿음에 종속시켜 버린다. 하나님께 나아가면 자동적으로 구원이 주어지리라고 믿는다. 아니 교회만 가면 기계적으로 구원이 주어질 것이라고 여겨진다. 그래서 하나님을 아는 지식과, 믿음이 없어도 세례를 받고 직분을 받고자 한다.

하나님께서 구원하실 능력이 있음을 확신하는 믿음과 하나님께 나아가기만 하면 곧 구원이 주어질 것이라는 신념은 전혀 다른 것이다. 하나님께서는 우리의 상처를 치료하실 수 있는 의사이시지만 우리가 치료해 달라고 요청만 하면 언제나 달려오시는 분이 아니시다. 하나님께서는 전능하신 보호자이시지만 위험에서 부르짖기만 하면 우리를 무조건 구원해주시는 그런 분이 아니시다. 하나님은 만복의 근원이시지만 우리가 달라고 하면 언제든지 복을 주시는 분이 아니시다. 하나님께서는 우리가 원하는 대로 우리의 욕구를 채워주시는 분이 아니시다. 하나님은 우리가 원하는 대로 움직이시는 분이 아니다. 우리의 '믿음'이 구원의 도구나 이데올로기로 사용되고 있지는 않는지 점검해야 한다.

사무엘시대 초기에 엘리 제사장의 아들들과 이스라엘은 그렇게 생각했다. 그들은 블레셋과의 전쟁에서 패했다. 그들은 자신들의 패인(敗因)이 하나님의 부재(不在)로부터 왔음을 깨달았다(삼상 4:3). 그들의 신학적판단은 정당했다. 그러나 그들의 신학적 이해는 철저히 제의적 형식주의였다. 그들은 언약궤를 가져가기만 하면 승리할 수 있을 것이라고 생각했다. 그들은 패배의 원인을 언약궤의 부재에서 찾았다. 언약궤만 있으면 자동적으로 승리할 것이라고 생각했다. 하나님께서 이스라엘을 블레셋에 붙인 진정한 이유를 깨닫지 못했다.

잘못된 진단이 잘못된 처방을 만들었다. 그것은 치명적이었다. 이스라엘은 블레셋에게 궤멸을 당했고 언약궤마저 빼앗기고 말았다. 그들은 자신들의 실상을 영적으로 보지 못했다. 제사[예배]만 드렸지 자신의 소견에 옳은 대로 자신들을 위해 하나님을 이용하려고 했다. 호세아 시대에 사람들이 하나님께로 돌아가기만 하면 무조건 구원해 주실 것이라고 믿었던 것처럼 사무엘 시대의 이스라엘도 언약궤를 구원의 보증수표로 간주했다. 그렇게 제의적 형식주의는 그들을 더 큰 위험에 빠뜨렸다.

죄의 실상을 제대로 보지 못하게 되면 죄를 가볍게 여기게 된다. 죄에 대한 분명한 인식이 없는 회개는 피상적일 수밖에 없다. 가볍게 회개하고 쉽게 용서받을 수 있는 죄는 반복될 수밖에 없다. 죄의 세력과 오염으로부터 벗어나려는 결단마저도 없는 회개는 '아침 구름이나 쉬 없어지는 이슬' 같다. 사람들의 눈에는 그것이 드러나지 않을 수 있다. 그러나 하나님은 모든 것을 알고 계신다. 오늘날도 입술로는 하나님을 인정하면서도 죄를 습관적으로 반복하는 사람들이 많다. 예수님을 주와 그리스도로 고백하면서도 자기추구에서 떠나지 못한다. 그래서 그들은 세상 사람들과 구별이 되지 않는다. 그렇기 때문에 교회는 다니지만 그리스도 안에 있는 참된 안식과 행복을 맛보지 못한다.

"여호와께 돌아가자! 여호와를 알자, 힘써 여호와를 알자"라는 말이 단순한 구호에 머물고 있다면, 구원하는 참된 능력을 맛볼 수 없다. 여호와께로 돌아감과 그분을 아는 것은 그분이 원하시는 것을 행하는 것으로 나타난다. 자신을 기쁘게 하는 삶이 아니라 하나님을 기쁘시게 하는 것으로 나타난다. 이런 혁명적인 변화는 인간의 노력으로나 세상의 지혜로 되는 것이 아니다. 교육이나 훈련 그 어떤 법과 제도로도 되는 것이 아니다. 참된 예배자가 되기 위해서는 거듭나야 한다. 우리의 마음이 변화되어야 한다. 성품이 역전되어야 한다. 이 역전이야 말로 초자연적인 기적이다. 사람이 복음을 살아 있는 하나님의 말씀으로 받을 때에 성령께서 그 사람 안에서 초자연적인 역사를 행하신다. 성령께서 그 사람 안의 어둠을 몰아내시고 진리의 빛을 비추신다.

이렇게 성품이 변화된 사람이 참된 예배자가 된다. 물론 그에게도 현실적인 수많은 장애물이 있다. 그에게도 어려움이 있고 수많은 도전이 있다. 그러나 그는 하나님을 기쁘시게 하겠다는 더 강렬한 욕구가 있다. 그에게는 하나님을 기쁘시게 하려는 열정이 있기 때문에 세상을 두려워하지 않는다. 그를 무적의 강자로 만드는 것은 변화된 그 마음속에 기쁨의 원천이 있기 때문이다. 하나님의 인애와 하나님을 아는 지식이 있기 때문이다. 그래서 위대한 성도들과 순교자들은 세상의 모든 친구들에게 버림을 받아 외톨이가 되고, 모든 사람들이 저주했어도 그리스도를 사랑했다. 그 사랑 때문에 자신의 생명마저도 아까워하지 않았다. 아타나시우스를 협박하기 위해서 당시 재판들이 아타나시우스에게 이렇게 말했다고 한다. "온 세상이 그대를 대항하고 있다." 그러자 아타나시우스가 이렇게 대답했다. "그렇다면 아타나시우스가 온 세상을 대항하노라!" 하나님의 인애와 하나님을 아는 자는 이처럼 강하고 담대하다.

『어린 왕자』에서 생텍쥐페리는 친밀한 우정을 나누는 관계를 맺음을 '길들이기'라고 표현했다. 서로를 사랑하려면 서로에게 길들여지는 인내의 과정이 필요하다. 서로를 위해 시간과 에너지를 쏟아 붓는 헌신이 필요하다. 그 상대에게 바친 시간과 열정은 상대와 자신을 동일시하게 되고 그토록 소중한 존재가 되게 한다. 수많은 아름다운 꽃들도 나에게 의미 없는 사물일 수 있다. 그러나 내가 보살피고 아끼고 사랑한 한 송이 꽃은 나에게 상처를 주었더라도 다른 무엇과도 다른 나만의 특별한 꽃이 된다. 이와 같이 하나님께서는 수많은 민족들과 사람들 속에서 우리를 택하셔서 가장 소중한 사랑을 주셨다. 하나님은 우리에게 수많은 상처를 받으셨지만 끝까지 포기하지 않으시고 가장 소중한 독생자까지 내어 주셨다. 뿐만 아니라 하나님은 우리의 부활과 영광을 위해 인류 역사 전체를 인내하시면서 통치하고 계신다. 우리의 거듭된 범죄와 반역에도 불구하고 하나님께서 우리에게 주신 사랑과 열정은 우리가 상상할 수 없을 만큼 크고 놀랍다.

그렇게 사랑으로 자신을 내어주신 하나님께서는 우리에게도 인애를 요구하신다. 우리가 그런 하나님의 사랑을 알았다면 인애로 예배해야 한다. 우리가 인애로 예배하려면 하나님을 아는 지식으로 자신을 '길들여야' 한다. 하나님의 시각으로 세상을 보고, 하나님의 방식으로 세상을 살고, 하나님을 위하여 존재해야 한다. '길들이기'에는 인내가 필요하다. 지속적인 경건의 훈련이 필요하다(딤전 4:7). 세상과 자기를 부인하고 하나님께만 비교할 수 없는 특별한 헌신[예배]을 드리는 배타적인 사랑이 필요하다. 하나님을 현대의 수많은 우상들과 경쟁하는 신이 아니라, 우리의 유일하며 독점적인 예배를 받으시는 분으로 삼아야 한다. 우리는 우리와 언약을 맺으신 하나님의 마음을 보아야 한다. 그 하나님의 마음으로 자신과 세상과 역사를 보아야 한다. 마음을 다해 하나님을 사랑하고 특별한 인애로 응답하기 위해 우리 자신을 하나님께로 '길들이는 것'이야 말로 주께서 원하시는 예배이다.

빵을 먹지 않았던 여우에게는 황금빛 밀밭은 아무 의미가 없었다. 그러나 금발의 어린 왕자와 친구가 된 여우에게 황금빛 밀밭은 친구의 머리결처럼 아름답게 보였고, 그 밀밭 사이로 지나는 바람조차도 사랑스러워졌다. 마찬가지로 우리가 하나님을 인애로 예배한다면, 우리는 하나님께서 이루시는 모든 일들을 사랑하게 될 것이다. 하나님께서 사랑하시는 사람들을 사랑할 것이다. 우리는 하나님께서 기뻐하시는 것을 기뻐할 것이다. 우리의 마음이 더 하나님을 닮고 싶어 할 것이다. 우리는 이렇게 하나님을 예배함으로써 인생의 의미를 알고 기쁨과 행복을 맛보며 그를 영원토록 즐거워할 것이다.

기독교 세계관 정립을 위한 질문들

4장. 주께서 원하시는 예배

1. '중요한 것은 눈에 보이지 않는다'는 말이 그리스도인에게 주는 의미는 어떤 것입니까?

2. 유다와 북이스라엘이 하나님이 아니라 앗수르를 의뢰하여 어떤 결과를 얻었습니까? 이는 우리에게 어떤 교훈을 줍니까?

3. 북이스라엘이 보이는 것을 따라 행함으로 얻은 것은 무엇이었습니까?

4. 북이스라엘이 겪은 위기는 정치 군사적인 것인 아니라 신학적인 것이었습니다. 그 이유는 무엇입니까?

5. 역사를 주관하시는 하나님을 알지 못하면 문제의 본질을 볼 수 없는 이유를 말해 보시오.

6. 호세아 6:1-3절에 대한 두 가지 해석(① 참된 회개와 구원 요청, ② 기계적 구원 이데올로기에 대한 비판) 중에서 문맥에 합당한 해석은 무엇입니까?

7. 구원이 믿음의 고백에 의존한다는 생각이 왜 잘못된 것인지를 말해보시오.

8. 믿음과 칭의의 관계를 오해할 때 생기는 문제는 무엇입니까?

9. 우리가 하나님께 드려야 할 인애(헤세드)는 무엇입니까?

10. 번제와 제사는 하나님을 아는 지식을 대체하는 것이 아니라 인애와 하나님을 아는 지식 안에서 행해져야 한다는 것을 설명해 보시오.

11. 하나님을 아는 지식이 바른 예배를 위한 필수 요소임을 설명해 보시오.

12. 종교적 영역에서만 하나님을 섬기게 될 때 생기는 문제는 어떤 것입니까?

13. 우리가 인애로 예배하려면 하나님을 아는 지식으로 길들여져야 하는 이유를 말해 보시오.

교회를 세우는
기독교 세계관

세계관 변혁을 위한 설교

세 계 관 변 혁 을 위 한 설 교

5장

영적인
현실주의자가 되라

교회를 세우는
기독교 세계관

데살로니가후서 2: 13-17

13 주의 사랑하시는 형제들아 우리가 항상 너희를 위하여 마땅히 하나님께 감사할 것은 하나님이 처음부터 너희를 택하사 성령의 거룩하게 하심과 진리를 믿음으로 구원을 얻게 하심이니

14 이를 위하여 우리 복음으로 너희를 부르사 우리 주 예수 그리스도의 영광을 얻게 하려 하심이니라

15 이러므로 형제들아 굳게 서서 말로나 우리 편지로 가르침을 받은 유전을 지키라

16 우리 주 예수 그리스도와 우리를 사랑하시고 영원한 위로와 좋은 소망을 은혜로 주신 하나님 우리 아버지께서

17 너희 마음을 위로하시고 모든 선한 일과 말에 굳게 하시기를 원하노라

5장

영적인 현실주의자가 되라
데살로니가후서 2:13-17

들어가며: 붙들라

　호머의 『오딧세이』에 보면 이런 장면이 나온다. 오딧세이가 사이렌의 유혹을 이기기 위해서 부하들의 귀를 밀납으로 막고, 자신은 돛대에 밧줄로 단단히 묶게해서 사이렌의 유혹을 극복하고 그 섬을 통과한다. 오딧세이는 자신의 부하들에게 이렇게 명령한다. "만약 내가 밧줄을 풀어달라고 요구 할수록 더 단단하게 밧줄로 묶어라." 사이렌의 유혹하는 소리는 인간으로서는 저항할 수 없을 정도로 강했다. 탁월한 영웅인 오딧세이도 그 유혹에 빠져 바다 속으로 뛰어 들어 가고자 했다. 그는 부하들에게 소리쳤다. "밧줄을 풀어다오! 밧줄을!" 하지만, 부하들은 그를 더욱 세게 묶어버림으로써 그렇게 강력한 유혹을 피하여 그 섬을 지날 수 있었다. 나는 이 장면을 그려 보면서 이런 생각을 했다. 우리를 유혹하는 것이 강력할수록 그것에 대항하는 우리의 능력의 한계 때문에 우리를 돕는 공동체의 협력이 무엇보다 중요하다는 것이다.

거센 풍파가 계속해서 몰려오는 인생에서 사람들은 모두 안정되고 행복한 삶을 열망한다. 이러한 열망은 모든 영역에서 드러난다. 정부는 경제와 국정의 안정을 위해서 노력한다. 건축가들은 튼튼하고 안전한 건물을 짓기 위해서 노력한다. 목수는 튼튼하고 안전한 가구를 만들기 위해서 노력하고 비행기와 배들은 난류와 바다의 파도에 저항하기 위한 '안전장치'를 갖고 있다. 또한 우리는 누가 되었든지 안정된 인격과 성품을 가진 사람들에게 호감을 갖게 된다.

세상의 유혹과 도전이 강할수록 우리는 안정과 견고함이 소중하다는 것을 알게 된다. 반석 위에 지은 집과 모래 위에 지은 집은 평소에는 아무 차이가 없어 보인다. 그러나 비바람이 불고, 폭풍우가 들이닥칠 때 반석위에 지은 집의 견고함이 비로소 확인된다. 우리 인생도 마찬가지다. 고난이 없고 환란이 없을 때는 믿는 사람이나 믿지 않는 사람이나 큰 차이가 없어 보인다. 오히려 믿는 사람이 더 손해 보는 것 같고, 어리석은 것처럼 보인다. 모래 위에 집을 짓는 것보다 반석에 집을 짓기가 더 어렵고 힘들다. 마찬가지로 얼핏 보면 믿음으로 사는 것이 믿음 없이 사는 것보다 더 힘들게 보인다.

그러나 생명을 노리는 괴물인 사이렌의 유혹이 강렬하게 몰려올 때 거센 폭풍우가 불어서 삶 전체를 뒤흔들고 삼키려할 때 믿음은 그 진가가 드러나게 된다. 하박국 선지자는 이스라엘의 멸망이라고 하는 초유의 사태 앞에서 "그러나 의인은 믿음으로 말미암아 살리라"(합 2:4)는 말씀을 들었다. 히브리어로 믿음은 '에무나'인데 이는 '버티다'라는 의미다. 환난의 폭풍우 속에서 하나님을 붙들고 버티는 사람 그가 믿음으로 구원을 얻는다. 하박국 선지자의 이름, '하박국'은 '붙드는 자'라는 뜻이다. 어떤 환경에서든 하나님을 붙들고 버티는 것이 믿음이고 이것이 사람들이 열망하는 행복한 삶을 위한 열쇠이다.

안팎으로 큰 환난에 직면한 데살로니가 교회에게 진정으로 필요한 것은 무엇일까? 사이렌과 같은 거짓 교사들이 미혹하는 소리는 그들의 생명을 노리고 있었다. 거센 폭풍우와 같은 로마 당국자들과 사회적 압력은 삶의 터전을 위협했다. 세상의 방식대로 쾌락과 안락함을 추구하라는 유혹이 사방에서 몰려오고 있었다. 갓 태어난 어린 교회는 이런 도전을 어떻게 이겨내고 승리할 것인가? 이 본문은 바로 그에 대한 답을 주고 있다. 이는 오늘날 동일한 환난과 유혹에 직면한 우리에게도 적확(的確)한 답을 준다.

1. 구원에 대한 감사(13-14절)

1) 구원서정에 대한 감사

적그리스도는 그리스도께서 다시 오셔서 심판하시기까지 역사 속에서 불법의 비밀로 계속해서 활동할 것이다. 수많은 적그리스도들이 출현하여 교회를 미혹할 것이다. 그들은 사단의 역사를 따라 모든 능력과 표적과 거짓 기적과 불의의 속임으로 교회를 괴롭게 하며 무너뜨리려고 할 것이다. 어떤 사람들은 그들의 미혹에 넘어가 이단을 따르고 그것을 전파하기 위해 열심을 낼 것이다. 그들은 교회에서 참된 진리를 들었지만 진리를 버리고 불의를 좋아하여 멸망의 길을 고집하며 나아간다. 그들은 거짓에 미혹되어 교회와 참된 성도들을 괴롭히다가 스스로 멸망을 취하는 자들이다.

1장에서 바울 사도는 데살로니가 교회가 큰 핍박과 환난 중에도 그들의 믿음이 오히려 성장했음을 칭찬했다. 교회는 큰 핍박과 환난에 대처하기 위해서 세상의 방식이 아니라 적극적으로 말씀을 적용하여 대처했다. 고난이 심할수록 더 역동적으로 말씀을 자신들의 상황에 적용했다. 그로 인해 그들은 믿음과 사랑 안에서 더욱 성장했다. 환난이 그들을 더욱 성장하게 했다. 이제 거짓 교사들의 미혹을 받은 교회는 어떤 일들이 일어났을까? 많은 불법의 비밀이 활동하는 가운데서 그 불의의 속임수들을 교회는 어떻게 극복할 것인가? 교회가 승리할 수 있는 이유와 방법은 무엇인가? 이것을 바울은 이 본문에서 가르친다.

첫째로 바울 사도는 데살로니가 교회와 성도들의 정체성을 다시 확인해 준다. "주의 사랑하시는 형제들아!" "주님께 사랑을 받은 내 가족들이여!" 이들에게 불법의 사람들이 이미 활동하면서 불의의 모든 속임으로 그들에게 접근해 왔다. 어떤 사람들은 거짓 교사를 따라 교회 공동체를 떠나기도 했다. 그러나 대다수의 데살로니가 성도들은 거짓 교사들을 따르지 않았다. 그 이유는 그들이 주님께 사랑을 받은 사람들이기 때문이었다.

요한복음 10장 4-5절을 보자. "자기 양을 다 내어 놓은 후에 앞서

가면 양들이 그의 음성을 아는 고로 따라오되, 타인의 음성은 알지 못하는 고로 타인을 따르지 아니하고 도리어 도망하느니라." 주님께 사랑을 받는 주님의 양들은 그 목자인 주님의 음성을 알고 따른다. 하지만 타인(불법의 사람, 또는 강도)의 음성(미혹된 가르침)은 알지 못하는 고로 따르지 않고 그런 자들로부터 떠나게 된다. 거짓 교사의 가르침을 따르는 사람들은 진리의 사랑을 받지 못하여 구원 받지 못한 상태에서 그들 스스로 불의를 기뻐하여 그 가르침을 쫓는다.

바울 사도는 거짓 교사들에게 미혹되지 않고 진리를 따라 행하는 데살로니가 교회로 인해 하나님께 감사드린다. 그는 감사의 근원을 추적해 가는데 그것은 그들이 창세전부터 선택된 하나님의 백성들이었다는 점이다. 시간과 역사세계 안에서 바울의 전도를 통해 하나님께로 돌아왔다. 하지만 그들이 복음을 믿음으로 받은 것을 통해 창세전에 택하심을 입은 백성들이었음을 보여 준다. 그래서 그들은 진리를 믿음으로 구원을 받았고, 성령의 거룩하게 하심으로 하나님을 닮게 된 것이다. 거룩함은 겉을 씻는 외적인 의식이 아니라, 내적인 성품에서 나오는 주님을 닮은 삶의 성향이다. 따라서 이 구원은 현재의 기쁨인 동시에 미래의 소망이다. 구원은 우리를 죄와 죄의 결과들로부터 해방하여 하나님의 형상을 닮도록 이끌어간다. 따라서 그 구원은 지금 여기서부터 시작되었다.

미국의 개혁신학자인 G. K. 빌은 2008년에 낸 책의 제목을 이렇게 붙였다. "우리는 우리가 숭배하는 것이 된다"(We Become What We Worship). 그는 서문에서 이렇게 말한다.

"We Become"과 "What We Worship" 사이에 있는 "like"를 생략한 일종의 함축적 자유(implied simile)라고 할 수 있다. 이 책의 논제는 우리가 자신이 숭배하는 우상이나 자신이 예배하는 하나님이 된다는 의미가 아니라, 우상처럼 또는 하나님처럼 된다는 것이다. 비유를 의미하는 "like"를 생략한 이유는 숭배자(예배자)가 그 숭배(예배) 대상의 중요한 속성의 일부를 반영한다는 점을 강조하기 위해서다.

요한계시록은 이것을 이미지로 강렬하게 보여주고 있다. 요한계시록 13장에서 "짐승의 이름이나 그 이름의 수"를 그의 오른 손이나 이마에 받는 사람들은 그 짐승과 동일시되어 짐승이 추구하는 삶에 동참한다. 그러나 요한계시록 14장에 나온 성도들 역시 "그 이마에 어린 양의 이름과 그 아버지의 이름을 쓴 것이 있도다"(1절) 그들의 삶의 특징을 요한계시록 14장 4-5절에서 이렇게 말씀한다. "이 사람들은 여자로 더불어 더럽히지 아니하고 정절이 있는 자라 어린 양이 어디로 인도하든지 따라가는 자며 사람 가운데서 구속을 받아 처음 익은 열매로 하나님과 어린 양에게 속한 자들이니, 그 입에 거짓말이 없고 흠이 없는 자들이더라." 예수님을 믿는 자들은 예수님과 동일시되고 있고 그의 이름의 권세로 인해서 궁극적으로 승리하며 정결하게 보호된다. 요한계시록에서 '이름의 권세'는 그들과 함께 하시는 그의 현존(임재) 자체다(계 22:4). 짐승과 함께 하기를 거절한 자들은 고통을 겪고 심지어 순교를 당하기도 하지만 궁극적으로는 영생을 보상으로 받는다.

　미혹된 자들에게 있는 "표"나 성도들의 이마에 기록된 "어린 양의 이름과 하나님 아버지의 이름"은 영적인 본성을 보여 준다. 따라서 그 표는 몸에 표를 하는 것으로 알 수 있는 것이 아니라 영적인 본성과 그 본성이 추구하는 것을 통해서 드러난다. 예수님을 믿지 않는 자들은 사단의 권세 아래 있어 짐승과 동일시될 뿐만 아니라, 짐승의 속임수를 분별하고 막을 수 없다. 그래서 결국 짐승과 함께 행동함으로써 영원한 형벌을 받게 된다. 그들은 짐승과 동일시함으로써 현세에서 일시적인 번영을 누릴 수 있을지 모르지만 결국 그들은 영원한 죽음이라는 형벌을 받게 된다(계 14:9-11).

　어떤 사람의 사상이나 세계관은 그가 무엇을 섬기고 있는가를 드러내 준다. 사람들이 미켈란젤로의 그림 "최후의 만찬"을 보았을 때의 반응을 생각해보자. 어떤 사람은 그림의 구조와 색감을 통해서 전달하고자 하는 심미적인 아름다움에 깊은 감동을 받을 수 있을 것이다. 어떤 사람은 예수님을 배반한 유다가 누구인지를 찾고자 할 것이다. 또 어떤 사람은 예수님께서 자신을 팔 사람이 누구이며, 제자들이 다 그를 버릴 줄을 아시면서도 끝까지 제자들을 가르치시는 사랑에 감동을 받을 것이다. 그중에 어떤 사람은 그 그림의 가격이 얼마인지가 더 궁금할 것이다. 이것이 사람들이 가지고 있는 세계관적인 반응이다. 중요한 것은 그 사람이 소중하게 생각하는 것, 즉 숭배하는 것이 그의 행동을 결정하고, 더 나아가 그의 최후를 결정하게 된다는 점이다.

예수님을 믿는 사람들은 이 땅에서 예수님의 성품을 닮고, 그를 따르며 살다가 그의 영광에 참여하게 된다. 이는 성령께서 거룩하게 하시는 은혜와 우리가 진리에 순종함으로써 더 완전하게 드러날 것이다. 교회는 진리를 삶에서 구현하는 것으로 세상에 빛을 비춘다.

2) 복음으로 부르셔서 그리스도의 영광을 얻게 하심

바울은 하나님의 영원하신 선택에서 역사적인 부르심으로 나아간다. 14절을 보자. "이를 위하여 우리 복음으로 너희를 부르사 우리 주 예수 그리스도의 영광을 얻게 하려 하심이니라." '이를 위하여'는 13절의 '우리의 구원을 위하여'라는 의미이다. 부르심의 방편은 바울과 일행이 전한 '우리 복음'이다. 복음이 하나님의 부르심에 이르도록 만들어 주는 수단과 방편이다. 따라서 선택의 교리는 복음 전도의 열정을 감소시키는 것이 아니라 더욱 전도에 힘쓰게 한다. 이는 복음을 통해서 하나님께서 택하신 자들을 부르시기 때문이다.

하나님의 구원은 사랑과 위로의 복음을 통해서 주어진다. 하나님의 구원은 사람의 의식적인 노력을 배제한 채 자동적으로 역사하는 것이 아니다. 오히려 우리의 결단과 헌신을 통해서 택하신 자들에게 효력 있게 임하게 된다. 따라서 우리는 하나님의 택하심을 확신하면서도 동시에 우리 주변의 사람들에게 복음을 통해서 부르시는 하나님의 사랑을 전해야 한다.

주목할 것은 '우리의 복음'이어야 한다. 즉 우리가 체험한 복음을 전해야 한다. 이는 우리의 전도가 단지 구원의 지식을 전달하는 것에 머무는 것이 아니라, 그 복음을 통해서 우리 자신의 인격과 삶이 변화되고 동화되어야 함을 의미한다. 우리가 먼저 복음을 통해서 하늘의 기쁨과 능력을 맛보고 체험한 '나의 복음'을 증거 해야 한다. 이것이 바로 바울이 말한 '우리 복음'이 뜻하는 것이다. 이 복음이 생명을 살리는 복음전도이며 우리가 살아있는 메시지로 세상을 향해 말하는 방식인 것이다(매체가 곧 메시지다).

우리의 복음 전도가 무기력하다면 그것은 자신이 체험하지도 맛보지도 못한 말씀을 기계적으로 전하기 때문이다. 자신이 먼저 복음의 진수를 맛보고 그 능력을 체험해야 한다. 그런 사람은 큰 기쁨과 지혜로 쉽고 생동감 있게 진리를 전할 수 있다. 복음의 능력을 체험한 사람은 사람들의 영적 상태와 오류 뿐만 아니라 약점과 진정한 필요를 알고 그에 합당한 말씀을 적절히 전할 수 있다. 자기 자녀들에게 복음을 가장 쉽게 설명할 수 있는 사람은 그 진리를 체험하고 소화(消化)한 사람이다. 복음은 만고불변의 객관적인 진리이다. 동시에 우리 각자가 주관적으로 체험해야 하는 진리이다. 그래서 '우리의 복음'(또는 나의 복음)이라고 말할 수 있어야 참된 증인이 될 수 있다.

이렇게 '우리 복음'으로 부르신 하나님의 목적은 무엇인가? 그것은 "우리 주 예수 그리스도의 영광을 얻게 하려 하심이다." 이 영광은 1장 12절에서 말씀하신 그 영광을 말한다. 우리는 예수님과 같은 모습으로 변형되어 그리스도의 영광을 발산할 것이다. 우리가 하나님의 형상과 그리스도의 영광의 빛을 담지하고 영화롭게 될 것이다. 우리가 그리스도께서 얻으신 영광을 누리게 될 것이다. 우리는 지금 사람들이 꿈꾸지만 잡을 수 없는 낙원에 이르게 될 것이다. 왜냐하면 그것이 우리를 복음으로 부르신 하나님의 목적이기 때문이다. 우리는 하나님께서 창세전에 계획하셨던 완성 인간이 될 것이다. 하나님의 최고의 걸작품으로 완전한 인간이 되고(엡 2:10), 완전한 자유와 안식을 누리게 될 것이다(눅 20:36). 우리는 마침내 모든 부조리와 억압, 약함과 비열한 죄와 이기심에서 해방될 것이다. 오직 하나님의 공의와 사랑으로 가득 찬 하나님 나라에서 지고(至高)의 복을 누리게 될 것이다.

바울 사도는 텔레스코핑(telescoping)의 방식으로 우리에게 영원세계와 역사세계 그리고 다시 영원세계에서 이루어질 일을 동시에 보도록 이끈다. 이 장엄하고 놀라운 광경을 동시에 조망하는 것이야 말로 우리가 이 세상의 고난 가운데서도 승리할 수 있게 해 준다. "하나님이 처음부터 너희를 택하사 … 구원을 받게 하심이니 이를 위하여 우리 복음으로 너희를 부르사 그리스도의 영광을 얻게 하려 하심이니라." 하나님께서는 역사세계가 시작되기도 전에 우리를 택하셨다. 그리고 그분은 각 사람의 때에 복음을 듣고 진리를 믿으며 성령으로 거룩하게 하셨고 미래에 그리스도의 영원한 영광을 얻게 하시려고 우리를 부르셨다(롬 8:28-30절 참고).

역사의 처음부터 영원세계까지 통찰할 수 있는 능력과 지혜, 이것이 그리스도인의 능력의 핵심이다. 그리스도인이 세상을 이기는 방식은 믿음을 빙자하여 앞뒤 분간하지 않고 밀어붙이는 것이 아니다. 역사 전체를 통찰하는 지혜를 통해서 현실의 문제를 정확하게 파악하고, 그 상황에서 진리를 적용함으로써 지혜롭게 행동하는 것이다. 기독교는 과거에 있었던 구원 역사와 미래에 완성될 하나님 나라의 완성을 바라보면서 현재의 문제를 가장 정확하게 분별하고 대처하는 가장 탁월한 현실주의다.

따라서 그리스도인은 어떠한 상황에서도 흔들리거나 두려워하지 않을 수 있다. 사단이 온갖 것을 들이밀면서 우리를 흔들 것이다. 적그리스도가 나타나서 우리를 대적할 것이다. 사단은 '누구든지 (자신의) 이 표를 가진 자 외에는 매매를 못하게' 할 것이다(계 13:17). 우리의 먹고 사는 문제, 생존의 문제까지 동원하여 배교하도록 하겠지만, 우리는 그를 통제하시는 하나님의 선하신 손길을 볼 수 있기에 물러서지 않을 것이다. 하나님께서 우리를 부르신 목적이 그리스도의 영광에 이르게 하시는 것을 알기 때문에 우리는 흔들리지 않는다.

2. 굳게 서서 말씀을 지키라(15절).

1) 굳게 서라.

하나님께서 역사를 주관하시고 그 백성들이 영원한 그리스도의 영광을 얻게 하실 것을 확신하는 사람은 어떻게 살 것인가? 그는 아무런 대책 없이 그저 시간이 지나면, 그 영광에 참여할 것이라고 생각하면서 세상의 안일함에 빠져 있을 것인가? 세상이 주는 안락함과 세상이 주는 쾌락을 탐닉하면서 세상을 떠돌 것인가? 사단은 교회와 성도들을 무너뜨리기 위해서 세 가지 전술을 사용한다. 첫째는 육신의 정욕과 육체적인 핍박이다. 둘째는 거짓 교사들을 통해서 미혹하는 것이다. 셋째는 세상의 것들로 유혹한다. 사단은 각 사람과 시대마다 다른 전략을 사용한다.

이 모든 것을 동시에 사용하기도 하지만 어떤 때는 육체적이며 물리적인 핍박을 더 많이 사용하고 어떤 때에는 거짓 선지자들의 미혹이 광범위하게 퍼지게 한다. 또 어떤 시대에는 세상의 부요와 쾌락을 주된 무기로 사용한다. 육체적인 핍박보다 더 강렬한 유혹은 세상의 부요와 쾌락을 추구하게 하는 것이다.

요한계시록 18장의 바벨론의 패망을 선언하시는 말씀 가운데 성도들을 핍박한 것보다 더 많이 강조되는 것은 그들의 세상적인 부(富)와 사치다. "그가 어떻게 자기를 영화롭게 하였으며 사치하였든지 그만큼 고난과 애통으로 갚아 주라 그가 마음에 말하기를 나는 여황으로 앉은 자요 과부가 아니라 결단코 애통을 당하지 아니하리라 하니"(계 18:7). 그들이 사치한 금은보화의 목록이 28가지가 나오는데 이는 세상을 뜻하는 4에, 완전과 모든 것을 뜻하는 7을 곱한 것이다. 세상의 기쁨과 안일하고 사치한 삶을 위해 자신의 영혼까지 팔아버린다. 오늘날 교회에도 어떤 지역에서는 물리적인 핍박이 가장 큰 힘을 발휘하고 있지만 어떤 지역에서는 거짓으로 미혹하는 이단들이 크게 성행한다.

오늘날 한국과 같은 선진국에 진입 중에 있는 나라의 교회들의 가장 큰 적은 세상의 부요와 사치이다. 이미 한국교회는 유럽교회가 갔던 길을 따르고 있다. 사람들이 교회에 다니지만 갈수록 세상 문화에 동화되어 진리를 떠나고 있다. 더 심각한 것은 기독교의 본질을 잃고 배교하는 교회에 있으면서도 자신들이 정통이라고 생각한다는 점이다. 이는 표본실의 청개구리처럼 세상의 달콤함에 서서히 중독되어 그것에서 뛰쳐나올 기회가 있었음에도 나오지 않고 영적으로 죽어가고 있는 것이다.

바울 사도는 역사의 시작과 끝에 있을 영광스러운 비전을 보여준 다음, 교회가 이 세상의 환난과 유혹에 어떻게 대처해야 하는지를 가르친다. 15절이다. "**이러므로 형제들아 굳게 서서 말로나 우리 편지로 가르침을 받은 유전을 지키라.**" 바울 사도는 이렇게 말하지 않았다. "여러분에게 이렇게 복된 영광이 준비되어 있으니, 아무염려 없이 긴장을 풀고 느긋하게 쉬어라!" 아니다! 바울은 정반대의 명령을 내리고 있다. 안락의자에 누워서 잠들기는커녕 굳건하게 서야 한다. 우리를 향하신 하나님의 부르심의 목적을 알았다면 안일하게 세상을 추구 할 수 없다. 오히려 스스로 굳건하게 서서 주의 말씀을 행하는 사람이 된다.

바울 사도의 명령은 두 가지다. 첫째는 '굳건하게 서라'는 것이었고, 둘째는 '붙잡으라'(지키라)는 것이다. 이 명령은 마치 거센 폭풍우가 몰아치는 상황에서 발에 힘을 주고 굳게 서서 휩쓸리지 않으려고 분투하는 모습을 보여준다. 세상의 유혹과 거짓 교사들의 미혹, 물리적인 핍박이 지금도 거세게 몰려오고 있다. 오늘날 그리스도인들이 세상에 걸려 넘어지고 아픔을 겪는 이유는 무엇인가? 그것은 진리로 현실을 냉철하게 판단하지 못하기 때문이다. 세상도 자신처럼 착할 것이라는 막연한 가정(假定)에서 세상에 대처하기 때문이다. 그러나 세상은 결코 중립적이지 않다. 세상은 수많은 불화살이 날라 오는 영적 전쟁의 최전방이다. 그래서 히브리서 기자는 "그러므로 모든 들은 것을[들려진 것을] 더욱 간절히 삼갈찌니 혹 흘러 떠내려 갈까 염려하노라"고 말씀했다. 세상은 거센 풍파를 계속해서 보냄으로써 우리를 믿음에서 떠나게 하려고 몰아붙이고 있다. 따라서 바울은 고린도교회에게 "깨어 믿음에 굳게 서서 남자답게 강건하여라"(고전 16:13)고 명령했다.

베드로 사도도 동일한 것을 가르쳤다. "내가 신실한 형제로 아는 실루아노로 말미암아 너희에게 간단히 써서 권하고 이것이 하나님의 참된 은혜임을 증거하노니 너희는 이 은혜에 굳게 서라"(벧전 5:12). 굳게 서야 한다. 연약한 것은 자랑이 아니라 수치다. 그리스도의 군대가 자신이 연약하다고 자랑하고 다닌다면, 누가 좋아하겠는가? 사단이 좋아하지 않겠는가? 우리는 강하고 담대한 군사, 믿음에 굳게 서도록 명령을 받은 군사다. 군대에서 가장 중요한 것은 사기(士氣)다. 최첨단의 무기로 무장한 군대라 할지라도 자신의 지휘관에 대한 신뢰와 자신의 군대와 나라를 사랑하지 않는다면 그들은 전투에 나가기도 전에 이미 패배한 것이다. 바울이 굳게 서라고 한 것은 우리의 대장이신 예수 그리스도께서 역사를 주관하시는 분이기 때문이다. 따라서 우리는 어떤 상황에서도 겁먹거나 두려워하지 말고 사기충천하여 전투에 임해야 한다.

세상 사람들도 어떤 보잘 것 없어 보이는 사람이 강하게 나오면 "아 저놈 무엇을 믿고 저러냐? 저 녀석을 돌아보아 주는 백(Back: 배경)이 좋은가 보지"라고 말한다. 우리에게는 역사를 주관하시는 성 삼위하나님께서 우리의 백이다. 따라서 우리는 굳게 서야 한다. 만약 우리가 굳게 서지 못하고 세상에 비굴하게 굴복하는 것은 우리의 대장이시며 주인 되시는 예수님을 모욕하는 것이다. "이러므로 형제들아! 굳게 서라!" 이것이 세상을 맞서 싸워야 하는 교회에게 주시는 하나님의 첫 번째 명령이다.

2) 사도적 가르침을 붙잡으라.

두 번째 명령은 "지키라"는 것이다. 지키라는 것은 붙잡으라는 의미이다. 오딧세이는 괴물 사이렌의 유혹을 극복하기 위해서 부하들이 묶어 놓은 밧줄을 의지해야만 했다. 이런 방법은 세상이 할 수 있는 최선의 방식이지만, 수동적인 방식에 불과한 것이다. 다시 말하면, 그런 방식으로는 수백 번 반복하고 훈련해도 이길 수 없다. 그러나 바울이 명령하는 것은 그리스도인 자신이 주체가 되어 스스로 붙잡고 승리하라는 것이다. 가장 적극적이고 역동적인 방식이다. 그리스도인의 승리는 성령께서 하시는 대로 가만히 있으면 되는 수동적이며 소극적인 것이 아니다. 성령을 의지하는 가운데 역동적으로 자신이 진리를 붙잡고 행하는 것이다. '붙잡으라'는 문자적인 의미는 필사적으로 매달려 붙잡는 것이다. 또한 이 동사는 현재 명령형이다. 지금 우리가 해야 한다.

그렇다면 교회와 성도들은 무엇을 붙잡고 있어야 하는가? 그것은 "말로나 우리 편지로 가르침을 받은 유전" 곧 전통이다. 이는 바울과 그 일행이 그들과 함께 있을 때 전했던 하나님의 말씀으로서의 설교다. 편지는 그들을 떠나 있는 중에 하나님의 권위로 보내진 데살로니가전서를 일차적으로 가르치고 다른 서신들도 포함할 수 있다. 여기서 유전은 교회가 만들어낸 전통이 아니라 사도들의 가르침을 의미한다. 사도들의 가르침은 교회의 초석이며, 그리스도인의 믿음과 삶의 토대이다. 교회는 사도들과 선지자들의 가르침, 곧 여기서 말하는 유전 위에 세워졌다(엡 2:20).

1세기 교회가 영적 전쟁을 위해서 굳게 잡아야 하는 전통은 사도들의 가르침이었다. 신약성경이 정경으로 기록 완성된 이후에 교회는 "신약성경"에 보전되어 있는 가르침을 굳게 붙잡아야 한다. 그래서 381년 니케아 신조에서 교회의 속성을 이렇게 말한다. "We believe One Holy Catholic and Apostolic Church" 곧 "하나의 거룩하고 보편적 사도적 교회를 믿는다" 여기서 교회의 사도성을 교회의 속성으로 고백했는데, 그것은 교회가 사도적인 가르침에 굳게 서야 참 교회임을 선언한 것이다.

교회가 세상의 유혹과 거짓 교사들의 미혹과 물리적인 압력과 핍박이라는 시련을 극복할 수 있는 길은 오직 굳게 서서 성경의 가르침을 철저하게 붙드는 것이다. 거짓 교사들의 미혹과 세속주의를 이길 수 있는 방법은 굳게 서서 성경 말씀으로 그들의 오류와 거짓을 분별하고 참되게 진리를 따라 사는 것이다. 세상의 물리적인 핍박과 환난을 이기는 것도 말씀을 공부하고 그 말씀의 방식대로 행하는 것이다.

이 말씀은 교회 공동체에게 주어진 것이다. "주의 사랑하시는 형제들아!" 복수형이다. 우리는 하나님의 가족 공동체로서 모든 사람들이 굳게 서서 유전을 지키도록 해야 한다. 그것이 각 지체를 돕는 최선의 방법이고 교회 공동체가 함께 순결하게 자라게 하는 방식이다. 우리는 서로를 세우기 위해서 이런 사랑의 의무를 감당해야 한다. 오딧세이의 부하들이 밧줄로 묶는 오딧세이를 묶어야만 했던 수동적인 방식이 아니라 이 말씀으로 서로를 권면하면서 기도하는 능동적이고 적극적인 방식이다. 그렇다면 말씀을 어떻게 다루어야 하는가는 매우 중요한 과업이다.

교회는 해석의 공동체이다. 우리는 사도들의 전통인 성경을 해석하고 그 해석된 말씀으로 자신과 세상을 해석해야 한다. 목사는 2천년 교회사의 해석적 전통에서 말씀을 해석하고 현대에 적용하기 위해서 씨름하는 사람이다. 우리 교회는 개혁신학의 해석학적 전통 위에 서 있다. 우리는 역사적 개혁교회와 동일한 해석의 원리를 통해서 성경을 해석하고 적용한다. 우리의 해석과 적용은 교회사의 보편교회 가운데서 검증되어야 하고 삶을 통해서 확증되어야 한다.

우리를 강하고 온전하게 세우며, 핍박과 거짓 가르침과 유혹의 압력에 견디고 승리하게 하는 것은 개혁신학의 전통 속에서 축적된 바른 해석과 적용들이다. 어떤 교회와 성도들은 성경을 등한시하지만, 어떤 성도들은 성경을 중요하게 생각하고 성경읽기와 묵상훈련을 많이 한다. 그럼에도 불구하고 그들이 세상의 조류에 무기력하게 떠밀려 가는 이유 무엇인가? 그것은 바른 해석과 적용이 없기 때문이다. 성경을 외우고 성경을 필사 하고 성경을 수십 독(讀)씩 했다고 하지만 성경해석의 기본 원리조차도 교육받지 못했다. 이렇게 성경을 많이 읽었을지라도 바른 해석이 전체되지 않는다면 잘못된 적용을 하게 된다. 바른 해석이 없는 적용과 묵상은 자기중심적이며 다원주의적인 묵상놀음이 될 뿐이다. 왜냐하면 이러한 적용과 묵상은 실제 삶에서 진리의 능력으로 승리하지 못하기 때문이다. 오늘날 참 선지자와 거짓 선지자의 구분은 하나님의 말씀을 실제로 받았느냐에 있는 것이 아니라 이미 주어진 말씀을 바르게 해석하고 적용하느냐에 있다.

십계명을 다 외우지만, 십계명을 주신 하나님의 뜻을 알지 못한다. 성경을 몇 번씩 필사한 것은 기억하지만 그 성경이 무엇을 의미하는지를 모른다. 안타까운 것은 성경에서 가르치는 내용과 사상에 대해 무지하기 때문에 그 마음과 인격에 아무 변화가 나타나지 않는 것이다. 주목할 만한 변화가 있다면 성경을 몇 독(讀)했는지에 대한 자랑과 교만이 새롭게 생긴 것이다. 이런 점에서도 우리는 사단의 교활함을 알아야 한다. 사단은 우리가 성경을 읽는 것과 묵상하는 것 그리고 성경을 필사하는 것도 권장할 수 있다. 그런데 사단은 그것을 통해서 하나님의 영광이 아니라 자기 영광을 추구 하고 스스로 감동하여 교만하게 한다. 사단은 심지어 우리가 성경공부를 열심히 하는 것에 대해서도 방해하지 않을 수 있다.

왜냐하면 사단의 궁극적인 목적은 하나님의 영광을 훼방하는 것이다. 따라서 사단은 진리의 지식을 통해서 하나님의 영광이 아닌 자신의 영광을 높이도록 부추긴다. 사단은 진리의 지식을 사용해서라도 자기를 높이고 자신을 섬기게 만든다. 사단은 하나님의 영광을 훼방 하는 것이 목적이기 때문에 정욕의 만족을 위해 열심히 공부하게 할 수 있다. 이것이 바리새인들이 빠졌던 오류이다. 따라서 우리는 사단의 간교함을 간파해야 한다. 이러한 위험을 깨달아야 한다. 말씀을 읽고 공부하는 것은 매우 중요하다. 그러나 누구든지 그 말씀을 통해서 자기를 부인하고 하나님을 경외하지 않는다면 그는 더 위험한 상태에 있음을 알아야 한다.

나가며: 영적인 현실주의(16-17절)

바울은 가장 탁월한 현실주의자이다. 사도는 하나님께서 우리를 택하셨고, 영원한 영광에 이르도록 부르셨기 때문에 굳게 서서 말씀만 붙잡으면 모든 것이 해결될 것이라고 말하지 않았다. 하나님의 주권과 사람들(가르치는 자와 배우는 자)의 영적인 수고만으로 충분하다고 말하지 않는다. 하나님의 주권을 믿고 그의 말씀을 굳게 붙잡는 사람은 동시에 기도하는 사람이여야 한다고 가르친다. 바울은 데살로니가 교회에게 굳건하게 서도록 권고할 뿐만 아니라 그들이 굳건하게 서게 해 달라고 하나님께 기도한다. 우리는 여기서 하나님의 주권과 인간의 노력 그리고 기도가 어떻게 아름답게 결합되는가를 보게 된다. 하나님의 주권과 일하심은 기도를 필요 없게 하는 것이 아니라 더 간절하게 기도하도록 한다. 하나님의 언약은 하나님께서 우리의 기도에 응답해 주시는 근거다. 따라서 기도는 하나님께 무엇을 하시도록 요청하고 설득하는 것이 아니다. 기도는 하나님께서 하시겠다고 약속하신 것을 하나님의 영광과 우리의 유익을 위해서 이루어 주시도록 요청하는 것이다. 기도는 우리가 하나님께서 약속하신 복과 유업을 받도록 정하신 하나님의 방식이다.

성경에서 하나님의 주권적인 일하심과 성도들의 간절한 기도는 전혀 모순을 일으키지 않는다. 오히려 우리는 하나님의 약속을 신뢰할 때 더욱 간절히 기도할 수 있다. 예레미야 29장 12-13절을 보자. "너희는 내게 부르짖으며 와서 내게 기도하면 내가 너희를 들을 것이요. 너희가 전심으로 나를 찾고 찾으면 나를 만나리라." 이 말씀은 바벨론 포로들에게 보낸 예레미야의 편지 가운데서 주신 말씀이다. 하나님께서는 포로로 잡혀간 유다 백성들에게 70년이 차면 그들을 권고하여 본토로 회복시키겠다고 약속하셨다. 그리고 그들에게 장래에 얻을 소망을 말씀하시면서 이 말씀을 주신 것이다. 이어서 이렇게 말씀하셨다. "나 여호와가 말하노라 내가 너희에게 만나지겠고 너희를 포로된 중에서 다시 돌아오게 하되 내가 쫓아 보내었던 열방과 모든 곳에서 모아 사로잡혀 떠나게 하던 본 곳으로 돌아오게 하리라 여호와의 말이니라 하셨느니라"(렘 29:14). 바로 이 약속의 말씀을 따라 다니엘은 금식하며 베옷을 입고 기도하였고, 응답하심을 받았다(단 9장).

하나님의 약속과 우리의 기도는 결코 분리되어서는 안 된다. 그래서 바울은 데살로니가 교회가 견고해지기를 위해서 기도한다. 16-17절을 보자. "우리 주 예수 그리스도와 우리를 사랑하시고 영원한 위로와 좋은 소망을 은혜로 주신 하나님 우리 아버지께서 너희 마음을 위로하시고 모든 선한 일과 말에 굳게 하시기를 원하노라." 먼저 우리의 기도를 들으시는 분은 '우리를 사랑하시고 영원한 위로와 좋은 소망을 은혜로 주신' 아버지 하나님과 예수 그리스도시다. 우리가 기도할 수 있는 것은 하나님께서 우리에게 은혜로 베푸신 사랑과 위로와 소망 때문이다. 우리는 하나님의 보좌에 그리스도 안에서 담대히 나아가 하나님께서 베푸신 은혜와 사랑을 근거로 기도할 수 있다.

바울의 기도는 첫째로 환난 속에서 힘든 싸움을 하고 있는 데살로니가 교회 성도들의 마음을 위로해 주시길 구한다. 하나님은 모든 자비와 위로의 근원이며 그리스도는 이런 하나님의 자비와 위로가 우리에게 오는 통로이다. 우리는 그리스도로 말미암아 위로가 넘치게 된다. 환난 가운데 있는 교회와 성도들에게 위로는 필수적이다. 위로는 우리의 마음에 직접적으로 영향을 준다.

마음은 우리 인격의 중심이며 교회 공동체의 성품이 표현되는 중심이다. 만약 어떤 사람의 마음에 문제가 있다면 그 공동체 전체가 영향을 받게 된다. 마음은 생명의 근원이다(잠 4:23). 생명의 근원에서 문제가 생기면, 그 삶의 모든 영역에도 문제가 생긴다. 따라서 환난 중에 있는 사람에게 마음의 위로만큼 절실한 것은 없다. 마음의 위로가 없으면 삶에서 활력이 떨어지고 영적인 침체에 빠지게 된다. 그래서 잠언 18장 4절에서는 이렇게 말씀한다. "사람의 심령은 그 병을 능히 이기려니와 심령이 상하면 그것을 누가 일으키겠느냐?"

위로가 없으면 마음의 활동에 치명적인 영향을 미치고 우리의 영적 생명력이 약화된다. 안타깝게도 우리는 체질적으로 낙심하는 경향이 강하다. 그러나 우리는 그런 침체에 절대로 굴복해서는 안 된다. 우리는 하나님의 위로를 바라보아야 한다. 또한 연약함에 빠져있는 형제에게 "강하고 담대하라. 두려워하지 말라"고 격려하며 위로해야 한다. 그래서 바울 사도는 이렇게 말한다. "주께서 너희 마음을 인도하여 하나님의 사랑과 그리스도의 인내에 들어가게 하시기를 원하노라"(살전 3:5). 이러한 위로는 사람들 속에서 참된 열매가 맺히도록 촉진하는 역할을 한다.

"너희 마음을 위로하시고 모든 선한 일과 말에 굳게 되게 하시기를 원하노라." 기독교는 언제나 마음에서 시작된다. 마음에 기쁨과 평강, 위로와 안식이 있다. 근래 세상에서 회자되는 말 중에 하나가 "감정 노동자"라는 말이다. 마음에 평화와 안식, 기쁨과 위로가 없음에도 불구하고 고객들을 상대로 항상 웃는 얼굴로 대하라는 것이다. 그런데 고객들 가운데는 진상고객들이 많다.[1] 그래서 속에서는 화

---

1) 상품을 구입한 고객이 특별한 이유 없이 환불을 요구 또는 반복하거나 말도 안 되는 서비스를 강요하는 등 일반적인 사회 통념상 상식 수준을 벗어나는 행위를 하는 고객으로 영업에 막대한 지장을 초래하는 원인이 된다. 때로는 운영자의 실수로 불만고객을 진상고객으로 만드는 경우도 있다.

가 치미는 데도 겉으로는 [먹고 살아야 하니까] 억지로 웃는 얼굴로 응대하다보니 우울증과 같은 마음의 질병에 걸리는 것이다. 이것은 세상의 방식이다. 힘의 원리에 굴복하는 것이다. 그러나 하나님께서는 먼저 우리에게 위로를 주시고 평강과 안식, 기쁨을 주셔서 우리 안에 있는 평강이 흘러넘치게 하신다. 그래서 우리는 자원함으로 주신 사명을 기쁨으로 감당하게 된다. 억지로가 아니라 기쁨으로 그 모든 일에 충성하는 것이다.

우리는 하나님의 위로를 충만히 공급받고 그 위로 안에서 모든 선한 일과 말에서 풍성한 열매를 맺는다. 먼저 하나님의 말씀을 통해서 하나님의 은혜와 사랑을 지적으로 깨닫고 그 은혜와 사랑에 마음의 정서가 따뜻해지고 뜨거워져서 의지적으로 행동하게 하신다. 바울 사도는 바로 이와 같은 하나님의 위로가 데살로니가 교회에게 온전히 드러나기를 기도한 것이다.

하나님의 위로와 사랑을 체험한 사람의 마음은 따뜻하고 온유하다. 그런 사람이 하나님께서 기뻐하시는 말을 하고 하나님께서 원하시는 일을 하게 될 것이다. 하나님의 모든 위로를 값없이 받은 사람은 하나님의 성품을 닮게 된다. 그래서 다른 사람들을 대할 때에도 하나님의 긍휼과 자비로 대한다. 모든 선한 일과 말은 하나다. 말은 늘 그럴듯하게 하지만 행동이 없는 것은 참된 기독교가 아니다. 그리스도인은 말과 실천에서 그리스도의 사랑과 자비가 드러낸다. 이것이 세상을 이기는 방식이다. 우리는 우리가 왕 같은 제사장임을 우리가 행하는 선한 일을 통해서 증거 한다(벧전 2:9).

대부분의 세상 사람들은 이미 와 있는 고통과 부조리를 인식하고 있다. 하지만 그 고통과 부조를 인식하고 대처하는 방식은 제각기 다르다. 어떤 순진한 사람들은 고통의 본질을 외면하거나 과소평가함으로써 그것을 극복하고자 한다. 그들은 철부지 10대들처럼 고난이 있어야 삶에서 도전할 맛이 있다고 말한다. 실존주의자들은 고통의 원인과 본질은 알 수 없지만, 이 부조리한 인생에 던져진 운명을 성실함으로 극복하라고 한다. 그들은 '지금 당하는 이 고통과 시련은 먼 훗날에 우리에게 추억이 될 것이다'고 위로하면서 자력(自力) 구원을 도모한다.

현대의 소비주의는 모든 것을 돈으로 해결할 수 있다는 환상을 심어준다. 자본가들의 이익을 극대화하기 위해서 생겨난 아웃소싱(Outsourcing)이 삶 전체를 지배하는 시대가 되었다. 이제는 인간의 관계마저도 아웃소싱으로 대체 되고 있다. 데이트를 주선하고 연애하는 기술을 가르치는 회사가 있고, 웨딩 플래너를 고용하여 결혼식을 치르고 부부의 문제는 부부치료사의 상담을 받는다. 고민이 있으면 친구나 목사에게 말하기보다 돈 주고 고용한 '임대된 친구'나 인터넷 고민상담 코너에 글을 올린다. 또는 상담센터를 찾는 것이 편하고 효과적이라고 느낀다. 그들은 돈을 낸 만큼 자신의 이야기를 인내심 있게 들어주기 때문이다. 모든 것이 돈의 가치로 평가되고, 돈이 모든 무형의 가치를 대신하고 있다. 그래서 현대 사회는 더 비인간적인 사회가 되고 있다. 이런 구조에서는 약자들뿐만 아니라 강자들도 모두 패자가 된다. 왜냐하면 그들이 결국 직면하는 것은 허무와 절망 그리고 죽음이기 때문이다.

　기독교는 진정한 영적인 현실주의다. 기독교는 고난의 원인과 본질 그리고 최종적인 결과까지 명확히 보여주고 그 해결책을 제시한다. 기독교는 고통과 부조리가 만연한 삶에 대해서 단순한 낙관주의적인 해결책을 제시하지 않는다. 그렇다고 비관주의나 염세주의와 같은 허무와 절망을 말하지 않는다. 그리스도 안에서 주어진 참되고 영원한 해결책을 제시해 준다. 그러나 그것마저도 현실을 도피하는 것이 아니다. 가장 명확하고 가장 지혜로운 현실적인 해결책이다.

　그리스도인은 영적인 현실주의자이다. 우리는 하나님의 사랑 안에서 구원을 받았고 그리스도 안에서 장차 누릴 영광을 확보해 놓았다. 그럼에도 우리는 현실의 수많은 도전과 환난에 직면한다. 그때 우리는 굳게 서서 말씀을 붙들고 실천해야 한다. 그러나 그것만으로는 충분하지 않다. 우리는 하나님께 끊임없이 기도해야 한다. 하나님께서 바라시는 것이 무엇인지를 알고 그것에 민감한 사람일수록 하나님께 더 많이 기도한다.

　기도는 그리스도인의 생활에 보충적인 것이 아니라 기본이다. 우리는 성경을 공부하고 묵상하는 것만큼 기도를 본질적인 의무로 생각해야 한다. 바울은 진리를 가르친 것으로 끝내지 않았다. "너희 마음을 위로하시고 모든 선한 일과 말에 굳게 하시기를 원하노라." 그는 기도했으며 우리에게도 기도하라고 명령하고 있다. 이것이 진정한 현실주의다. 말씀공부와 실천이 없이 기도만 하는 사람은 비현실적인 몽상가(夢想家)가 될 수 있다. 그러나 말씀을 공부하고 그 말씀을 따라 살기 위해서 기도하는 사람은 진정한 현실주의자이다. 우리도 지금 이 가르침을 따라 굳게 서서 진리를 붙들고 기도함으로써 영적인 현실주의자가 되자.

기독교 세계관 정립을 위한 질문들

5장. 영적인 현실주의자가 되라

1. 시험과 유혹에 저항하는 세상의 방식과 기독교적 방식의 차이를 설명해 보시오.

2. 바울은 '불법의 비밀'이 활동하는 시대에 교회가 어떻게 대처하라고 가르칩니까?

3. 어떤 사람의 사상이나 세계관은 그가 무엇을 섬기고 있는지를 보여줍니다. 그리스도를 섬기는 사람들의 세계관은 어떻게 드러나야 합니까?

4. 우리가 전하는 복음이 '우리의 복음'이어야 하는 이유는 무엇입니까?

5. 성경의 저자들은 역사를 텔레스코핑(telescoping)의 방식으로 보았습니다. 오늘 우리 역시 그렇게 보아야 합니다. 현재 우리 시대의 교회와 자신의 상황을 텔레스코핑의 방식으로 해석해 보시오.

6. 사단이 교회와 성도들을 무너뜨리기 위해서 사용하는 세 가지 전술은 무엇입니까?

7. 교회는 무엇을 붙잡고 사단을 대적해야 합니까?

8. 바른 해석이 없는 적용과 묵상이 위험한 이유는 무엇입니까?

9. 기도는 하나님께서 하시겠다고 약속하신 것을 하나님의 영광과 우리의 유익을 위해 이루시도록 요청하는 것입니다. 하나님의 약속과 우리의 기도는 분리되지 않습니다. 그 이유를 설명해 보시오.

10. 기독교는 진정한 영적 현실주의입니다. 그리스도인은 영적인 현실주의자입니다. 그리스도인에게 기도가 반드시 필요한 이유는 무엇입니까?

교회를 세우는
기독교 세계관

세계관 변혁을 위한 설교

세 계 관 　 변 혁 을 　 위 한 　 설 교

6장　　자기 소위를 살펴보라!

교회를 세우는
기독교 세계관

학개 1:1-15

1 다리오왕 이년 유월 곧 그 달 초하루에 여호와의 말씀이 선지자 학개로 말미암아 스알디엘의 아들 유다 총독 스룹바벨과 여호사닥의 아들 대제사장 여호수아에게 임하니라 가라사대
2 만군의 여호와가 말하여 이르노라 이 백성이 말하기를 여호와의 전을 건축할 시기가 이르지 아니하였다 하느니라
3 여호와의 말씀이 선지자 학개에게 임하여 가라사대
4 이 전이 황무하였거늘 너희가 이 때에 판벽한 집에 거하는 것이 가하냐
5 그러므로 이제 나 만군의 여호와가 말하노니 너희는 자기의 소위를 살펴 볼찌니라
6 너희가 많이 뿌릴찌라도 수입이 적으며 먹을찌라도 배부르지 못하며 마실찌라도 흡족하지 못하며 입어도 따뜻하지 못하며 일군이 삯을 받아도 그것을 구멍 뚫어진 전대에 넣음이 되느니라
7 나 만군의 여호와가 말하노니 너희는 자기의 소위를 살펴 볼찌니라
8 너희는 산에 올라가서 나무를 가져다가 전을 건축하라 그리하면 내가 그로 인하여 기뻐하고 또 영광을 얻으리라 나 여호와가 말하였느니라
9 너희가 많은 것을 바랐으나 도리어 적었고 너희가 그것을 집으로 가져갔으나 내가 불어 버렸느니라 나 만군의 여호와가 말하노라 이것이 무슨 연고뇨 내 집은 황무하였으되 너희는 각각 자기의 집에 빨랐음이니라
10 그러므로 너희로 인하여 하늘은 이슬을 그쳤고 땅은 산물을 그쳤으며
11 내가 한재를 불러 이 땅에, 산에, 곡물에, 새 포도주에, 기름에, 땅의 모든 소산에, 사람에게, 육축에게, 손으로 수고하는 모든 일에 임하게 하였느니라
12 스알디엘의 아들 스룹바벨과 여호사닥의 아들 대제사장 여호수아와 남은바 모든 백성이 그 하나님 여호와의 목소리와 선지자 학개의 말을 청종하였으니 이는 그들의 하나님 여호와께서 그를 보내셨음을 인함이라 백성이 다 여호와를 경외하매
13 때에 여호와의 사자 학개가 여호와의 명을 의지하여 백성에게 고하여 가로되 나 여호와가 말하노니 내가 너희와 함께하노라 하셨느니라 하니라
14 여호와께서 스알디엘의 아들 유다 총독 스룹바벨의 마음과 여호사닥의 아들 대제사장 여호수아의 마음과 남은바 모든 백성의 마음을 흥분시키시매 그들이 와서 만군의 여호와 그들의 하나님의 전 역사를 하였으니
15 때는 다리오왕 이년 유월 이십 사일이었더라

6장

자기 소위를 살펴보라!
학개 1:1-15

들어가며: 아직은 때가 아니다?

우리말 속담에 "핑계 없는 무덤은 없다"는 말이 있다. 어떤 상황이든 간에 변명은 항상 있다는 말이다. 잠언 22장 13절은 이렇게 말한다. "게으른 자는 말하기를 사자가 밖에 있은즉 내가 나가면 거리에서 찢기겠다 하느니라." 잠언의 교사는 게으른 자의 변명을 보여준다. 그의 변명을 통해서 그의 무위도식의 철학이 얼마나 어처구니없는지를 보여준다. 게으른 사람은 일터에서 벌어질 위험을 과대평가하면서, 바깥세상에는 자신의 안전을 위협하는 적대감이 팽배하기 때문에 나가면 죽을 수밖에 없다고 강변한다. 만약 자신이 밖에 나가서 일을 하다가 부상이라도 당한다면, 밖으로 보낸 사람이 책임져야 한다고 뒤집어씌우려고 한다. 이처럼 게으른 자의 어설픈 핑계와 변명은 끝없이 계속된다. 이런 사람들은 오늘날에도 많다. 그들은 공부하다 죽을까봐 공부하지 않는다. 어떤 사람은 일하다 죽을 까봐 일하지 않는다. 그러나 잠언의 교사는 이렇게 선언한다. "게으른 자의 정욕이 그를 죽이나니 이는 그 손으로 일하기를 싫어함이니라"(잠 21:25).

게으른 자의 또 다른 변명은 아직은 "때가 아니다"라는 것이다. 그 일을 해야 하는 당위성은 인정하지만 아직은 여건이 성숙되지 않았기 때문에 그 일을 할 수 없다는 것이다. 이런 변명은 육신적이고 물리적인 상황보다 영적인 상황에서 더 많다. 영적인 일들은 당장 눈앞에 어떤 결과가 드러나지 않는 경우가 많고 그 결과가 드러나더라도 우리의 육안(肉眼)으로는 볼 수 없고 영적인 눈으로 보아야만 드러나기 때문이다. 그러나 참된 신앙의 표지는 그 사람의 영혼이 무엇을 갈망하는가를 통해서 드러난다. 참된 신앙은 자신이 원하는 것을 행하는 것이 아니라 하나님께서 원하시는 일을 행하는 것에 있다. 자신이 원하는 것을 하는 것에는 잠시도 기다리지 않고 행하면서 하나님께서 원하시는 것을 해야 할 때에는 이런 저런 핑계를 대면서 "아직은 때가 아니다"라고 변명한다. 그러나 모든 시대에 하나님께 헌신했던 사람들은 하나님의 뜻을 미루기 위해 변명하지 않았다. 비록 그것이 자신의 이성적 수준에서는 납득하기 힘들었다 할지라도, 하나님의 뜻임을 확신했을 때는 고난과 역경을 마다하지 않고 전심전력했다.

개혁교회를 세우는 일 역시 쉽지 않는 싸움을 견디면서 이겨내야 한다. 먼저는 우리 내부에서 들려오는 온갖 핑계와 변명을 극복해야 하고 이 시대의 교회에 편만하게 퍼져 있는 정신과 문화에 맞서야 한다. 이러한 장애와 반대는 거대한 벽과 같이 꿈쩍도 하지 않을 것처럼 보인다. 우리도 현재 직면하고 있는 이러한 환경이 변화되기를 기다려야 하는가? "아직은 때가 아니다"라고 말하면서 환경이 변화되기만을 기다려야 하는가? 학개서는 우리 시대에 개혁 교회를 세우려는 우리에게 어떤 메시지를 주는 것일까?

학개의 말씀은 오늘날 많은 사람들이 주장하는 것처럼 단지 "성전을 건축하라", 즉 "예배당을 건축하라"는 말씀이 아니다. 많은 교회와 목회자들이 학개서의 말씀을 예배당 건축을 위한 헌금을 강요하는데 오용하고 있다. 그러나 학개서는 교회가 주어진 시대를 분별하여 사명을 감당하도록 준비시키는 하나님의 말씀이다.

교회가 사명을 감당하기 위해서는 그 시대의 사상과 도전에 대해서 하나님의 말씀을 통해서 대답할 수 있는 능력이 있어야 한다. 이는 하나님께서 각 시대마다 교회를 세우신 목적 중에 하나이며 그 교회에 맡기신 사명을 수행하기 위한 기본적인 능력이다. 따라서 참 교회는 각 시대마다 유행하는 사상과 조류를 통찰하는 지혜와 분별력 가져야 한다. 얼마 전 어떤 신문 기자는 역사 교과서 국정화 논란에 대해 논평하면서 이렇게 말했다. "한국 개신교회가 믿는 신은 하나님이 아니라 권력이다." 교회가 진리의 편에 서지 않고 권력의 편에 서서 자신의 기득권을 확대하기 위해서 일하고 있다. 교회가 시대의 양심으로 진리의 빛을 밝히는 것이 아니라, 세상의 힘을 얻기 위해 불의한 권력과 동일시함으로써 맛을 잃어버린 소금이 되고 있다. 이런 시대에 학개의 말씀은 우리의 정체성과 사명을 다시금 확인하도록 요청하고 있다.

1. 우선순위를 올바로 정하라(1-6절).

1) 역사적 배경과 선지자 학개

학개서는 스가랴, 말라기와 함께 구약의 마지막 12 소선지서들 가운데 하나이다. 하나님의 말씀을 계속해서 거절하던 유다는 주전 587년 완전히 멸망했다. 포로로 끌려갔던 유대인들은 (하나님의 약속대로) 주전 539년 바벨론을 멸망시키고 등장한 고레스 왕의 칙령에 의해서 자기 고향으로 돌아가도 좋다는 명령을 받고 예루살렘으로 귀향하게 된다. 그러나 모든 유대인들이 귀향한 것은 아니었다. 이미 그곳에서 성공한 유대인들은 대다수가 남아있었다. 예루살렘에 첫 번째로 이주해 온 사람들은 종들을 포함해 5만명가량이었다. 이 때 유대인의 관원으로 바사제국으로부터 임명을 받은 첫 번째 총독인 세스바살이 그들을 인도했다(스 1:5-11).

이 세스바살 통치 초기에 예루살렘에 제2성전의 기초가 놓여졌다. 주전 538년 바벨론에서 귀환한 이스라엘 공동체는 2년간의 준비 기간을 보내고 주전 536년에는 성전의 기초 공사를 시작했다. 그러나 새 성전은 솔로몬의 성전에 비해 그 규모가 축소된 것이었다(스 3:12; 학 2:1-9). 무엇보다도 성전의 핵심이었던 언약궤가 소실된 것은 솔로몬 시대의 성전과는 비교할 수 없는 약점이었다. 솔로몬 성전은 여호와의 안식과 말씀의 통치를 표상했었다. 따라서 솔로몬시대에는 성전의 완공과 더불어 언약궤를 지성소에 안치하는 것이 가장 큰 행사였다. 반면에 새로운 성전은 바벨론의 포로 귀환과 함께 여호와의 언약 성취라는 역사적 사실 위에서 시작되었다. 그들에게는 지성소에 안치해야 할 언약궤가 없었지만, 그 성전은 솔로몬의 성전과 역사적인 통일성을 갖고 있었다. 그 일치의 핵심은 여호와 신앙을 고백하는 신앙 공동체 의식의 공유였다.

그 성전의 지대(地臺)를 놓았던 첫 기공식은 큰 기쁨과 함께 슬픔이 교차했다. 에스라 3장 11-13절을 보자. "서로 찬송가를 화답하며 여호와께 감사하여 가로되 주는 지선하시므로 그 인자하심이 이스라엘에게 영원하시도다 하니 모든 백성이 여호와의 전 지대가 놓임을 보고 여호와를 찬송하며 큰 소리로 즐거이 부르며, 제사장들과 레위 사람들과 족장들 중에 여러 노인은 첫 성전을 보았던 고로 이제 이 전 지대 놓임을 보고 대성통곡하며 여러 사람은 기뻐하여 즐거이 부르니, 백성의 크게 외치는 소리가 멀리 들리므로 즐거이 부르는 소리와 통곡하는 소리를 백성들이 분변치 못하였느니라."

포로에서 귀환한 백성들은 페르시아 제국이 통치하는 현실 속에 갇혀 있었다. 에스겔이 본 성전 환상(겔 40-48장)과 예레미야의 새 언약(렘 31장)은 언제 성취될 수 있을지 요원한 소망으로 남아 있을 뿐이었다. 더구나 파괴된 예루살렘에 다시 정착하기 위해 많은 대적들과의 힘겨운 싸움이 계속되고 있었다. 특히 사마리아 사람들은 자신들의 참여가 허용되지 않게 되자 페르시아 제국 관리들에게 뇌물을 주고 유다민족을 고소하며 성전 건축을 방해하였다(참고 에스라 4장). 이런 이유로 세스바살의 지도 아래 예루살렘 성전 재건을 위한 첫 번째 시도가 실패하게 된다.

이런 상황에서 주전 522년경에 스룹바벨과 제사장 여호수아의 지도 아래 두 번째 귀환 그룹이 예루살렘에 도착했다. 페르시아 제국에 의해 새로운 총독으로 임명을 받은 스룹바벨과 제사장 여호수아는 학개와 스가랴 선지자를 통해서 주어지는 하나님의 말씀에 고무되어 성전 재건을 다시 시작하게 된다. 이때가 주전 520년이었다. 이 때가 페르시아 제국의 왕 다리오 1세 때이다. 학개 선지자는 주전 520년 4개월 동안 하나님의 메시지를 선포했고, 스가랴는 주전 520-518년까지 사역했다. 학개와 스가랴는 둘 다 백성들에게 제2성전을 재건하도록 각성시켰다.

히브리어 이름 학개는 '절기'를 뜻하며, '행렬, 축제'를 의미한다. 이 이름은 유대인들에게 바벨론에 의해 파괴된 하나님의 성전을 재건축하고 예루살렘에서 여호와를 예배하는 절기들을 복원하도록 요청하는 선지자의 이름으로 잘 어울린다. 성경은 학개에 대한 자세한 정보를 제공하지 않는다. 다만 에스라서는 포로후기 예루살렘에서 그가 선지자로 사역하였음을 밝힌다(에 5:1; 6:14). 그러나 그가 언제 어디서 태어나서 언제 예루살렘으로 돌아 온 것인지는 밝히지 않고 있다. 아마도 학개 2장의 상황을 종합해 볼 때, 그는 예루살렘이 멸망하기 전에 있었던 성전을 보았고, 바벨론에 포로로 잡혀 갔다가 귀환했을 가능성이 높다. 하지만, 이것도 확정할 수 없다.

학개에게는 두 가지 칭호가 사용되어 그가 하나님의 대리자임을 밝힌다. 그는 선지자(히브리어 '나비')로 불리면서 동시에 '주의 사자'로 불린다. 이 두 칭호는 그의 메시지의 권위를 확증하는 역할을 한다.

특별히 '여호와의 사자 학개'라는 칭호는 학개가 전하는 메시지를 통해서 백성들이 각성하는데 중요한 역할을 하였음을 알 수 있다. 유대인들의 전승에 의하면 대회당(Great Synagogue)[1]의 창시자들 가운데 학개, 스가랴, 말라기가 포함되어 있다. 이 유대인 지도자들의 모임은 성경을 보존하고 전통적인 교훈과 전승을 후대에 전해주는데 있어서 포로 후기 공동체에 중요한 역할을 했다. 더욱이 유대 랍비들은 이 세 선지자들이 죽은 후에는 성령이 이스라엘을 떠난 것으로 믿었다고 전해진다.

학개 선지자는 '집 없는 하나님'을 위하여 싸우는 투사였다. 그는 모든 사람들이 무관심 속에 있을 때 고독한 임무를 맡은 선지자였다. 그는 무기력함과 자기추구에 빠져 있는 유다 공동체를 뒤흔들어 움직이게 하는 임무를 효과적으로 감당했다. 그는 네 편의 설교를 통해서 유다 공동체가 상속받은 언약의 특권과 책임을 상기시킴으로써 그들의 의무를 이행하도록 깨우쳤다. 우리는 그의 설교를 통해서 우리가 무엇을 믿어야 하는지, 하나님의 백성으로써 어떻게 살고, 어떻게 교회를 세워야 하는지를 다시금 점검하게 한다. 학개는 하나님의 말씀으로 우리의 세계관을 뒤흔든다. 자기와 세상 중심의 세계관이 하나님 중심의 세계관으로 변혁되어야 한다고 선포한다.

1장에 있는 첫 번째 설교에는 세 번의 하나님의 말씀이 명령으로

---

[1] 산헤드린 공회를 말한다. 산헤드린 공회는 70명의 유대인 지도자들로 구성되어 종교적, 정치적 중요사항을 의결했다.

선포된다. 첫째는 백성들에게 삶의 우선순위를 점검하라고 명령하신다. 둘째는 성전 재건을 즉시 시작하도록 명령하시고 세 번째 말씀에서는 하나님께서 그들과 함께 하실 것이라고 위로하시면서 동시에 그들의 마음을 각성시키신다.

2) 무엇을 위해 사는가?

하나님께서는 백성들이 새로운 달 초하루에 성전 터에 있는 제단에 제사를 드리기 위해서 모여 있는 상황 가운데 말씀을 주신다. 성전은 16년 전에 성전 지대를 놓은 그대로 중단된 채 횡하니 서 있었다. 16년 동안 성전은 조금도 진척되지 못하고 있었다. 이런 상황에서 하나님께서는 이스라엘 백성들의 말을 인용하셔서 그들의 잘못된 현실 인식에 대해서 불평하시며 책망하신다. "다리오 왕 이년 유월 곧 그 달 초하루에 여호와의 말씀이 선지자 학개로 말미암아 스알디엘의 아들 유다 총독 스룹바벨과 여호사닥의 아들 대제사장 여호수아에게 임하니라 가라사대 ²만군의 여호와가 말하여 이르노라 이 백성이 말하기를 여호와의 전을 건축할 시기가 이르지 아니하였다 하느니라." 돌아온 예루살렘 공동체는 정치적인 문제와 경제적인 문제를 해결하느라 힘겨운 싸움을 하고 있었다. 그래서 그들은 이런 열악한 상황에서 하나님의 성전을 재건하는 일은 불가능할 뿐만 아니라 이렇게 힘든 상황에서 엄청난 자원을 투자해서 성전을 재건축 하는 것은 매우 지혜롭지 못한 비효율적인 일이라고 생각했다.

물론 그들의 말에도 일리가 있었고 그들의 상황판단은 일면 타당한 것처럼 보였다. 그들은 "성전을 건축해야 한다. 하지만 아직은 때가 아니다"라는 것이다. 지금은 정치적으로도 경제적으로 상황이 좋지 않다는 것이다. 주변의 대적들은 아직도 유다를 공격할 빌미를 찾고 있었고, 이런 저런 도발을 계속해 오고 있었다. 솔로몬이 성전을 건축하려고 했을 때는 다윗의 정복사업으로 모든 것이 평화로운 상태였다. 더욱이 다윗은 솔로몬을 위해서 모든 자원들까지도 다 준비해 두었었다. 하지만 지금 그들에게는 가뭄과 흉작으로 인해서 물가가 상승하였고 당장 먹고 살기도 힘들다는 것이다. 그래서 그들은 "아직은 아니다"라고 단념하고 자기 일에만 전념하고 있었다.

그때 하나님께서 그들에게 말씀하신다. 3-6절을 보자. "여호와의 말씀이 선지자 학개에게 임하여 가라사대, 4이 전이 황무하였거늘 너희가 이때에 판벽한 집에 거하는 것이 가하냐? 5그러므로 이제 나 만군의 여호와가 말하노니 너희는 자기의 소위를 살펴볼지니라. 6너희가 많이 뿌릴지라도 수입이 적으며 먹을지라도 배부르지 못하며 마실지라도 흡족하지 못하며 입어도 따뜻하지 못하며 일꾼이 삯을 받아도 그것을 구멍 뚫어진 전대에 넣음이 되느니라." 여호와께서는 변명하는 그들에게 이렇게 말씀하신다. "이 전이 황무하였거늘 너희가 이때에 판벽한 집에 거하는 것이 가하냐?" 하나님께서는 "너희 집"과 '이 집' 곧 '성전'을 비교하신다[원문에는 '이 집'이라고 되어 있다]. 백성들은 판벽한 집 곧 벽을 판자로 아름답게 장식한 인테리어가 다 완성된 집에서 살고 있었다.

그들이 좋은 집에서 사는 것 자체가 나쁜 것은 아니다. 그들에게도 좋은 집이 필요했다. 하지만 그들은 자신들의 집을 짓기 위해서 자신들의 시간과 자원과 노동력을 전부 쏟아 부었다. 또한 그들은 자신들의 필요와 즐거움을 위해서는 많은 돈을 썼다. 스가랴 7장 6절을 보자. "너희의 먹으며 마심이 전혀 자기를 위하여 먹으며 자기를 위하여 마심이 아니냐?" 하나님께서는 그들의 상태를 정확히 진단하셨다. 그들의 진짜 문제는 그들의 변명하였던 것과 같이 정치적인 경제적인 어려움이 아니라, 자신들의 번영과 자신들의 즐거움만을 추구한 것이었다. 그래서 하나님께서는 4절에서 수사학적인 질문을 던진다. "이 전이 황무하였거늘 너희가 이때에 판벽한 집에 거하는 것이 가하냐?" 자신들을 위해서는 집을 완벽하게 꾸며 놓고 살면서도 여호와께서 거하실 성전은 지붕도 없이 널브러져 있는 것이 정당한 것인지를 수사학적으로 물으시는 것이다. 하나님께서는 '너희'를 반복하시면서 자기추구에만 급급한 그들을 고소하신다.

5절에서 하나님께서는 "너희는 자기의 소위를 살펴볼지니라."고 말씀하신다. 이 말씀은 학개에서 다섯 번이나 반복되어 나타난다 (1:5,7; 2:15,19[2회]). 하나님께서는 이렇게 반복하시면서 자신들의 상태를 점검하라고 명령하셨다. 그들은 자신들의 상태를 점검하고 즉각적으로 행동해야 했기 때문이다. 하나님께서는 그들에게 자신들이 걸어 온 길을 살펴보고 그 결과를 생각해 보라고 명령하신다. "너희들이 하나님의 일을 제쳐놓고 자기만을 위해서 살 때 무엇을 얻었는지를 상고해 보라"고 말씀하신 것이다. 그들의 진정한 문제는 결핍이 아니라 잘못된 우선순위였음을 명확히 보여주신다.

하나님께서는 먼저 농부들을 향해서 말씀하신다. "너희가 많이 뿌릴지라도 수입이 적으며 먹을지라도 배부르지 못하며 마실지라도 흡족하지 못하며 입어도 따뜻하지 못하며"(6절). 이 말씀은 그들의 곤고한 상태가 신명기 28장에서 말씀하신 언약적 저주임을 깨닫도록 한다. 그들은 많은 것을 기대하면서 많이 뿌렸지만 그 소출은 적었다. 또한 먹을지라도 배부르지 못하고 마실지라도 흡족하지 못하며 입어도 따뜻하지 못했다. 이는 언약에 불순종한 사람들에게 내려지는 하나님의 심판이었다. 언약을 버린 그들의 모든 수고가 헛되게 하실 것이라는 말씀의 성취였다(레 26:19-20).

삯을 받는 자들은 고용된 노동자들뿐만 아니라 자영업자도 포함한다. 그들은 더 많은 것을 얻기 위해서 수고하며 전대를 크게 했었다. 하지만 하나님께서는 그들이 의식하지 못한 사이에 그들의 재물이 사라지게 하셨다. 인플레이션으로 인한 가격 상승으로 마치 구멍 뚫린 전대에 담아둔 것처럼 그 재물의 가치가 하락하게 하셨다. 사람들은 돈으로 평안과 안식을 살 것으로 생각했지만, 돈은 그것을 줄 능력이 없다. 돈과 재물은 양심의 평안을 줄 수도 없었고 참된 만족도 주지 못한다.

하나님께서는 그들이 언약에 순종하여 하나님을 최우선순위에 두는 삶을 산다면 그들에게 복을 주셔서 그들의 소출이 풍성하고 우양이 살찌고 번성할 것을 약속하셨다. 그러나 그들이 불순종하여 하나님보다 자신을 우선순위에 두기 시작한다면, 모든 것이 빈약해질 것이며 그들은 먹고 마셔도 결코 만족할 수 없을 것이라고 선언하셨다. 이스라엘 역사의 불행은 바로 언약에 불순종함으로써 언약적 진노를 당한 것이었다.

그런데 학개 시대의 이스라엘 백성들도 자신들의 불행한 역사에서 교훈을 얻지 못하고 다시 하나님보다 자신을 우선순위에 두고 있는 것이다. 선지자는 그들의 가난과 흉작은 단순히 자연재해이거나 '운이 없어서'가 아니라 하나님의 언약적 진노임을 깨달으라고 선포한다. 하나님께서 이슬을 그치게 하셨고, 가뭄을 부르셨고, 모든 수확물에 한재가 임하게 하셨다(10-11절). 우양의 무리는 더 이상 새끼를 낳지 못하게 하셨다. 하나님께서는 이 백성들이 손으로 하는 모든 수고를 헛되게 하셨다. 9절을 보자. "너희가 많은 것을 바랐으나 도리어 적었고 너희가 그것을 집으로 가져갔으나 내가 불어 버렸느니라. 나 만군의 여호와가 말하노라 이것이 무슨 연고뇨? 내 집은 황무하였으되 너희는 각각 자기의 집에 빨랐음이니라."

사람들은 자신의 집을 짓는 데는 아낌없이 재물을 사용하고, 자신의 즐거움을 위해서는 큰돈을 쓰면서도 하나님의 성전을 건축하는 데는 이런 저런 핑계를 대면서 미루고 있었다. 그래서 학개 선지자는 그들의 비참한 상황은 언약적 저주로 말미암은 것임을 지적한다. "너희는 자기의 소위를 살펴볼지라." "너희가 걸어 온 길을 되돌아보라! 그 때에 너희가 얻은 것이 무엇이냐?" 하나님께서는 이렇게 그들의 양심을 찌르는 책망과 경고를 통해서 자신을 살필 것을 촉구하셨다.

오늘 우리도 이 말씀으로 자신의 마음과 삶을 진단해야 한다. 학개 시대에 하나님의 백성들에게 주어진 시대적 사명은 물리적인 성전을 재건하는 일이었다. 하지만 오늘날 우리에게 주어진 사명은 마케팅 전략적인 대형 예배당을 건축하는 것이 아니라 성전인 참 교회를 세우는 것이다. 하나님께서 기뻐하시는 바른 교회를 세우는 것이 이 시대에 우리에게 주어진 사명이다. 하나님의 말씀을 바르게 전하는 교회 그 말씀을 구현함으로 참된 예배가 회복된 교회 그 예배를 파수하는 직분 자들이 바르게 세워진 교회를 건축하라는 사명이다. 오늘날 많은 교회들이 세속주의에 물들어 부패되고 무너져가고 있다. 이런 시대 가운데 바른 말씀과 참 예배가 이루어지는 원상(原狀)의 교회를 세우라는 준엄한 명령이 우리에게 주어졌다. 그리고 그 교회를 우리의 후손들에게 상속해 주라는 사명이 주어졌다. 우리 모두가 말씀과 교리를 배우고 삶에 적용하는 것에서 성장해야 한다. 우리는 소리만 크고 차갑고 메마른 개혁주의자가 아니라, 개혁신학을 삶으로 구현하는 따뜻하고 온전한 개혁주의자가 되어야 한다.

"너희는 자기 소위를 살펴볼찌니라."(5절) "이것이 무슨 연고뇨?"(9절) 하나님 나라의 일보다 자신의 일에 매몰되어 있는 우리에게 동일하게 경고하시는 말씀이다. 하나님 나라를 중시(證示)해야 할 교회가 지대(地臺)만 남아있는 황폐한 상황에서 우리는 "아직은 때가 아니다. 아직은 우리의 힘이 부족하다. 아직은 이 땅에 개혁교회를 세우기 위한 환경이 조성되지 않았다"라고 변명하고 있는 것은 아닌가? 자, 우리 자신을 돌아보자. 자신의 일에 너무나 분주하고 바쁜 나머지 우리는 바른 교회를 건설하는 것은 목사님들이나 해야 할 일이라고 생각하지는 않는가? 우리는 세상일에 너무나 바쁜 나머지 자신을 주께서 거하실 거룩한 성전으로 만들기 위한 훈련에는 단 한 시간도 내지 못하고 있지는 않는가? 우리 가정이 주님의 거하실 거룩한 성전이 되도록 하는데 얼마나 많은 시간과 자원을 들이고 있는가? 우리 자녀들을 학원에 보내기 위해 쏟는 열정과 자원만큼 말씀으로 양육하는데 투자하고 있는가? 우리의 교회가 하나님의 나라를 올곧게 증거하기 위해서 당신은 어떤 노력을 하고 있는가? 아직은 때가 아니다. 아직은 내가 먹고 살기도 힘들다. 하지만 하나님께서는 우리에게 준엄하게 말씀하신다. "너희는 자기 소위를 살펴볼찌니라"(5절).

그렇다면 우리도 하나님 보다 자신을 우선순위에 놓고 살 때 만족했는가를 점검해 보자. 자신은 판벽한 집에서 살면서도 하나님의 일을 소홀히 하면서 만족하고 행복했는가? 그리스도께서는 거룩한 교회를 세우도록 우리를 부르셨는데 우리는 아직 정치·경제적인 상황이 좋지 않다고 핑계를 대면서 자신만을 위해서 살고 있지는 않는가? 내 삶이 너무 힘들고 지치고 바쁘기 때문에 나와 내 가족이 살기도 힘든 상황이라고 변명만 하고 있지는 않는가? "성경공부와 가정예배(경건훈련)는 다음에 시간 있을 때 하자, 전도와 선교를 위한 헌금은 다음에 좀 더 여유가 있을 때 하자! 온 세상에 하나님 나라의 복음이 전진하도록 헌신해야 하는 것은 맞다. 그러나 지금은 때가 아니다. 그것은 다음에 여유 있을 때 하자"라고 말하고 있는 것은 아닌가? 안 된다! 하나님께서는 아직은 때가 아니라고 하면서 자기추구만 하고 있어서는 안 된다고 말씀하신다. 오늘 바로 주님의 명령을 듣고 일어나야 한다.

우리가 자신을 우선순위의 첫 번째에 올려놓게 되면, 하나님의 일마저도 자기 영광을 위해 하게 된다. 하나님의 일도 자기가 원하는 때에 자신이 원하는 방식으로 진행되어야 한다고 고집을 부리게 된다. 모든 것이 자기를 중심으로 돌아가야 한다고 집착하게 된다. 하지만 주님의 명령을 따라 교회를 세우기 위해서 일한다면, 우리의 판벽한 집이 우리에게 결코 불리한 증언을 하지 않을 것이다. 우리가 좋은 집에 사는 것이 죄가 되지 않는다. 어떤 집에 사는 것이 중요한 것이 아니다. 어떤 차를 타는가도 중요한 것이 아니다. 그것들이 우리에게 있다는 것은 매우 감사한 일이다. 하지만 우리가 가진 소유와 우리가 가진 재물을 교회와 하나님 나라보다 더 소중하게 여긴다면, 그 모든 소유물이 심판 때에 하나님 앞에서 우리에게 불리한 증언을 할 것이다. 아니 그것들이 우리를 고소할 것이다. 그것들은 하나님께서 우리에게 주신 복된 선물이지만, 그것을 하나님보다 더 사랑한다면 우리도 언약적 진노를 당하게 될 것이다.

신약에서 하나님의 언약적 진노는 구약에서처럼 물리적인 흉작으로가 아니라 영적으로 주어진다. 자기를 최우선 순위에 두는 사람들은 하나님의 말씀으로 인한 평강과 자유를 누리지 못하게 된다. 그리고 종말에 그리스도께서는 "나는 너를 도무지 알지 못한다."라고 말씀하실 것이다. 이는 구약보다 훨씬 무서운 언약적 진노이다. 하나님께서는 우리에게 우선순위를 다시 정립하도록 명령하신다. 이제 예수 그리스도 안에서 우리의 우선순위를 새롭게 정립해야 한다. 우리도 주님의 명령을 듣고 우리를 점검해야 한다. 그리고 즉각적이고 구체적인 행동을 시작해야 한다.

2. 성전을 재건하라(7-11절)

1) 즉시 시작하라.

7절에서 다시 "너희 소위를 살펴볼지니라"라고 말씀하신 하나님께서는 8절에서 즉시 시작하라고 명령하신다. "너희는 산에 올라가서 나무를 가져다가 전을 건축하라 그리하면 내가 그로 인하여 기뻐하고 또 영광을 얻으리라 나 여호와가 말하였느니라." 하나님께서는 그들의 상황을 몰라서 그렇게 명령하신 것이 아니다. 하나님께서는 그들의 형편과 상황을 그들 자신보다도 더 잘 알고 계신다. 하나님께서 그들에게 요구하시는 것은 과거 솔로몬 성전과 같은 화려하고 웅장한 성전이 아니었다. 하나님께서 그들에게 비싼 재료를 마련하기 위해서 많은 돈을 바치라고 하신 것이 아니다. 하나님께서는 그들에게 판벽한 집을 팔아서 하나님의 성전을 지으라고 요구하시지 않았다. 그들에게 없는 것을 가지고 오라고 말씀하신 것이 아니었다. 그들이 할 수 있는 것을 하라고 하신 것이다(참고, 고후 8:12). 하나님께서 그들에게 요구하시는 것은 그들의 마음이었고 우선순위를 바꾸라는 것이었다. 하나님께서 원하시는 것은 그들의 세계관의 변혁과 영적인 각성이었다.

그래서 하나님께서는 그들의 정치·경제적 상황이 어렵다 할지라도 마음만 있으면 당장 할 수 있는 세 가지 명령을 하신다. 첫째로 산에 올라가라고 명령하셨다. 하나님의 뜻을 준행하기로 결단하고 나가서 일하라는 말씀이다. 하나님의 말씀에 순종하는 것은 안락의 자에 앉아서 할 수 없다. 그렇다면 이미 다 할 수 있었을 것이다. 참된 순종은 행동을 동반한 실천을 통해서 시작된다. 둘째는 나무를 가져오라고 명령하셨다. 산에서 나무를 베고 목재를 만들고, 예루살렘으로 옮기는 일은 많은 땀을 흘리는 수고를 해야 한다. 주님의 사명을 이루기 위해서 일하는 것 역시 편하고 쉽게 되는 것이 아니다. 열정만 가지고 되는 것도 아니고 땀 흘리는 수고를 통해서 열심히 일해야 된다. 셋째는 성전을 건축하라고 명령하셨다. 성전 건축은 주먹구구식으로 되는 것이 아니다. 세밀한 계획과 설계를 따라 조심스럽고 정확하게 이루어져야 하는 일이다. 따라서 지적인 면에서 섬세한 노력과 훈련이 있어야 했다.

사랑하는 여러분! 하나님께서는 우리에게 '원상(原狀)의 교회' 곧 '참된 개혁교회'를 세우라고 명령하셨다. 그러나 하나님께서 우리에게 집을 팔아서 그것을 하라고 하지 않으셨다. "너희가 먹는 것도 줄이고 돈을 모아서 바치라"고 요구하시지도 않으셨다. 하지만 오늘날 우리가 하나님의 명령을 따라 교회를 건설하려면 많은 수고와 노력을 해야 한다. 성경과 교리를 공부하고 적용하기 위해서 많은 땀을 흘려야 하고 많은 눈물로 기도해야 한다. 우리가 새로 나온 성도들과 어린이들에게 말씀을 가르쳐서 그들이 복음으로 세상을 해석하도록 섬기는 일은 산에서 나무를 베어서 목재로 다듬고 예루살렘으로 옮기는 일처럼 힘들고 고단한 일이다. 각 사람 속에 그리스도의 형상이 이루어지게 하는 일은 해산의 수고가 필요하다(참고, 갈 4:19). 이것이 어떻게 안락의자에 앉아서 될 수 있겠는가? 이런 일이 어떻게 열정만으로 되겠는가? 안락의자에 앉아서 편안하게 신앙생활을 하고자 하는 사람들이 많다. 그러나 그들의 영적 실상은 근육을 움직일 수 없는 루게릭병에 걸린 사람처럼, 말은 다 하지만 손발은 전혀 움직이지 못하는 무능한 종교인에 불과하다.

우리도 당장 하나님의 명령을 따라 일어나야 한다. 먼저 자신 마음의 안에 성령님이 거하시는 거룩한 성전이 되기 위해서 죄를 제거하는 일을 당장 시작해야 한다. 우리 가정이 하나님께서 거하실 거룩한 성전이 되도록 가정 안의 온갖 부정한 것들을 제거해야 한다. 당장 가정예배를 시작해야 한다. 우리 교회가 거룩한 성전으로 원상의 교회의 모습을 회복하기 위해서는 피와 땀을 흘려서 일해야 한다. 수고 없이는 열매도 없다. 우리는 온 세상이 거룩한 성전이 되도록 전도와 선교를 위해서 재정적으로도 후원해야 한다. 우리는 교회와 하나님 나라의 전진을 위해서 우리가 해야 할 일을 다 하고 있는지 살펴야 한다.

2) 너희가 내 기쁨이 되고, 내가 영광을 받으리라.

하나님께서는 즉각 말씀에 순종하여 성전 건축에 참여하는 자들을 기뻐하시며, 그들로 인해 영광을 얻으시겠다고 약속하셨다. 시편

147편 10-11절에서는 이렇게 말씀하신다. "여호와는 말의 힘을 즐거워 아니하시며 사람의 다리도 기뻐 아니하시고 자기를 경외하는 자와 그 인자하심을 바라는 자들을 기뻐하시는도다." 하나님께서 기뻐하시는 것은 사람의 군사력이나 경제력이 아니라 그를 경외함으로 자발적으로 순종하는 자들이다. 하나님께서는 그분의 명령에 자발적으로 순종하는 사람들을 기뻐하신다. 하나님께서는 성전과 백성들의 순종으로 인해서 영광을 얻으실 것이라고 말씀하신다. 오늘도 주께서는 우리가 원상의 교회를 세우기 위해서 즐거이 헌신하는 수고를 통해서 영광을 받으신다.

12절에 보면 백성의 지도자들과 남은 백성들이 학개를 통해서 선포된 말씀을 하나님의 말씀으로 받고 청종하였다고 보도해 준다. 그들은 하나님의 명령에 순종했다. 하나님의 말씀이 그들의 잘못을 지적하고 일깨우자, 그들은 더 이상 변명하지 않고 순종했다. 그 이유를 12절 마지막에서 이렇게 말씀한다. "백성이 다 여호와를 경외하매" 백성들은 하나님의 말씀을 듣고 자신과 환경과 역사를 바르게 재해석하게 되었다. 그러자 그들에게 하나님을 경외하는 두려움이 크게 임한 것이다. 하나님의 말씀을 깨달았음을 알 수 있는 첫 번째 표지는 하나님을 경외하는 것이다. 하나님을 경외하는 사람은 그 말씀을 전해 준 선지자를 공경하게 된다. "모든 백성이 그 하나님 여호와의 목소리와 선지자 학개의 말을 청종하였으니, 이는 그들의 하나님 여호와께서 그를 보내셨음을 인함이다."

이는 오늘날에도 동일하게 나타난다. 중국에서 있는 신학교에서 목회자들과 신학생들에게 말씀을 전하다보면, 처음에는 냉랭한 분위기에서 시작할 때도 있다. 하지만 말씀이 계속해서 밝히 해명(解明)되면서 그들의 반응이 놀랍게 변화되는 것을 본다. 그럴 때 말씀 사역자로서 큰 위로와 기쁨을 맛보게 된다. 그들은 하나님을 경외할 뿐만 아니라 말씀을 전하는 사역자를 천사처럼 공경한다. '자기 소위를 살피라'고 강하게 질책하며 회개를 촉구하는 사역자에게도 '여호와의 사자'처럼 대한다. 이것이 말씀을 깨달은 사람들에게서 나타나는 공통적인 반응이다. 예전 교회에서 사역할 때 만났던 어떤 장로님은 교회 사역자들에게 주어야 할 생활비를 아껴야 한다면서 입버릇처럼 이렇게 말했다. "인건비를 아껴서 선교를 해야 한다." 사역자들에게 최저 생계비도 주지 않는 사람들이 어떻게 선교를 잘 할 수 있겠는가? 그런 사람들은 하나님의 말씀을 경외함으로 받지 않기 때문에 말씀을 전하는 사역자를 무시한다. 말씀을 지식으로만 받고 자기영광을 추구하고 다른 사람들을 그 지식으로 정죄하는 것이 자신의 사명처럼 생각한다.

여러분! 하나님의 말씀이 여러분의 죄를 드러내고, 여러분의 잘못된 세계관을 폭로할 때, 하나님을 두려워하는가? 하나님의 말씀이 우리의 부패한 영혼의 상태를 들추어낼 때 두려하는가 아니면, 냉담하게 거절하는가? 하나님의 말씀은 그것을 경외함으로 받는 자들에게 역사하는 능력이 있다. 데살로니가전서 2장 13절을 보자. "이러므로 우리가 하나님께 쉬지 않고 감사함은 너희가 우리에게 들은 바 하나님의 말씀을 받을 때에 사람의 말로 아니하고 하나님의 말씀으로 받음이니 진실로 그러하다 이 말씀이 또한 너희 믿는 자 속에서 역사하느니라." 말씀의 능력을 체험하고 싶다면 그 말씀을 경외함으로 받고, 순종해야 한다.

3. 내가 너희와 함께 하노라(12-15절)

1) 회개와 청종

이제 공동체 전체가 선지자 학개의 메시지를 전심으로 청종하기 위해 나왔다. 12절을 보자. "스알디엘의 아들 스룹바벨과 여호사닥의 아들 대제사장 여호수아와 남은 바 모든 백성이 그 하나님 여호와의 목소리와 선지자 학개의 말을 청종하였으니 이는 그들의 하나님 여호와께서 그를 보내셨음을 인함이라 백성이 다 여호와를 경외하매" 남은 바 모든 백성이 일심으로 연합하여 말씀을 듣고, 회개하며 청종하였다. 많은 선지자들이 당대에 사람들에게 수많은 말씀을 반복해서 전했지만, 듣는 자들이 다 귀머거리와 같은 상태에서 외쳐야 했다(렘 25:4). 하지만 학개 선지자가 전한 메시지에 남은 백성 모두가 경외함으로 받고 돌이켰다. 그들이 여호와를 경외함으로 선지자 학개를 통해서 주신 말씀을 받았기 때문이다.

이들의 순종의 첫 열매는 여호와를 경외하는 것으로 나타났고, 둘째는 하나님의 성전을 건축하는 것을 다시 시작하는 것으로 나타났다(14절). 우리 역시 우리 시대가 긴급하게 요구하는 것에 민감하게 반응해야 한다. 그러나 우리가 진정한 회개가 없이 하나님을 경외할 수 없고, 하나님의 교회를 섬길 수도 없다. 지금 우리에게 아무리 긴급한 일이 있다할지라도 진심으로 회개하지 않은 상태에서 시작할 수는 없다. 신앙고백이 아무리 그럴듯할지라도 자기중심적 세계관, 자기를 최우선으로 두고 있는 상태라면 그에게 참된 경건을 기대할 수 없다. 그들을 통해서는 하나님의 교회는 결코 세워질 수 없음을 알아야 한다. 먼저 회개해야 한다. 세상과 자기중심적인 세계관으로부터 떠나야 하나님 나라에 참여할 수 있다. 하나님 중심의 세계관으로 무장한 자만이 거룩한 성전인 교회를 세우는 위대한 사역에 동참할 수 있다.

2) 하나님의 위로

하나님은 회개하여 경외함으로 헌신하는 사람들과 함께 하신다. 13절을 보자. "때에 여호와의 사자 학개가 여호와의 명을 의지하여 백성에게 고하여 가로되 나 여호와가 말하노니 내가 너희와 함께 하노라 하셨느니라 하니라." 여호와의 사자 학개가 여호와의 명을 전한다. "나 여호와가 말하노니 내가 너희와 함께 하노라." 이 말씀은 언약관계를 나타내는 공식이다. 하나님께서 그들 가운데 임재 하셔서 그들을 지켜주실 것을 언약관계의 회복으로 보장해 주신 것이다.

백성들이 하나님의 책망을 듣고 하나님의 말씀에 회개하고 청종하자 임마누엘의 축복을 주신다. 이제 그들은 더 이상 버려진 자들이 아니다. 그들이 하나님의 일에 자신을 드리기로 했을 때 그들은 하나님의 백성이 되었고, 하나님의 가족이 되었다. 바로 그 순간부터 그들의 모든 일은 하나님의 일이 되었다. "나 여호와가 말하노니 내가 너희와 함께 하노라." 그들이 하나님을 경외하자 하나님은 그들과 함께 하셨다. 그들이 자기를 우선순위에 두었을 때는 세상을 두려워했다. 주변의 대적들 두려워했었다. 그들은 자신들의 가난과 궁핍을 두려워했었다. 그러나 이제 그들이 여호와를 경외하자, 세상의 모든 두려움으로부터 해방되었다. 하나님께서 그들과 함께 하시겠다 약속하셨기 때문이다. 이에 그들의 마음은 크게 각성되었다. 하나님의 약속은 그들의 마음을 강하게 하고 흥분시켰다.

14-15절을 보자. "여호와께서 스알디엘의 아들 유다 총독 스룹바벨의 마음과 여호사닥의 아들 대제사장 여호수아의 마음과 남은 바 모든 백성의 마음을 흥분시키시매 그들이 와서 만군의 여호와 그들의 하나님의 전 역사를 하였으니, 때는 다리오 왕 이년 유월 이십사일이었더라." '흥분시키시매'라는 말은 '감동시키시매'라는 말로 감정적인 흥분을 말하는 것이 아니라 실제 행동을 '일으키고 행동을 시작하게 하다'라는 의미다. 이 구절에서 '마음'이 세 번이나 반복되는데 여기서 마음은 지정의를 동반한 영적인 각성을 의미한다. 하나님께서 백성들의 마음을 일깨우시고 자극하였다는 것은 그들의 마음을 혼잡하게 하신 것이 아니라, 그들의 마음이 지정의가 온전한 조화를 이루어서 마음의 평강을 소유하고 진리에 근거해 지성과 감정, 그리고 의지로 담대하게 일할 수 있게 하셨다는 의미이다.

그들은 진정으로 회개하고 각성하여서 하나님을 섬기기로 결단하고 시작하였다. 그 때가 다리오 왕 2년 6월 24일이었다. 그들은 16년 동안 중단되었던 성전 건축을 불과 하나님의 말씀이 선포 된 지 23일 만에 다시 시작하였다. 말씀을 듣고 회개하고 청종한 백성들은 여호와를 경외함으로 하나님의 일을 시작하였다. 이런 순서는 참된 말씀의 각성이 있어야만 하나님의 일을 할 수 있음을 보여준다. 이는 성경뿐만 아니라, 교회사 가운데서도 동일하게 일어나는 패턴이다. 먼저 말씀으로 인한 회개와 청종이 따르고, 다음으로 하나님을 경외하는 두려움이 있고, 교회와 사회가 정화되고 개혁되는 역사가 뒤따랐다.

이는 오늘 우리에게도 중요한 교훈을 준다. 우리는 무엇을 하려고 하기 전에 먼저 여호와의 말씀을 들어야 한다. 그분의 책망과 심판의 말씀마저도 경외함으로 받아야 한다. 자기추구적인 세계관에 매몰되어 있는 자에게 하나님께서는 결코 복을 내리시지 않는다. 만약 누가 되었든지, 자기추구적 세계관으로 자신을 최우선 순위로 두었음에도 하나님께서 복을 주신다고 전한다면 그는 거짓 선지자이다. 거룩함과 분리된 복은 환상이다. 여기에서 기복주의자들의 주장이 허무맹랑함이 드러난다. 또한 우리는 우리의 문제들을 해결하기 위해서 하나님의 말씀에 순종하기만 하면 만사형통한다는 '마술적인 공식'으로 해석해서도 안 된다. 하나님은 우리가 그분의 뜻을 행하는 것으로 조종할 수 있는 분이 아니다. 우리는 하나님의 은혜와 사랑을 입은 자답게 감사함으로 순종하는 것이어야 한다.

나가며: 우리의 마음을 각성(覺醒)시켜 주소서!

오늘날 교회가 하나님의 말씀이 아니라 세상의 힘을 추구하고 있다. 힘을 추구하는 교회들이 열심히 예배당을 크고 화려하게 건축하는 것이나 많이 전도하고 선교하는 것도 더 많은 힘을 얻고, 그 힘을 과시하기 위함인 것처럼 보인다. 선교와 전도를 위해서 서로 협력하는 것이 아니라, 서로 경쟁하고 있다. 이런 교회적 상황에서 많은 교인들이 취생몽사(醉生夢死)하는 삶을 살고 있다. 술에 취한 것처럼 세상에 취해 세상의 헛된 꿈을 좇다가, 평생 주를 위해서는 아무 일도 하지 않고 흐리멍덩하게 살고 있다.

"(성)전을 건축하라. 그리하면 내가 그로 인하여 기뻐하고, 또 영광을 얻으리라"(8절)는 말씀은 자기 추구적인 세계관에서 벗어난 사람들에게만 해당되는 말씀이다. 많은 사람들이 하나님의 일을 한다고 바쁘게 다니지만 여전히 자기중심적인 세계관을 탈피하지 못하고 있음을 본다. 그런 사람들에게 하나님의 일은 자기 영광을 추구하는 또 다른 수단에 불과할 뿐이다. 하나님께서는 자기 부인(否認)이 없는 사역을 기뻐하시지 않는다. 오히려 그런 사람들의 종교적 가면(假面)을 역겨워 하신다(참고. 사 1:13). 그리스도적인 사명은 그리스도적인 성품에서만 시작될 수 있다. 일보다 중요한 것은 지금 당신이 참으로 회개한 사람인가, 참으로 주를 경외하는 사람인가 이다. 그리스도인에게는 '존재가치'가 '행동가치'보다 항상 앞선다.

이 시대의 우리에게 주어진 사명은 더 이상 물리적인 건물로써 성전을 지으라는 것이 아니다. 이제 우리는 더 이상 물리적인 성전을 건축할 필요가 없다. 성전의 원형(原形)이신 예수 그리스도께서 이 땅에 오셨기 때문이다. 예수님께서는 하나님의 모든 명령을 다 순종하셨고 참된 경건의 모습을 보이셨다. 다윗 계통의 왕인 스룹바벨과 대제사장 여호수아는 그들의 직분을 제대로 감당하지 못했었다. 그들은 모든 면에서 불충분한 직분 자들이었다. 하지만 그리스도께서는 순종하는 왕과 제사장, 선지자로서 우리의 불순종과 패역을 제거해 주시기 위해서 오셨고 그가 순종하심으로 그를 믿는 우리에게 당신의 의를 전가(轉嫁)하셨다. 그리스도께서는 우리를 위하여 순종하셨을 뿐만 아니라 우리의 불순종을 위해서도 죽으셨다. 그리스도께서는 우리의 마음을 새롭게 하시고 일깨우시기 위해서 하나님의 언약적 진노를 당하셨다.

이제 그리스도는 우리 교회와 영원히 함께 하신다. 이제 우리 몸이 그리스도께서 거하시는 성전이다(고전 6:19). 우리 가정이 하나님의 성전이며 우리 교회가 하나님의 성전이다(고전 3:16). 우리는 이 거룩한 성전을 건축하기 위해 우리가 해야 할 일을 미루고 있지는 않은지 살펴야 한다. 아직도 자기 사랑과 자기중심적인 세계관에 매몰된 채 영적인 소경으로 살고 있는 것은 아닌지 점검해 보아야 한다. 성전인 교회 안에는 하나님의 영광이 충만하고 부요하다. 하지만 지금은 그리스도와 함께 하나님 안에 감추어져 있다(골 3:3). 그리스도께서 다시 오시는 날에 "만국을 진동시키실 것이며 만국의 보배가 이르리니 내가 영광으로 이 전에 충만케 하리라"(학 2:7)고 하신 말씀이 이루어질 것이다. 모든 민족과 나라가 그리스도와 교회의 영광을 보게 될 것이다.

우리는 지금 이 성전(교회)에서 말씀하시는 예수님을 만나고 그의 말씀에 청종하고 그를 경외함으로 그분의 임재의 축복을 경험해야 한다. 그리스도를 통해서 우리는 모든 것에서 부요함을 누릴 수 있다. 예수님께서 우리의 삶 가운데 임재 해 계셔서 우리를 은혜로 다스리실 때 우리는 세상이 줄 수 없는 기쁨과 자유를 누리게 된다. 우리 가운데 임재 해 계신 그리스도의 영광으로 우리의 마음이 각성(覺醒)되어야 한다(고후 3:18). 감정적인 흥분이 아니라 지정의지적인 결단과 실천이 일어나야 한다. 우리의 마음을 주께서 일으켜 주시기를 열망하자. 우리가 말씀을 통해서 "자기 소위(所爲)를 살필 수 있는 은혜"를 얻자. 우리의 근본 문제는 자기사랑으로 인해 자신을 최우선 순위에 두고 있는 것임을 깨닫고 회개하자.

그리고 이제 우리도 이 말씀을 경외함으로 받고 원상의 교회를 건설하라는 사명을 감당할 수 있는 마음의 각성과 능력을 주시길 기도하자. 말씀을 통해서 그리스도의 임재의 복을 누리며 성령께서 우리 마음을 강하게 해 주시길 사모하자. 주의 말씀으로 이 시대를 바르게 해석하고 분별하여 우리에게 주어진 사명을 감당하자. 이것이 우리 삶에서 최우선 순위가 되게 하자. 우리의 존재 전체와 소유 전체, 행위 전체가 순결한 교회를 세우고 하나님 나라의 복음이 온 세상으로 전진하도록 동력(動力)불어 넣는 거룩한 불쏘시개가 되게 하자.

"진정한 성공과 올바른 삶의 의미는
하나님을 경외하고 붙잡는 자만이 얻는 것이다.
이것이 정확하고 깨끗하고 성실한 삶을 살게 해 준다.
세상 그 무엇도 줄 수 없는 진짜 성공을
영원히 붙잡고 소유하게 하는 것이다."
〈싱클레어 퍼거슨〉

기독교 세계관 정립을 위한 질문들

6장. 자기 소위를 살펴보라!

1. 참된 신앙의 표지는 그 사람의 영혼이 무엇을 갈망하는가를 통해서 드러납니다. 그 이유를 설명해 보시오.

2. 교회가 이 시대에 맡겨진 사명을 감당하기 위해서 어떤 능력이 요구됩니까?

3. 포로에서 귀환한 유다 백성들이 성전을 재건하는데 실패한 요인 두 가지는 무엇입니까?

4. "자기 소위를 살펴보라"는 말씀을 통해 하나님께서 백성들에게 요구하시는 것은 무엇이었습니까?

5. 우리 시대에 성전을 세운다는 것은 어떤 의미입니까?

6. 자신을 삶의 최우선 순위에 올려놓게 되면 하나님의 일을 하면서도 자기 영광을 추구하게 됩니다. 그 이유는 무엇입니까?

7. 하나님께서 이스라엘 백성들에게 요구하시는 핵심은 세계관의 변혁과 영적인 각성이었다는 것을 설명해 보시오.

8. 당신과 당신의 가정이 성전이 되기 위해서 지금 당장 시작해야 할 일은 무엇입니까?

9. 하나님의 사람들의 순종의 열매는 어떻게 나타납니까?

10. 진정한 회개란 세상과 자기중심적 세계관으로부터 떠나는 것임을 설명해 보시오.

11. 하나님을 경외하는 사람은 세상의 모든 두려움으로부터 해방됩니다. 그 이유는 무엇입니까?

12. 자기추구적인 세계관에 매몰된 사람에게는 하나님의 복이 임할 수 없는 이유를 설명해 보시오.

13. 그리스도적인 사명은 그리스도적인 성품에서만 시작될 수 있는 이유를 설명해 보시오.

교회를 세우는
기독교 세계관

세계관 변혁을 위한 설교

세계관 변혁을 위한 설교

7장

교회개혁,
법과 규례대로 하라

교회를 세우는
기독교 세계관

역대상 13:1-14 ; 15:1-15

1 다윗이 천부장과 백부장 곧 모든 장수로 더불어 의논하고
2 이스라엘의 온 회중에게 이르되 만일 너희가 선히 여기고 또 우리의 하나님 여호와께로 말미암았으면 우리가 이스라엘 온 땅에 남아 있는 우리 형제와 또 저희와 함께 들어 있는 성읍에 거하는 제사장과 레위 사람에게 보내어 저희를 우리에게로 모이게 하고
3 우리가 우리 하나님의 궤를 옮겨오자 사울 때에는 우리가 궤 앞에서 묻지 아니하였느니라 하매
4 뭇 백성이 이 일을 선히 여기므로 온 회중이 그대로 행하겠다 한지라
5 이에 다윗이 애굽의 시홀 시내에서부터 하맛 어귀까지 온 이스라엘을 불러 모으고 기럇여아림에서부터 하나님의 궤를 메어 오고자 할쌔
6 다윗이 온 이스라엘을 거느리고 바알라 곧 유다에 속한 기럇여아림에 올라가서 여호와 하나님의 궤를 메어오려 하니 이는 여호와께서 두 그룹 사이에 계시므로 그 이름으로 일컫는 궤라
7 하나님의 궤를 새 수레에 싣고 아비나답의 집에서 나오는데 웃사와 아히오는 수레를 몰며
8 다윗과 이스라엘 온 무리는 하나님 앞에서 힘을 다하여 뛰놀며 노래하며 수금과 비파와 소고와 제금과 나팔로 주악하니라
9 기돈의 타작 마당에 이르러서는 소들이 뛰므로 웃사가 손을 펴서 궤를 붙들었더니
10 웃사가 손을 펴서 궤를 붙듦을 인하여 여호와께서 진노하사 치시매 웃사가 거기 하나님 앞에서 죽으니라
11 여호와께서 웃사를 충돌하시므로 다윗이 분하여 그곳을 베레스 웃사라 칭하니 그 이름이 오늘날까지 이르니라
12 그 날에 다윗이 하나님을 두려워하여 가로되 내가 어찌 하나님의 궤를 내 곳으로 오게 하리요 하고
13 궤를 옮겨 다윗성 자기에게 메어들이지 못하고 치우쳐 가드 사람 오벧에돔의 집으로 메어가니라
14 하나님의 궤가 오벧에돔의 집에서 그 권속과 함께 석달을 있으니라 여호와께서 오벧에돔의 집과 그 모든 소유에 복을 내리셨더라

1 다윗이 다윗성에서 자기를 위하여 궁궐을 세우고 또 하나님의 궤를 위하여 처소를 예비하고 위하여 장막을 치고
2 가로되 레위 사람 외에는 하나님의 궤를 멜 수 없나니 이는 여호와께서 저희를 택하사 하나님의 궤를 메고 영원히 저를 섬기게 하셨음이니라 하고
3 이스라엘 온 무리를 예루살렘으로 모으고 여호와의 궤를 그 예비한 곳으로 메어 올리고자 하여
4 아론 자손과 레위 사람을 모으니
5 그핫 자손 중에 족장 우리엘과 그 형제 일백 이십인이요
6 므라리 자손 중에 족장 아사야와 그 형제 이백 이십인이요
7 게르솜 자손 중에 족장 요엘과 그 형제 일백 삼십인이요
8 엘리사반 자손 중에 족장 스마야와 그 형제 이백인이요
9 헤브론 자손 중에 족장 엘리엘과 그 형제 팔십인이요
10 웃시엘 자손 중에 족장 암미나답과 그 형제 일백 십 이인이라
11 다윗이 제사장 사독과 아비아달을 부르고 또 레위 사람 우리엘과 아사야와 요엘과 스마야와 엘리엘과 암미나답을 불러
12 저희에게 이르되 너희는 레위 사람의 족장이니 너희와 너희 형제는 몸을 성결케 하고 내가 예비한 곳으로 이스라엘 하나님 여호와의 궤를 메어 올리라
13 전에는 너희가 메지 아니하였으므로 우리 하나님 여호와께서 우리를 충돌하셨나니 이는 우리가 규례대로 저에게 구하지 아니하였음이니라
14 이에 제사장들과 레위 사람들이 이스라엘 하나님 여호와의 궤를 메고 올라가려 하여 몸을 성결케하고
15 모세가 여호와의 말씀을 따라 명한대로 레위 자손이 채로 하나님의 궤를 꿰어 어깨에 메니라

7장
교회개혁, 법과 규례대로 하라
역대상 13:1-14 ; 15:1-15

들어가며: 착한 사람 콤플렉스?

    심리학 용어 중에는 '착한사람 콤플렉스'라는 것이 있다. 착한 사람이 되기 위한 강박 증상을 하나의 병증(病證)으로 본다. 우리는 어떻게 그것이 병증인가라고 물을 수 있을 것이다. 우리는 어렸을 때부터 착하게 살아야 한다고 배웠다. 서로 양보하고 배려하면서 타인을 먼저 생각하는 것이 좋은 것이라고 배운다. 그래서 우리는 누군가가 "너 정말 착하다"라고 말해주면 기분이 좋아진다. 그 말이 칭찬이기 때문이다. 그런데 문제는 그 '착하다'는 말을 듣기 위해서 스스로를 힘들게 하는 사람들이 있다. 그런 사람들의 특징은 첫째로 부당한 요구에도 거절을 잘 못한다. 둘째는 화를 내야 할 상황에서도 화를 못 낸다. 셋째로 자기 의견이나 주장을 확고하게 전달하지 못한다.

    만약 여러분이 위의 세 가지에 모두 해당한다면 '착한사람 콤플렉스'에 걸렸다고 의심(?)할 수 있다. '착한사람 콤플렉스'에 걸린 이들은 남들의 시선을 지나치게 신경쓰기 때문에 자기 생각과 감정을 제대로 표현하지 못한다. 싫어도 싫다고 말하지 못하고 화가 나는데도 항상 웃으려고 노력한다. 그런 사람은 착해야 한다는 강박 관념에 사로잡혀 '자신'을 억압하고 주변사람들을 오히려 힘들게 한다.

그리스도인들 가운데도 이런 사람이 많다. 자신이 그리스도인이기에 착하게 살아야 한다고 생각해서 정당한 자신의 주장을 말하지 못한다. 때로는 잘못된 제안을 거절하지 못해서 자신뿐만 아니라 자신의 가족과 교회에도 큰 손해를 끼치기도 한다. 우리가 순진하고 착한 것은 좋은 것이다. 그러나 그리스도인의 착함은 언제나 지혜와 분별력을 겸비해야 한다. 단순히 착하기만 한 것은 어리석은 것이다. 다른 사람에게 이용만 당하게 되는 것이다. 성경은 그리스도인에게 그냥 세상적으로 착하게 살라고 가르치지 않는다. 성경에서 가르치는 착함이란 하나님의 뜻을 분별하여 그 뜻에 합당하게 행하는 것이다. 즉 하나님께서 기뻐하시는 바를 지혜롭게 행하는 것을 착하다고 한다. 우리가 이것을 생각하지 않고 세상 방식으로 착하게만 산다면 거짓의 아비인 사단에게 속게 될 것이다.

오늘 본문에서 우리는 착한 사람 다윗의 실패를 보게 된다. 다윗은 진실과 정직으로 성실과 열정을 가지고 하나님을 사랑하는 가운데 거국(擧國)적인 행사를 준비했다. 본문에는 다윗이 하나님의 법궤를 모셔오기 위해서 얼마나 큰 열정과 사랑을 가지고 철저한 준비를 하였는지가 잘 나타나 있다. 다윗이 착하고 성실하게 자신이 할 수 있는 모든 노력을 다 했음에도 불구하고 실패한 것을 통해서 우리가 배워야 할 점이 무엇인지를 생각해 보자. 오늘날 교회가 실패하는 이유도 이와 비슷하다. 우리에게도 착하고 성실한 열정으로 교회를 섬기는 것은 중요하다. 그러나 더 중요한 것은 성경이 가르치는 법대로 하는 것임을 깨달아야 한다.

1. 본문의 문맥

다윗은 하나님의 법궤를 예루살렘으로 모셔오려는 착한 열정을 가졌다. 그는 "우리가 우리 하나님의 궤를 옮겨오자. 사울 때에는 우리가 궤 앞에서 묻지 아니하였느니라"(13:4)고 말한다. 가나안 정복 이후 법궤는 계속 실로에 있었다. 그런데 사무엘상 4장에서 보여주는 것처럼 엘리제사장의 두 아들 홉니와 비느하스가 블레셋과의 전쟁을 위해서 법궤를 가져갔다가 전쟁에서 패하고 법궤마저 빼앗기게 된다. 하나님의 법궤로 인해 7개월 동안 블레셋 전역은 재앙을 받게 된다. 블레셋 사람들은 여호와의 손이 이렇게 큰 환난으로 치신다는 것을 깨닫는다. 그리고 블레셋 사람들은 새 수레와 젖먹이는 암소 둘을 끌어다가 법궤와 그들의 예물을 함께 실어서 보낸다. 암소 두 마리는 자신들의 새끼들이 있는 블레셋을 뒤로하고 유다 땅 베세메스로 가게 된다. 그런 와중에 베세메스 사람들은 그 법궤를 들여다보다가 70명이 사망하게 된다. 죽은 자들은 하나님이 아니라 법궤에 어떤 신비한 능력이 있는 것으로 맹신하였다. 그래서 하나님께서 엄하게 금하신 법궤 내부를 보려다가 심판을 받게 된 것이다.

그 후 하나님의 법궤는 기럇여아림 사람들이 옮겨서 아비나답의 집에 두고 그 아들 엘리아살을 구별하여 법궤를 지키게 했다. 그 후 법궤는 70년 동안 기럇여아림 아비나답의 집에 거하게 된다.

이런 배경 속에서 다윗은 주변 나라들을 완전히 복속시키고 예루살렘을 정복함으로써 정치적 안정을 이루었다. 이제 그는 하나님의 법궤를 예루살렘으로 모셔 옮으로써 예루살렘을 명실공히 정치와 종교의 중심으로 삼고자 했다. 그래서 온 이스라엘을 여호와의 신앙과 통치 아래 하나로 통합하고자 했다.

2. 교회 개혁에 대한 그릇된 시도들

1) 여론조사를 통한 교회 개혁

법궤에 대한 선한 열정과 사모함이 다윗에게 강렬하게 나타났다. 이러한 다윗의 진실하고 강렬한 열망은 온 이스라엘 백성들도 선한 것으로 받아들여졌을 만큼 흠잡을 데 없는 것이었다. 또한 그는 하나님의 언약궤를 모셔오는데 합당한 준비를 했다.

다윗은 먼저 자신의 측근들과 백성의 지도자들과 의논했다. 1절을 보자. "다윗이 천부장과 백부장 곧 모든 장수로 더불어 의논하고" 다윗은 자신의 왕적 권위로 할 수 있었지만, 그렇게 하지 않았다. 그는 겸손하게 백성의 지도자들의 의견을 충분히 청취하였다. 그리고 지도자들과의 회의를 통해서 모아진 총의를 백성들에게 알렸다. 그러자 백성들도 그 일을 모두 선하게 여기고 찬성한다.

다윗은 국가적인 중대사를 위해 자신이 할 수 있는 혼신의 노력을 다하였고 모든 일을 철저하게 준비했다. 지도자들의 의견을 충분히 수렴했고 그것을 일방적으로 밀어붙이지 않고 백성들의 동의를 얻기 위해서 많은 노력을 했다. 그리고 이스라엘 온 땅에 흩어져 살고 있는 제사장과 레위 사람들을 모았다. 또한 백성들을 설득하는 일에도 온 정성을 다했다. 그래서 "뭇 백성이 이 일을 선히 여기므로 온 회중이 그대로 행하겠다"고 한 것이다.

그런데 여기에서 다윗의 행동에 어떤 문제가 있는 것일까? 다윗의 내적인 동기나 지도자들과 의논한 것, 백성들의 자발적인 참여를 유도하려는 설득과 노력은 전혀 나무랄 데가 없는 모습이다. 또한 이는 하나님의 규범적인 뜻과도 잘 맞는 것처럼 보였다. 그러한 다윗의 준비는 외형상 완벽해 보였다. 그렇다면 무엇인 문제인가? 그것은 하나님의 일을 하면서 하나님의 법과 규례에 따른 방식대로 하지 않은 것이다. 다윗은 측근들과 백성의 지도자들과 의논하였고 백성들의 여론을 수용했다. 하지만 다윗은 가장 중요한 하나님의 말씀과 규례가 무엇을 지시하고 있는지를 확인하지 않았다.

이런 일이 오늘날 교회에도 그대로 반복되고 있다. 미국의 시카고에 있는 윌로우크릭교회와 빌 하이벨스 목사는 교회 성장을 꿈꾸는 전 세계 교회 목사들의 우상이다. 지금도 미국뿐만 아니라 세계적으로 그 교회의 영향력은 막강하다. 빌 하이벨스 목사는 교회에 나오지 않는 사람들에게 왜 교회에 나오지 않는지를 설문조사를 했고 그 조사에 근거해서 구도자 예배를 만들어서 수요자 중심의 교회를 만들었다. 그는 "사람들이 실제로 원하는 것이 무엇일까? 그들이 무엇을 좋아할까? 그들이 무엇을 생각할까?"라고 묻는다. 그는 사람들의 욕구를 채워주고 싶어 한다. 그리고 사람들이 원하는 것을 더 많이 제공해야 한다고 생각했다. 하지만 거기서 머물지 않았다. 그 런자들은 세상과 교인들이 원하는 진리를 스스로 선택하도록 허용하게 된다. 오늘날 복음주의 운동은 기독교 역사상 가장 현대적 최신 유행을 따르는데 열중하고 있다. 여론조사와 상업적인 기획과 혁신적인 전략을 동원하여 양적 성장을 최대의 목표로 삼고 있다.

이처럼 하나님의 일을 하면서도 하나님의 말씀보다 세상의 여론을 더 중시 할 수 있다. 다윗은 지도자들과 의논하고 백성들의 총의를 모았다. 그로 인해 다윗은 하나님의 법궤를 옮기면서 하나님의 방식이 아니라 이방인들의 방식을 채용한 것이다.

모세는 출애굽기에서 이렇게 가르친다. "다수를 따라 악을 행하지 말며 송사에 다수를 따라 부당한 증언을 하지 말며"(출 23:2). 다수결이 좋은 제도이기는 하지만 다수결이 진리를 대신할 수 없다. 하나님의 일을 하고 하나님의 교회를 섬기는 일은 다수결의 원칙에 따라 민주적인 방식으로 하는 것이 아니다. 물론 하나님의 뜻은 하나님의 백성들의 총의에서 더 명확히 드러날 수 있다. 그러나 그 모든 결정은 명백히 계시되어 있는 하나님의 말씀과 맞아야 한다. 만약 그렇지 않는다면 우리는 그것을 따라서는 안 된다. 사도행전 15장의 예루살렘 공회를 생각해 보라. 다수는 할례를 주장하는 바리새파 유대인들이었다. 그러나 교회는 다수결이 아니라 하나님의 말씀에서 적확한 답을 찾았다.

2) 전통에 근거한 교회 개혁

다윗은 70년 전 이방 블레셋이 법궤를 이동하는 방식을 채택했다. 당시 이방 나라들에서는 신상을 옮길 때 거대한 수레를 만들고 그 수레를 화려하게 장식함으로써 그 신을 영화롭게 한다고 생각했다. 그래서 할 수 있다면 그것을 최대한 크고 화려하게 만들어서 그 신의 권위를 높이고자 했다. 그 신의 권위와 영광은 곧 왕의 권위와 영광과 연결되어 있었기 때문에 그 일에 최대한 집중했다. 그러한 전통을 다윗은 그대로 수용했다. 7절을 보자. "하나님의 궤를 새 수레에 싣고 아비나답의 집에 나오는데 웃사와 아히오는 수레를 몰며" 이방 나라인 블레셋이 70년 전 사용했던 과거의 전통을 그대로 사용하여 '새 수레'를 준비했다. 다윗은 이방나라들이 전통적으로 그렇게 했기 때문에 자신도 그렇게 하는 것이 좋다고 생각했다. 더구나 자신의 권위를 세울 수 있는 부가적인 이익도 기대할 수 있었으니 '누이 좋고 매부 좋은 일'이라고 생각했을 것이다.

오늘날도 교회를 섬기는 많은 사람들이 전통에 목숨을 걸고 있다. 물론 과거의 교회 역사는 큰 가치가 있고, 우리에게 많은 교훈을 준다. 그러나 교회가 이방 종교의 영향으로 인해 들어온 잘못된 전통마저도 지켜야 한다고 고집하면 다윗의 오류를 다시 반복하고 있는 것이 된다. 교회 안에 이교적인 영향을 받은 전통이 얼마나 많은가? 종교개혁 당시에 다 철폐했던 그러한 전통들이 다시 개신교회 안으로 들어와 안방을 차지하고 있다.

또 어떤 사람들은 자신의 교파의 기원에만 관심을 기울여서 자신의 교파의 입장만 확고히 하고 성경적인 개혁을 위해서는 한 발도 나가지 못한다. 그들은 진리와 성령 안에서 영적인 연합을 전통을 근거로 회피하고 교파 정신만을 내세우며 싸운다. 그동안의 교회 역사는 그러한 일이 많았음을 증거 한다. 우리 교단이 저 교단보다 이 교파가 다른 교파보다 더 우월하다는 생각에 사로잡혀서 참된 연합을 거부하는 불행한 일들이 교회 역사에는 많이 있었다.

오늘날 우리 시대에는 교회에 주일학교가 반드시 있어야 한다고 생각한다. 그러나 사실 주일학교는 교회 밖에 있는 아이들에게 전도하기 위해서 시작되었다. 교회에서 어린이들과 청소년 그리고 부모의 예배를 분리하는 것은 성경의 원리에 어긋난다. 부모와 자녀들은 함께 하나님의 언약 백성으로서 책임 있게 동일한 말씀을 받아야 한다. 그래서 자녀들은 강단에서 선포되는 말씀을 따라 순종하는 부모의 모범을 통해서 말씀의 실제적인 의미를 더 깊이 배우게 된다. 또한 하나님의 말씀을 따라 사는 것이 얼마나 아름답고 부요한 삶이 가능하게 하는지를 부모의 삶을 통해서 배울 수 있다. 어린이와 청소년의 예배를 분리하는 것은 실용적인 필요를 위해서는 좋을 수 있다. 그러나 가장 중요한 언약 백성의 삶을 실제에서 부모의 모범을 통해 배울 수 있는 소중한 기회를 잃는 것이다.

우리는 역사와 전통을 통해서 많은 것들을 배울 수 있지만 그것을 그대로 따라야 한다는 강박에서 벗어나야 한다. 우리는 전통의 노예가 되어서는 안 된다. 전통은 좋은 것이지만 전통주의는 매우 나쁜 것이다. 우리는 전통이 아니라 하나님의 말씀에 순종해야 한다 (참고. 행 5:29).

3) 기득권을 보장하는 교회 개혁

다윗은 레위인과 제사장들을 이스라엘 전역에서 불러 모았다. 그렇다면 그는 레위인들과 제사장들에게 모든 행사를 주관하게 하고 그들이 요청하는 것들을 지원하고 협력했어야 했다. 그러나 다윗은 자신의 정치 군사적인 지도자들과 뭇 백성들이 선하게 여기는 것을 따라 행하였다. 모세의 언약에서 언약궤와 성막을 섬기는 특별한 직분을 가진 레위지파와 제사장들을 이 중대한 업무에서 제외하고 무시했다.

왜 그랬을까? 다윗은 이스라엘 모든 지역에서 직분 자들을 불러 모았다. 그런데 왜 성막과 언약궤를 섬기는 직분 자들에게 아무런 역할을 주지 않은 것일까? 그것은 당시까지의 역사적 배경을 보면 알 수 있다. 블레셋에서 돌아 온 이후 법궤는 70년 동안 아비나답의 가문에서 지키고 있었다. 아비나답 가문은 당시까지 거의 70년 동안 법궤를 독점적으로 관리하고 있었다. 그런 상황 속에서 다윗은 그들의 기득권을 보장하는 선에서 그들과 타협한 것으로 보인다. 다시 말해서 예루살렘성까지 법궤를 운반하는 중대한 임무를 아비나답의 후손인 웃사와 아히오가 주관하도록 기득권을 보장한 것이다. 다윗이 율법의 규례보다 당시 언약궤에 대한 기득권을 가지고 있는 아비나답의 후손들과의 충돌을 피하기 위해서 적당한 선에서 타협을 했음을 의미한다. 다윗은 모든 사람들로부터 '착한 사람'이라는 인정을 받기를 원했다고 할 수 있다.

이러한 현상은 오늘날도 교회의 개혁을 외치는 사람들 속에서도 자주 발견되는 모습이다. 그들은 현재 교회의 상태에서 몇 가지 부정적인 요소들을 교정하는 것으로 교회로서의 면모를 갖추고자 한다. 그들은 교회 재정의 투명성이나 교회 의사결정의 민주성 그리고 교회의 대 사회적인 책임을 강화하는 쪽으로 개혁을 추구한다. 현재의 기득권을 갖고 있는 목사나 장로, 교단 체제는 그대로 두고 일반적인 세상의 원리와 규례를 따라서 교회를 개혁하고자 한다.

사실 WCC운동도 바로 그런 단체라고 할 수 있다. 그래서 아무도 소외되지 않고, 어떤 충돌도 없이 모든 사람이 함께 참여하는 하나된 교회를 건설하기 위해 대 타협을 이루자고 말한다. 그렇게 하기 위해 분열을 야기할 수 있는 '교리'에 대해서는 어떻게 믿든지 상관하지 말자고 한다. 그러나 교회는 그런 식으로 적당히 타협해서 교회의 본질을 회복할 수 없다. 교회는 말씀(교리)에 근거하여서 철저한 개혁의 닻을 올려야만 한다. 본문이 말해주는 것이 바로 이것이다. 다윗은 기존의 기득권을 가진 자들을 다 인정해주고 모든 사람이 동의하는 선에서 적당히 타협하였기 때문에 하나님의 뜻과 규례를 어기는 죄를 범했다.

500년 전 종교개혁을 생각해 보자. 만약 개혁자들이 하나님의 말씀보다 당시의 기득권 세력인 로마교회와 적당히 타협해서 그들의 기득권을 인정하면서 개혁을 했다면, 결코 개신교회는 탄생하지 못했다. 그들은 신앙 양심에 따라 목숨을 걸고 하나님의 말씀과 규례에 따라서 철저히 개혁하고자 했다.[1] 모든 것을 말씀에 비추어 다시 점검하였고, 말씀에서 지지 받지 못하는 것은 그 어느 것도 허용하지 않았다.

오늘날 우리가 '개혁교회를 세우자'라는 것도 바로 이런 기존의 기득권을 인정해 주지 말고, 하나님의 말씀과 규례에 따라 확고하게 개혁하자는 것이다. 교회의 직분에 대한 잘못된 기득권이 있다면, 그것부터 개혁해야 한다. 목사가 가지고 있는 부당한 기득권이 있다면, 그것부터 내려놓아야 한다. 성경이 말하는 목사의 직분, 성경이

---

1) 벨직신앙고백서 7항에는 이렇게 선언한다.
우리는 이 성경이 하나님의 뜻을 충분히 담고 있으며, 성경이 사람이 구원받기 위해 믿어야 할 모든 것을 충분히 가르치고 있다는 것을 믿습니다. 하나님께서 우리에게 요구하시는 예배의 모든 방식이 성경 안에 충분히 기록되어 있습니다. 그러므로 어느 누구라도, 심지어 사도라고 할지라도 우리가 지금 성경에서 가르침 받는 것 외에 다른 것을 가르치는 것은 불법입니다. 그것은 사도 바울이 증언하는 것처럼 심지어 하늘에서 내려온 천사라고 할지라도 마찬가지입니다(갈 1:8). 하나님의 말씀에서 어떤 것을 가감(加減)하는 것을 금하므로, 성경의 교리가 모든 면에서 가장 완전하며 완벽하다는 것은 분명합니다.
우리는 아무리 거룩한 사람이었다고 해도 사람의 글을 하나님의 성경과 동등한 가치에 있다고 여겨서는 안 되며, 관습이나 일반성이나 고전이나 전통과 연륜이나 교회 회의들이나 선언들이나 법령들의 가치를 하나님의 진리와 동등한 가치로 여기지 말아야 합니다. 왜냐하면 성경의 진리는 모든 것 위에 있고, 모든 사람은 스스로 거짓되며 입김보다 더 가볍기 때문입니다(시 62:9). 그러므로 우리는 "영들이 하나님에게로부터 왔는지 시험하라."(요일 4:1) "누구든지 이 교훈을 가지지 않고 너희에게 나아가거든 그를 집에 들이지도 말고 인사도 말라."(요이 1:10)라고 사도들이 우리에게 가르친 대로, 이 무오한 법칙에 일치하지 않는 모든 것을 전심으로 거부해야 합니다.

말하는 장로의 직분, 집사의 직분을 올바르게 회복하고, 하나님께서 원하시는 성경적 교회를 이루는 것이 참된 개혁이다. 모든 것을 하나님의 말씀에 비추어서 개혁하자는 것이 개혁교회가 추구하는 것이며, 우리 교회가 추구하는 것이다.

3. 바른 교회를 세우려면

1) 교회의 근본 문제를 직시하자.

다윗은 기돈의 타작마당에서 소들이 뛰므로 웃사가 손으로 펴서 궤를 붙었다가 여호와께서 진노하여 치시자 웃사가 하나님 앞에서 죽는 것을 보게 된다(13:9-10). '베레스 웃사', 즉 웃사의 충돌이라는 비극적인 사건을 통해서 다윗은 하나님을 심히 두려워하게 된다. 그리고 언약궤를 메어 들이지 못하고 가드 사람 오벧에돔의 집으로 메어갔다(12-13절).

다윗은 이 일을 겪으면서 자신의 그동안의 행동에 나타난 문제들을 철저히 점검하게 된다. 왜 자신과 백성의 지도자들 그리고 온 이스라엘이 다 선하게 여겼던 이 거국적인 행사가 비참한 결과를 가져 온 것일까? 그는 처음부터 자신의 동기와 행동을 점검했을 것이다. 또한 백성의 지도자들의 조언과 백성들의 열성적인 지지와 그들이 선하게 여긴 모든 것들을 점검했을 것이다. 그리고 그 모든 국가적 의전(儀典) 행사의 절차를 말씀과 규례에 비추어 점검하고 다시 확인했을 것이다. 그리고 그 문제점들을 파악하게 된다.

오늘날 우리도 동일한 점검을 해야 한다. 우리가 교회를 개혁하고자 한다면 어떤 행동을 하기 전에 먼저 교회 문제의 본질을 통찰해야 한다. 교회 문제의 본질을 파악하지 못한다면 어디서부터 무엇을 어떻게 고쳐야 할지를 방향을 알지 못하고 변죽만 울리다 끝나게 된다. 많은 사람들이 교회의 개혁을 외치면서도 교회의 진정한 문제가 무엇인지를 파악조차도 못하고 있는 것을 본다. 따라서 우리는 교회 문제의 본질을 성경에 비추어 고찰(考察)해야 한다.

교회사를 보면 실제로 교회를 허물었던 사람들은 악한 사람들보다 헌신적이고 착한 사람들이었다. 오늘날도 교회에 열심 없는 사람들보다 열심 있는 사람들 때문에 교회는 더 어려움에 처한다. 그들은 다윗처럼 진정으로 선한 열심을 갖고서 헌신적으로 교회를 위해 봉사한다. 그런데 왜 교회에 문제가 발생하는 것일까? 그들도 다윗과 같은 선한 열정에서 열심을 냈다. 그들은 다윗과 같은 겸손함에서 사람들의 견해에 귀 기울였다. 그들도 다윗처럼 많은 성도들의 지지와 인정을 받았다. 더욱이 전통을 지켜야 한다고 주장하기 때문에 자신들이 잘못되었을 것이라고는 꿈에도 생각하지 않는다. 그래서 불도저처럼 밀고 나가는 것이다. 안타까운 것은 바로 그 점 때문에 교회가 어려움에 직면하게 된다는 것이다.

바울은 로마서 10:2-3절에서 이렇게 말한다. "내가 증거하노니 저희가(유대인) 하나님께 열심이 있으나 지식을 좇은 것이 아니라 하나님의 의를 모르고 자기 의를 세우려고 힘써 하나님의 의를 복종치 하니하였느니라." 지식을 버린 열심은 오히려 위험할 수 있다.

인간의 열심이 아무리 선하고 큰 성과를 낸다고 해서 그 자체로써 하나님께서 영광을 받으시는 것이 아니다. 웃사의 충돌은 우리에게 이것을 가르친다. 인간적인 방식의 전도와 부흥, 인간의 능력에 의존하는 선교와 교회의 프로그램은 우리가 볼 때는 대단해 보일지도 모르지만, 하나님께서는 그것을 받지 않으신다. 우리는 이것을 먼저 점검해야 한다. 하나님은 우리가 성경의 규례대로 순종하고 충성하였을 때만 그로 인해 영광을 받으신다. 다윗과 같이 크게 쓰임을 받는 사람이라도 말씀의 원리를 버렸을 때는 언제든지 징계를 받았음을 우리는 기억해야 한다.

특별히 역대기 저자는 다윗의 중대한 다른 죄들을 기록하지 않았으면서도 이 사건에 대해서는 두 장에 걸쳐서 기록하고 있다. 그것은 그만큼 이 사건과 같은 일들이 당시 독자들이나 교회 역사에 반복될 수 있음을 경고하고자 했기 때문이다.

2) 말씀의 사람이 되자.

다윗은 그 후 3개월 동안 두 번에 걸쳐 블레셋과의 전쟁에서 승리한다. 그리고 모든 정세가 안정을 되찾는다(14장). 그래서 다윗은 다시 말씀에 근거하여 새롭게 법궤를 옮기는 일을 착수한다. 15장 1절을 보자. "다윗이 다윗 성에서 자기를 위하여 궁전을 세우고 또 하나님의 궤를 둘 곳을 마련하고 그것을 위하여 장막을 치고." 먼저 언약궤를 모셔와야 할 장소를 정비한다. 이는 다윗이 모든 것을 점검하고 문제의 핵심을 파악했음을 의미한다.

그런 다음 다윗은 하나님의 말씀과 규례를 공포(公表)한다. "다윗이 이르되 레위 사람 외에는 하나님의 궤를 멜 수 없나니 이는 여호와께서 그들을 택하사 여호와의 궤를 메고 영원히 그를 섬기게 하셨음이라 하고." 다윗은 이렇게 말씀을 공포함으로써 자신의 죄에 대해서 공적으로 회개할 뿐만 아니라 다시는 자신과 백성들이 동일한 범죄에 빠지지 않도록 하나님의 규례를 선포한 것이다. 다윗은 15:13절에서 솔직하게 자신과 백성들의 죄에 대해서 고백한다. "전에는 너희가 메지 아니하였으므로 우리 하나님 여호와께서 우리를 충돌하셨나니 이는 우리가 규례대로 저에게 구하지 아니하였음이니라."

민수기 4장을 보면 언약궤를 메는 것은 레위 자손 중에서도 고핫 자손만이 메도록 되어 있었다. 다윗은 바로 이 말씀과 규례를 회복하고 선포함으로써 그간의 기득권이나, 인간의 전통이나, 사람들의 여론에 의존하지 않겠다고 선언한 것이다. 그리고 다윗은 이제 어떤 기득권도 인정하지 않고, 전통에 타협하지 않고 오직 "모세가 여호와의 말씀을 따라 명한 대로" 다 행하게 했다(15:4-15).

우리에게도 다윗처럼 하나님의 말씀에 무지함으로 저지른 실수나 잘못에 대해서 솔직하게 인정하고 고백하는 용기가 있어야 한다. 그런 용기는 다시는 그런 실수와 잘못을 반복하지 않도록 우리를 지켜 준다. 다음으로 말씀의 원리가 명백하게 드러났다면 인간의 전통이나 자신의 기득권이나 사람들의 여론에 좌우되지 말고 그 규례의 말씀대로 담대하게 실천에 옮겨야 한다. 물론 그로 인해 상당한 반대와 어려움에 직면할 수 있을 것이다. 그러나 그렇게 하는 것이 우리가 자신이나 사람보다도 하나님을 사랑한다는 실체적인 증거가 된다.

우리는 교회의 본질과 교회의 사명이 무엇인지를 알고 그것을 지켜야 한다. 또한 이 위대한 역사적인 개혁교회의 신앙과 정신을 우리 후손들에게 전승해 주기 위해서 무엇을 해야 하는지를 각성해야 한다. 그리고 그것을 실천하려는 의지와 용기가 있어야 한다. 사람들의 여론과 눈치를 살피면서 기존의 기득권 세력들과 적당히 타협 하지 말고 하나님의 말씀을 따라 담대하게 실천해야 한다. 그것을 하나님께서 원하신다. 하나님께서는 우리가 알지 못하는 것을 하라고 말씀하시지 않는다. 또한 우리가 할 수 없는 것을 하라고 요구하시지도 않는다. 하나님께서는 자신이 계시해 주셨고, 우리에게 깨닫게 해 주신 바로 '그것'을 우리가 실천하도록 요구하신다.

'어떤 사람을 존경하기는 쉬워도 그 사람이 말하는 것을 행하는 것은 쉽지 않다'는 말이 있다. 특별히 마태복음 7:21-23절에는 그런 극단적인 예가 나온다. 예수님을 향하여 "주여 주여"하면서 그에게 존경과 사랑을 표현했던 사람들이 있다. 그들은 자신들의 행위와 고백 때문에 자신의 구원은 보장되었다고 확신했다. 그런 사람들은 "내가 결코 너희를 버리지 아니하고 너희를 떠나지 아니하리라"(히 13:5, 신 31:6)는 말씀을 읽을 때마다 그 약속을 믿었고, 적어도 그렇게 믿는 것처럼 보였다. 그런데 예수님은 그들에게 충격적인 선언을 하신다. "내가 너희를 알지 못하니 불법을 행하는 자들아 내게서 떠나가라."

예수님께서는 믿는 자들이 예수님께 사랑과 존경을 고백하고 크고 놀라운 일을 이루었다 해도, 그들이 하나님의 뜻을 따라 행하지 않았다면 하나님 나라에 참여할 수 없다고 선언하셨다. 우리의 고백이 얼마나 인상적인가는 그렇게 중요하지 않다. 우리가 얼마나 많은 일을 하고, 얼마나 큰 업적을 이루었는가는 중요하지 않다. 중요한 것은 하나님의 말씀과 뜻을 따라 했느냐 이다.

3) 거룩한 사람이 되자.

다윗은 처음에 크고 화려한 수레를 준비했고, 각 지파에서 3만 명의 정예 병사(참고. 삼하 6장)와 대규모 웅장한 악단(樂團)을 조직했었다. 다윗은 자신이 동원할 수 있는 자원을 모두 동원했고 열심과 정성을 다해서 그것을 준비했다. 그리고 인간이 드릴 수 있는 최대의 기쁨과 찬양으로 하나님을 찬양했다. 그러나 하나님께서는 그것을 받지 않으셨다. 오히려 그들을 물리치셨다. 하나님께서는 인간이 외적으로 동원할 수 있는 최대의 자원을 요구하시지 않으셨다. 하나님께서는 크고 화려한 예배당을 원하시는 것이 아니다. 하나님께서는 세계 수준의 찬양대와 그들이 부르는 찬양을 원하시는 것이 아니다. 하나님께서 원하시는 것은 그의 백성들의 성결함이다.

다윗은 그것을 깨닫고 레위 사람들에게 먼저 몸을 성결케 하라고 명령한다(15:12). "너희는 레위 사람의 족장이니 너희와 너희 형제는 몸을 성결케 하고 내가 예비한 곳으로 이스라엘 하나님 여호와의 궤를 메어 올리라." 민수기가 보여주는 것처럼 하나님의 임재의 조건은 인간이 만들 수 있는 외적인 환경이 아니었다. 하나님과 함께 거하기 위한 조건은 무엇보다 마음이 성결케 되는 것이다. 하나님께서는 거룩하신 분이시기 때문에 백성들이 부정하다면 그들과 함께 거할 수 없었다. 바로 다윗은 그것을 깨달았다. 그래서 그는 화려하고 웅장한 행렬의 준비가 아니라 레위 지파가 성결할 것을 요구했던 것이다. 이는 레위 지파뿐만 아니라, 모든 백성들에게 언약 백성으로서의 성결을 최우선으로 준비하도록 명령한 것이다.

오늘날 교회도 마찬가지다. 교회의 힘은 크고 화려한 예배당에 있는 것이 아니다. 감동을 주는 큰 규모의 찬양대나 관현악단에 있는 것이 아니다. 교회가 돈이 많고 사람이 많아야 힘이 있는 것이 아니다. 교회의 힘은 거룩함에 있다. 교회가 거룩하지 않다면 하나님께서 그곳에 임재 해 계실 수 없다. 교회는 진리의 울타리 안에서 거룩한 삶으로 하나님을 찬양할 때 진정한 힘이 있고 기쁨이 있다. 교회 안에 성결함에서 나오는 기쁨이 없기 때문에 세상이 교회를 주목하지 않는 것이다. 우리가 아무리 어렵고 힘든 상황에서도 예수님을 닮은 성결함으로 기뻐한다면, 세상은 우리의 메시지에 귀를 기울일 것이다.

4) 법대로 개혁하기 위해 기도하자.

다윗은 여호와께서 그들을 치신 이유를 이렇게 말한다. "이는 우리가 규례대로 저에게 구하지 아니하였음이니라"(15:13). 다윗의 삶에서 특징적인 것은 그가 기도의 사람이었다는 것이다. 다윗은 중대한 일이 있을 때마다 하나님께 나아가서 기도했었고 응답을 받았었다. 그런데 이렇게 중요한 국가적인 대사를 치르면서도 그가 기도했다는 말은 어디에도 나오지 않는다.

비록 그가 겸손하게 지도자들의 의견을 청취하고 사람들의 여론을 수렴한 것은 잘한 일이었다. 그러나 다윗은 하나님께 기도하지 않았다. 다윗은 여호와께 묻기 위하여 법궤를 예루살렘으로 옮겨오자고 했다(13:3). 그러나 그 일을 어떻게 해야 할지에 대해서는 기도하지 않았다. 정작 역사의 주관자이시며 언약의 종주(宗主)되시는 하나님께 기도하지 않은 것이다. 이는 사실상 모든 것을 하지 않는 것과 같다. 성경은 하나님께 기도하지 않고 사람들과 의논하는 것을 겸손이라고 하지 않는다. 겸손이란 우리가 하나님 앞에 있어야 할 자리에 있는 것이다. 다윗은 자신이 하나님의 통치를 대행하는 위임받은 왕이라는 사실을 잘 알았다. 그런데 이렇게 중요한 하나님 나라의 일을 하는 순간에 참된 왕이신 하나님의 뜻을 구하지 않는 큰 죄를 범했다.

우리시대의 한국교회는 기도를 많이 하는 교회와 기도를 하지 않는 교회로 나눌 수 있다. 그런데 기도를 하지 않는 교회뿐만 아니라 기도를 많이 하는 교회마저도 영적인 어둠이 깊어 가고 있다. 무엇이 문제인가? 기도를 많이 하기는 하지만 하나님의 뜻대로 구하지 않기 때문이다. 규례대로 기도하지 않고 자신의 정욕을 위해서 기도하기 때문에 교회는 기도를 하면 할수록 더 어두워진다. 야고보는 "구하여도 받지 못함은 정욕으로 쓰려고 잘못 구함이니라"고 말씀한다

(약 4:3). 우리의 기도는 하나님의 나라와 의를 구해야 하는데도 불구하고 자신의 좁은 한계 안에서 정욕을 위해 기도하기 때문에 우리의 기도가 응답받지 못하는 것이다.

청교도들은 '교회를 시험하려면 기도회를 점검해 보라'고 말했다. 그들은 "기도는 동력 실이다. 기도하는 모임의 상태는 그 교회가 지닌 생명의 온기를 측정할 수 있는 온도계이다"라고 했다. 우리는 교회와 목회자들을 위해서 기도해야 한다. 모든 교회에서 하나님의 영광이 나타나기를 간구해야 한다. 우리가 말씀을 아는 것으로는 충분하지 않다. 그 말씀을 따라 살려면 반드시 기도해야 한다. 왜냐하면 스스로는 그 말씀을 따라 행할 능력이 없기 때문이다. 우리는 성령께서 각 사람의 심령에 임하셔서 하나님의 말씀에 기름 부어 주시기를 간절히 기도해야 한다.

우리 시대는 그 어느 때보다 영적인 부흥이 필요한 시대다. 성령의 능력이 우리 가운데 임하셔야 한다. 성령의 능력이 임하시지 않는다면 우리가 아무리 성실하게 노력해도 어떤 열매도 얻을 수 없다. 우리에게는 그 무엇보다 하나님의 능력이 필요하다. 우리가 전하는 복음을 통해서 우리의 가정과 교회에 하나님의 능력이 임하기를 기도해야 한다. 그러면 성령 하나님의 은혜로 우리가 전하는 복음이 저항할 수 없는 능력으로 힘차게 전진할 것이다. 우리는 그 일을 위해서 쉬지 않고 기도해야 한다.

나가며: 주의 법이 즐거움이 되는 개혁 교회

다윗은 진실하고 정직하게 성실함으로 그리고 말할 수 없는 사랑과 열정을 가지고 하나님의 법궤를 모셔오기를 바랐다. 그리고 철저하게 준비했다. 그러나 그것은 하나님의 규례대로 하지 않았기 때문에 하나님께서는 용납하실 수 없었다. 그들은 "힘을 다하여 뛰놀며 노래하며 수금과 비파와 수고와 제금과 나팔로 주악(奏樂)"(대상 13:8)했지만, 그것을 하나님께서 받지 않으셨다. 그들의 기쁨은 곧 두려움과 고통으로 변했다.

왜 그랬을까? 하나님의 백성의 기쁨은 진리의 울타리 안에 있을 때 참 기쁨이 되고 지속적인 기쁨이 된다. 진리를 떠난 기쁨은 "즐거움의 끝에도 근심이"있다(잠 14:13). 우리가 열심과 정직으로 최선을 다하는 것은 아름다운 일이다. 우리 모두는 그렇게 해야 한다. 그러나 반드시 진리를 따라서 그렇게 해야 한다. 다윗의 실패와 회복을 통해서 우리가 하나님의 교회를 섬기기 위해서 버려야 할 것은 무엇이며 더 열심히 추구해야 할 것은 무엇인지가 명확해졌다.

여러분은 참된 교회가 어떠해야 한다는 나름의 생각을 가지고 있을 것이다. 그것은 매우 좋은 일이다. 기존의 전통에 매이지 않고 참된 교회를 추구하는 것 자체가 크게 칭찬받아 마땅한 일이다. 그러나 우리에게 무엇보다 중요한 것은 우리의 그러한 생각이 성경에서 가르치는 규례와 일치하는지 점검해야 한다. 즉 사람들의 여론이나, 전통이 기준이 아니라, 오직 하나님의 법과 규례에 일치하는가 아니면 반하는가를 살펴보아야 한다.

다음으로 우리는 성경에서 원상(原狀)의 교회의 모습을 찾아야 한다. 우리는 현재의 상당부분 왜곡된 교회를 표준으로 삼아서는 안 된다. 우리는 그 원상의 교회를 표준으로 세우고 그것을 회복하기 위해 적극적으로 해야 할 것과 버려야 할 것을 찾아야 한다. 그런 후에 그 원상의 교회를 우리 시대에 어떻게 구현 할 것인지 지혜롭게 연구해야 한다. 또한 우리 자녀들에게 바른 교회를 상속해 주기 위해서 지금부터 힘써야 할 일이 무엇인지를 생각해야 한다. 그리고 작은 일부터 말씀의 원리에 근거하여 담대하게 실천해야 한다.

우리는 하나님의 뜻을 알고, 그 뜻을 따라 교회를 세우고 그 교회를 통해서 하나님께서 영광을 받으시도록 기도해야 한다. 우리가 교회에 대해서 깨달은 만큼 그 말씀을 따라 모든 기득권을 내려놓고 주께서 원하시는 대로 교회를 섬기기 위해서 자신을 부정해 나가야 한다. 하나님의 말씀과 규례대로 교회를 세우게 될 때 하나님께서 영광을 받으실 뿐만 아니라 우리와 우리 후손들이 영원한 복과 즐거움을 얻게 될 것이다.

기독교 세계관 정립을 위한 질문들

7장. 교회개혁, 법과 규례대로 하라

1. 성경이 말하는 '선한 일'과 '착한 사람'은 어떤 사람입니까? 세상에서 원하는 '착한 사람', '선한 일'과 어떻게 다른지 설명해 보시오.

2. 하나님의 일을 하면서 하나님의 말씀보다 세상과 사람들의 여론을 따를 때에 어떤 문제가 발생합니까?

3. 전통은 좋은 것이지만 전통주의는 나쁜 이유를 설명해 보시오.

4. 기존의 기득권을 보장해 주는 개혁이 실패할 수밖에 없는 이유는 무엇입니까?

5. 교회를 개혁하고자 한다면, 제일 먼저 무엇을 해야 합니까?

6. 하나님께서는 우리가 성경의 규례대로 순종하고 충성할 때만 영광을 받으시는 이유를 설명해 보시오.

7. 교회와 성도의 힘은 어디서부터 옵니까?

8. 기도하지 않으면, 모든 것을 하지 않는 것과 같은 이유는 무엇입니까?

9. 하나님의 백성의 기쁨은 진리의 울타리 안에 있을 때, 지속될 수 있는 이유는 무엇입니까?

10. 참된 교회 개혁을 위해서 우리가 힘써야 할 것은 무엇입니까?

세계관 변혁을 위한 설교

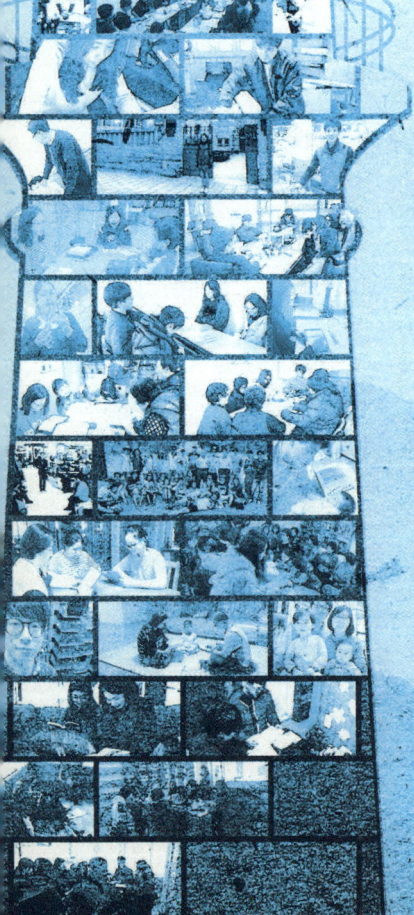

8장 종말에 비추어 살자!

교회를 세우는
기독교 세계관

데살로니가전서 5:1-11

1 형제들아 때와 시기에 관하여는 너희에게 쓸 것이 없음은
2 주의 날이 밤에 도적 같이 이를 줄을 너희 자신이 자세히 앎이라
3 저희가 평안하다, 안전하다 할 그 때에 잉태된 여자에게 해산 고통이 이름과 같이 멸망이 홀연히 저희에게 이르리니 결단코 피하지 못하리라
4 형제들아 너희는 어두움에 있지 아니하매 그 날이 도적 같이 너희에게 임하지 못하리니
5 너희는 다 빛의 아들이요 낮의 아들이라 우리가 밤이나 어두움에 속하지 아니하나니
6 그러므로 우리는 다른 이들과 같이 자지 말고 오직 깨어 근신할찌라
7 자는 자들은 밤에 자고 취하는 자들은 밤에 취하되
8 우리는 낮에 속하였으니 근신하여 믿음과 사랑의 흉배를 붙이고 구원의 소망의 투구를 쓰자
9 하나님이 우리를 세우심은 노하심에 이르게 하심이 아니요 오직 우리 주 예수 그리스도로 말미암아 구원을 얻게 하신 것이라
10 예수께서 우리를 위하여 죽으사 우리로 하여금 깨든지 자든지 자기와 함께 살게 하려 하셨느니라
11 그러므로 피차 권면하고 피차 덕을 세우기를 너희가 하는것 같이 하라

8장

종말에 비추어 살자!
데살로니가전서 5:1-11

들어가며: '거짓된 평안?'

사사기 18장에 보면 라이스 사람들은 염려 없이 한가하고 평안하게 거하고 있었다. 그들은 단 지파가 정탐하고 침입하여 그 땅을 차지하려고 할 때조차도 평안히 거하고만 있었다. 라이스 사람들은 눈앞에 닥친 위기를 보지 못한 채 현실에 안주하여 평안을 추구하였다. 그들은 외부의 공격에 대비하여 어떤 방호조치도 취하지 않고 있었다. 그들은 그야말로 무사태평의 안일함에서 염려 없이 살았다. 아마도 그들은 이상적이며 목가(牧歌)적으로 인생을 즐기며 살아가고 있었다. 그런데 정착지를 찾고 있었던 단 지파는 라이스에 이르러 한가하고 평안한 백성들을 만나 칼날로 그들을 치며 불로 그 성읍을 불태웠지만, 그들을 구원할 자가 없었다(삿 18:27).

오늘날도 라이스 사람들처럼 아무 염려없이 이상적이며 목가적인 삶을 즐기기를 원하는 사람들이 많다. 특히 그리스도인들 가운데도 장차 오는 세계에 대해서 괘념치 않고 꿈같은 미래에 대한 환상을 갖는 사람들을 볼 때 라이스 사람들이 생각난다. 그런 사람들은 일반적으로 고상하고 존경할만하며 자립하여 지극히 행복한 삶을 영위하는 것처럼 보인다. 그런데 무엇이 문제라는 것일까? 일차적으로 그들의 삶은 근시안적이며 자기의 안위 밖에는 생각하지 않는 좁은 인생이라는 것이다. 인생전체와 역사 전체를 보지 못하고서 단지 현실에서 자기 행복만을 추구하는 것이다. 더 큰 문제는 그런 이기적인 삶은 초라할 뿐만 아니라 자기 소모적인 것이라는 점이다. 교회를 다녀도 자기 틀에 매여 있기 때문에 경건은 모양만 있을 뿐이다. 옹졸하고 좁은 세계관에서 자기 사랑만을 추구하기 때문에 결국 예수님께서 다시 오셔서 온 세상을 심판하시는 날을 기대하지 못한다.

그리스도인이 종말에 비추어 자신의 실존을 생각하지 못하면 라이스 사람들처럼 거짓된 평안에 속게 된다. 오늘 본문에서 바울은 종말의 때와 시기에 관해서 가르치면서 그 '종말의 때'에 대한 것보다 종말을 사는 그리스도인의 자세에 더 큰 무게를 두고 가르치고 있다. 이는 예수님의 가르침과도 일맥상통한 가르침이다.

1. 도적같이 임하리라(1-2절)

1) '때와 시기'에 관하여

바울은 데살로니가 전서 4장 13-18절에서 사별(死別)한 성도들의 부활과 예수님의 재림 시에 있을 일을 가르쳤다. 사도는 다시 '때와 시기에 관하여는'이라는 말로 시작하면서 데살로니가 교회가 제기하고 있던 의문에 대한 답을 주고 있다. 데살로니가 교회는 '주님이 강림하게 되면 이 날을 어떻게 알 수 있을까? 그리고 그 날을 어떻게 대비해야 할까?'라는 의문을 가졌다. 그래서 바울은 주님의 강림의 때와 시기의 문제를 다시 설명해 준다.

1절에서 '때와 시기'는 곧 주님의 재림의 때와 시기를 말한다. '때'라는 말은 헬라어로 '크로노스'이고 '시기'라는 말은 '카이로스'라는 말이다. 크로노스는 연대기적인 시간을 가리키고 카이로스는 구원사의 중요한 결정적인 시간을 가리킨다고 말한다. 그러나 바울이 두 단어를 겹쳐서 사용한 것은 동의어를 두 번 겹쳐서 사용함으로써 재림의 시기에 대한 주제를 강조하는 표현이다. 이는 플레오나즘(pleonasm)이라는 수사학적 기법이다(가령 '혈과 육').

바울 사도는 "주님의 재림의 시점에 대해서는 너희에게 쓸 것이 없다"고 말한다. 왜 그런가? 바울은 이미 데살로니가 교회에서 성도들에게 종말에 대해 분명하게 가르쳤기에 그들이 그것을 알고 있음을 전제하고 있다. 그렇다면 바울은 왜 그들이 알고 있는 것을 다시 반복하여 가르치는 것일까? 그것은 교회가 어린 상태에서는 어떤 진리에 대해서는 이해가 부족하거나 오해하기 쉽기 때문에 반복해서 다시 가르칠 필요가 있었다. 바울은 빌립보 교회에게도 이렇게 말했다. "종말로 나의 형제들아 주 안에서 기뻐하라 너희에게 같은 말을 쓰는 것이 내게는 수고로움이 없고 너희에게는 안전하니라"(빌 3:1). 사실 우리도 어떤 진리를 한 번 들었다고 해서 그 진리를 온전히 이해하지 못하는 경우가 대부분이다. 따라서 지혜로운 교사는 반복하는 것을 귀찮아 하지 않고 반복을 통해서 성도들이 진리에 굳게 서도록 만든다.

그렇다면 데살로니가 교회가 알고 있는 주님의 재림의 시기에 관한 진리는 무엇인가? 2절을 보자. "주의 날이 밤에 도적같이 이를 줄을 너희 자신이 자세히 앎이라." 먼저 '주의 날' 또는 '여호와의 날'은 구약성경에서 이미 약속되었던 '종말의 심판의 날'(암 5:18-20; 사 13:6-13; 욜 1:13-15)임과 동시에 '구원의 날'(욜 2:31-32; 슥 14:1-21; 말 4:5)이었다. 마지막 날에 하나님의 영광과 권세를 가지고 메시아께서 오실 때, 주를 고백하고 인정하는 사람들에게는 구원이 임하고, 그렇지 않는 자들에게는 심판이 임하는 날이었다. 신약에서 '주의 날'(살후 2:2; 고전 5:5; 벧후 3:10)은 이미 메시아로 오신 '주 예수의 날'이자 장차 오실 '주 예수의 날'이다(고전 1:8; 고후 1:14; 빌 1:6,10; 2:16; 롬 13:12; 고전 3:13; 살전 5:4; 살후 1:10). 이런 점에서 신약의 주의 날은 하나님 나라의 도래와 그 맥을 같이 한다.

데살로니가 교회 성도들은 예수님께서 사역하실 때 제자들이 가지고 있었던 관심을 동일하게 가지고 있었다. 마가복음 13장 4절을 보자. "우리에게 이르소서 어느 때에 이런 일이 있겠사오며 이 모든 일이 이루려 할 때에 무슨 징조가 있사오리이까?" 제자들은 예수님이 부활하신 후인 사도행전 1장 6절에도 동일한 관심을 보인다. "주께서 이스라엘 나를 회복하심이 이 때니이까?" 이는 제자들이나 데살로니가 교회든, 오늘날 우리 모두에게도 중요한 관심사이다. 그래서 예수님께서 다시 오실 그 때와 시기를 알기를 원하는 마음이 모든 그리스도인에게는 다 있을 것이다.

그러나 바울 사도는 예수님과 동일한 방식으로 동일한 답을 준다. 우선 바울은 예수님께서 말씀하신 대로 때와 시기는 아버지께서 자기의 권한에 두셨다는 것을 상기시킨다(막 13:32). 예수님은 제자들에게 "때와 기한은 아버지께서 자기의 권한에 두셨으니 너희가 알 바 아니요"(행 1:7)라고 말씀하셨다.

예수님과 바울의 가르침을 요약하면 이것이다. 하나님의 백성들은 '그 때와 그 시기가 언제인가(when)'에 관심을 집중할 것이 아니라, '그 때와 시기를 어떻게(how) 준비하며 살 것인가'에 집중하라는 것이다. 왜냐하면 그 날은 오직 성부 하나님의 주권에 달려 있으며, 그 날은 메시아였던 예수님께서 알리도록 허락되지 않았기 때문이다. 사실 바울은 데살로니가에서 사역할 때 이미 이와 같은 가르침을 주었던 것이 분명하다. 왜냐하면, 2절에서 "주의 날이 도적같이 이를 줄을 너희 자신이 자세히 앎이라"고 말씀하기 때문이다.

2) 도적 같이 임하는 주의 날

바울은 이 편지를 통해 다시 한 번 이 문제를 짧지만 분명하게 짚어 준다. 바울은 두 개의 비유를 들어서 '주의 날'의 임함과 그것의 필연적인 성격을 적절히 드러내 준다. 첫째는 이 날이 밤에 '도적 같이' 임할 것이다(마 24:36-43; 눅 12:35-40; 벧후 3:10; 계 3:3; 16:15). 둘째는 이 날이 '잉태된 여자에게 해산의 고통이 이름과 같이' 임할 것이다.

먼저 주의 날이 도적같이 올 것이라는 비유를 보자. 이는 마태복음 24장 42-44절의 예수님의 말씀을 인용한 것이다. "그러므로 깨어 있으라 어느 날에 너희 주가 임할는지 너희가 알지 못함이니라 너희도 아는 바니 만일 집주인이 도적이 어느 경점에 올 줄을 알았더면 깨어 있어 그 집을 뚫지 못하게 하였으리라. 이러므로 너희도 예비하고 있으라 생각지 않은 때에 인자가 오리라." 도둑들의 문제는 그들이 언제 올 것인지를 우리에게 먼저 말해 주지 않는다는 것이다. 그들은 사람들이 곤히 자는 취약시간 때를 정해서 훔쳐가는 것이다. 도둑은 한 밤중에 예상치 못하는 상황에서 갑자기 침입해서 자기 목적을 이루고자 한다. 이와 같이 사람들이 그 때와 시기를 알고자 하지만, "그 날과 그 때는 아무도 모르나니 하늘의 천사들도, 아들도 모르고 오직 아버지만 아신다"(마 24:36).

바울은 이미 그들에게 예수님께서 예기치 않게 오실 것임을 그들에게 가르쳤다. 따라서 그는 그 날짜에 관심을 가질 것이 아니라, 주의 날의 성격에 잘 집중하여 깨어 있으면서 예비하라는 것을 다시 상기 시킨다.

2. 평안하다 안전하다 할 그 때(3-6절)

1) 세상의 평안과 위험

3절을 보자. "저희가 평안하다, 안전하다 할 그 때에 잉태된 여자에게 해산 고통이 이름과 같이 멸망이 홀연히 저희에게 이르리니 결단코 피하지 못하리라." 예수님의 오심이 특징은 예기치 못한 것이며, 아무도 피할 수 없는 것임을 두 번째 비유가 말해준다. 세상의 불신자들은 현존하는 질서 속에서 '평안'을 추구한다. 특히 당시 데살로니가 시민들은 로마 제국의 이데올로기인 팍스 로마나(Pax Romana)를 신봉하였다. 다시 말하면 그들은 로마의 종교와 정치, 군사력과 경제력을 기반으로 세상이 재편되어질 때에 세상은 평화롭게 된다고 믿었다. 로마는 제국의 속국들과 식민지 도시들에게 "너희들은 로마 황제에게 충성하고, 세금을 내고, 우리가 원하는 대로 해야 우리 군대가 너희를 보호하고 평화를 지켜 줄 수 있다"고 선전했다. 사실 당시 데살로니가 도시는 이런 이데올로기의 혜택을 받고 있었다. 데살로니가 시민들은 주전 31년 옥타비아누스가 안토니우스와 클레오파트라의 연합군과 싸울때에 옥타비아누스의 편에 서서 악티움 해전에 승리하는데 도움을 주었기 때문에 당시까지 세금을 감면 받고 자치권을 누릴 수 있었다.

오늘날도 마찬가지다. 경제적이고 정치적인 힘이 평화를 주고, 안전과 행복을 준다는 이데올로기가 지배하고 있다. 이런 세상에서 힘의 철학을 믿는 사람들은 라이스 사람들처럼 아무 염려 없이 한가하게 인생을 즐기고자 한다. 나름 성공한 인생을 살고 있다고 착각하면서 자산(資産)을 쌓아놓고 무사태평하게 목가적인 삶을 누린다. 그들에게 미래는 건강만 있다면, 레저와 여행, 전원생활을 즐기는데 아무 문제가 없을 것이다. 사람들이 그렇게 안전하다고 생각하고 만족한 삶을 누리고 있을 때 주님께서 도적같이 임하신다는 말씀이다.

2) 해산이 임하는 것 같이

그리스도의 임하심은 임신한 여인이 해산하는 것처럼, 반드시 오게 되어 있다. 임신한 여인이 출산 예정일을 계산해 보지만, 갑자기 해산의 고통이 임하여 출산하는 것처럼 반드시 오게 된다. 주님의 강림하심은 모든 역사를 종결하시고, 하나님 나라를 완성하시기 위함이다. 주님의 강림은 이 세상 사람들이 예상치 못한 가운데 홀연히 이르게 될 것이다. 세상의 평안에 만족해하면서 자기추구를 하는 사람들은 모두 홀연히 다가오는 그 심판을 결단코 피하지 못할 것이다.

그리스도께서 갑자기 예상치 않게 오신다면 우리는 어떻게 준비해야 하는가? 4-6절을 보자. "형제들아 너희는 어두움에 있지 아니하매 그 날이 도적같이 너희에게 임하지 못하리니, 너희는 다 빛의 아들이요 낮의 아들이라 우리가 밤이나 어두움에 속하지 아니하나니, 그러므로 우리는 다른 이들과 같이 자지 말고 오직 깨어 근신할지라." 바울 사도는 그리스도인이 어디에 속한 자인지를 다시 확인해 준다.

먼저 그리스도인들은 낮에 속한 사람이며 빛의 아들들이다. 이는 우리가 이미 주의 날에 속한 사람이라는 것이다. 어둠에 있는 사람들은 사단에 속한 사람들이다. 사단이 지배하는 영역 속에 사는 사람들에게는 주님의 재림을 알지 못한 상황에서 맞이하게 될 것이다. 그러나 주님께 속한 사람들, 곧 낮에 속하며 빛에 속한 사람들에게는 주님께서 도적같이 예기치 못하게 오실지라도 주님을 기쁨으로 맞게 된다. 왜냐하면 교회는 이미 낮에 속하여 주의 날을 기다리면서 준비하고 있기 때문이다.

따라서 그리스도인은 다른 이들과 같이 자지 않는 사람이다. '잠잔다'는 말은 불신자들처럼 세상에 취해서 주님의 재림을 기대하지 않는 것을 의미한다. 이는 세상이 주는 평안과 안전에 젖어서 역사의 목적을 성취하실 주님이 오실 날을 생각하지도 않고, 자기 추구에 여념이 없는 사람들을 가리킨다. 이렇게 세상에 삶의 목적을 두고 사는 사람은 죽은 자와 같다. 세상의 정신에 매몰되어서 육신의 정욕과 안목의 정욕 이생의 자랑을 추구하는 사람들은 잠을 자는 사람들이기 때문이다. 자는 자들은 큰 힘을 소유하고 많은 성취를 했다 할지라도, 노아시대 사람들처럼 하나님 나라에 참여할 수 없다.

그러나 참된 그리스도인은 도리어 깨어 근신하는 자가 되어야 한다. 근신하는 것은 맑은 정신으로 정신을 바짝 차리고 있음을 의미한다. 따라서 주님께서 도적같이 오시더라도 언제든 맞이할 준비를 하고 있어야 한다. 성도들은 이미 주의 날에 속한 자들이며, 계시의 빛과 구원의 빛에 거하는 자들로서 다시는 밤과 어둠에 속한 자들처럼 살아서는 안 된다는 것이다.

이는 예수님께서 마태복음 24장에서 가르친 슬기로운 종과 악한 종의 비유를 연상시킨다. "충성되고 지혜 있는 종이 되어 주인에게 그 집 사람들을 맡아 때를 따라 양식을 나눠 줄 자가 누구뇨? 주인이 올 때에 그 종의 이렇게 하는 것을 보면 그 종이 복이 있으리로다. 내가 진실로 너희에게 이르노니 주인이 그 모든 소유를 저에게 맡기리라. 만일 그 악한 종이 마음에 생각하기를 주인이 더디 오리라 하여 동무들을 때리며 술친구들로 더불어 먹고 마시게 되면 생각지 않은 날 알지 못하는 시간에 그 종의 주인이 이르러 엄히 때리고 외식하는 자의 받는 율에 처하리니 거기서 슬피 울며 이를 갊이 있으리라"(마 24:45-51).

예수님의 재림의 때[年月日時]를 정확히 알지 못하는 것은 마찬가지다. 그러나 깨어 있는 종은 가만히 앉아서 기다리지 않는다. 그는 그리스도의 오심을 준비하면서 자신의 직무를 역동적으로 수행한다. 그러나 악한 종은 자신의 임무를 태만히 할 뿐만 아니라, 주님의 재림이 늦어질 것이라고 예상하고 태만히 행한다. 더 큰 문제는 그 악한 종은 자기추구적인 쾌락에 몰입하면서 슬기로운 종인 동무를 때린다는 것이다. 즉 신실한 형제들을 자신의 기준으로 판단하고 정죄하며, 그들을 박해한다.

3. 그리스도의 군사는 깨어 있다(7-8절)

1) 밤에 속한 사람들: 세상의 정신에 취함

7절에서 바울은 이렇게 말씀한다. "자는 자들은 밤에 자고 취하는 자들은 밤에 취하되." 술에 취한다는 말은 근신한다는 말의 반대말이다. 술에 취한다는 것은 세상에 취한다는 것의 제유법적인 표현이다. 세상의 평안과 성공, 세상의 안일함이 목표인 삶은 술 취한 사람과 같이 주님을 맞이할 수 없다. 왜냐하면, 그의 마음자리에 주님이 계실 곳이 없기 때문이다.

2) 낮에 속한 사람들: 영적으로 무장함

그렇다면 참된 교회와 성도는 어떻게 해야 하는가? 8절을 보자. "우리는 낮에 속하였으니 근신하여 믿음과 사랑의 흉배를 붙이고 구원의 소망의 투구를 쓰자." 바울은 깨어서 주님의 오심을 대비하는 것을 군사적인 이미지를 사용해서 효과적으로 교훈한다. "맑은 정신을 가지고 주님의 재림을 항상 대비하자. 아주 절제되고 규모 있는 신앙생활을 하자"라는 가르침을 군사의 이미지로 생동감 있게 전달한다. 바울은 먼저 데살로니가 교회에 '너희들은 누구인가'라는 정체성의 질문을 던짐으로 가르치기 시작하였다. 데살로니가 교회는 이미 주님의 날에 속하였고 빛의 아들들이다. 그렇다면 그러한 정체성에 맞게 어떻게 살아야 하는가? 그것은 그리스도인의 삶을 영적인 전투로 이해해야 한다. 우리는 그리스도인이 되는 순간 그리스도의 군대에 입대한 영적인 군사가 되었다. 그래서 그날로부터 악한 세력들과 치열한 전투에 참여하게 되는 것이다.

8절에서 '근신하여'라는 말은 '맑은 정신을 가지고' 또는 '정신을 차리고'라는 의미이다. 군사가 잠을 자고 있다면 자신은 물론이거니와 그의 군대 전체가 위기에 처하게 된다. 군대장관 시스라는 잠이 들어 여인(야엘)의 손에 죽임을 당했다(삿 4장)]. 성도들은 항상 정신을 차리고 있어야 한다. 세상의 악한 정신에 자기도 모르게 빠져 들어갈 수 있기 때문에 날마다 말씀으로 자신과 세상 그리고 사단의 역사를 분별할 수 있어야 한다. 정신을 차리고 깨어 있다는 것은 첫째로 자신의 정체성을 분명하게 인식하고, 그러한 정체성에 근거하여 살아야 함을 의미한다. 둘째로 이 세상과 사단의 본질과 유혹의 실상을 알고, 그것에 대해서 속지 않을 정도의 능력을 구비하여야 함을 말한다. 셋째로 이 땅에 임한 하나님 나라와 교회를 분명하게 이해하고 하나님 나라의 원리를 따라서 살고자 하는 것이다. 이것을 알지 못하고 살고 있다면 아직 잠에서 깨어나지 못한 몽환(夢幻)의 상태에 있는 것이다.

다음으로 군사는 무장하지 않으면 그는 전투에서 승리할 수 없다. 그래서 바울 사도는 "믿음과 사랑의 흉배를 붙이고 구원의 소망의 투구를 쓰자"라고 명령한다. 이 말씀은 이사야 59장 17-18절을 반영하고 있다. "의로 호심경을 삼으시며 구원을 그 머리에 써서 투구를 삼으시며, 보수로 속옷을 삼으시며, 열심을 입어 겉옷을 삼으시고 그들의 행위대로 갚으시되 그 대적에게 분노하시며, 그 원수에게 보응하시며 섬들에게 보복하실 것이라." 이 말씀은 하나님께서 거룩한 용사가 되셔서 언약 백성들을 위해서 영적인 대적들을 친히 물리치실 것을 비유한 말씀이다. 이 말씀을 바울은 성도들이 영적인 용사가 되어 예수 그리스도께서 이미 정복한 사단의 세력과 싸울 것을 묘사하고 있다.

특히 '옷을 입다'는 용어는 새로운 영적인 신분이 되었음을 의미하는 은유다. 이는 신분에 합당한 삶을 살도록 권면하는 곳에서 많이 사용되었다. 로마서 13장 14절에서는 "오직 주 예수 그리스도로 옷 입고 정욕을 위하여 육신의 일을 도모하지 말라."고 하였고, 갈라디아서 3장 27절에서는 "누구든지 그리스도와 합하여 세례를 받은 자는 그리스도로 옷 입었느니라"고 말씀한다. 믿음과 사랑의 흉배와 소망의 투구는 교회가 자신의 정체성과 그 정체성에 맞는 삶을 살기 위해서는 필수적인 무장이다. 이러한 흉배와 투구는 앞서서 전투하는 병사에게는 방패가 되고 보호막이 되지만, 뒤로 도망가는 군사에게는 소용이 없는 보호 장구이다.

믿음, 사랑, 소망 이 세 가지 가운데 주로 소망에 초점이 모아지고 있다. 이 소망은 주 예수 그리스도의 재림 때에 있을 구원의 완성에 대한 소망이다. 그리스도인의 영적인 전쟁은 믿음을 적용하고, 사랑으로 수고하고, 구원의 소망 가운데서 인내하면서 교회에게 주어진 사명을 감당하는 것이다. 믿음의 역사와 사랑의 수고와 소망의 인내를 통해서 그리스도의 방식으로 싸우는 것이 우리가 영적 전쟁에서 승리하는 방식이다. 우리는 진리를 선포하고 진리를 구현하기 위해서 수고하면서 영적인 전투에 임하는 것이다.

4. 우리의 소망의 근거(9-10절)

1) 하나님의 예정하심

4-8절에서 교회와 성도들이 어떤 존재이고 또 어떻게 행동해야 하는지를 보여주었다면, 9-10절에서는 하나님과 예수 그리스도께서 우리를 위해서 어떤 일을 하셨는지를 상기해 준다. 즉 우리가 정신을 차리고 영적으로 무장해야 할 근거가 무엇인지, 우리의 소망의 토대가 무엇인지를 재삼 확인해 주시는 것이다. "하나님이 우리를 세우심은 노하심에 이르게 하심이 아니요 오직 우리 주 예수 그리스도로 말미암아 구원을 얻게 하신 것이라. 예수께서 우리를 위하여 죽으사 우리로 하여금 깨든지 자든지 자기와 함께 살게 하려 하셨느니라."

우리가 어떻게 '구원의 소망'인 투구를 쓸 수 있을까? 우리의 종말의 소망의 근거는 하나님께서 우리를 위해서 행하신 일로 인해서 더욱 확정적이다. 첫째는 하나님께서 우리를 세우심(혹은 예정하심)은 노하심에 이르게 하심(우리가 죄로 인해 받아야 할 마땅한 심판)이 아니요, 오직 우리 주 예수 그리스도로 말미암아 구원을 얻게 하신 것이다. 우리의 구원은 죄 사함과 하나님과의 화해를 포함한다.

2) 그리스도의 구속

둘째는 주 예수 그리스도는 우리를 위하여 죽으사 우리로 하여금 깨든지 자든지 자기와 함께 살려 하셨다. 우리를 부르신 것은 우리가 죄 가운데서 죽도록 하기 위함이 아니라, 항상 그리스도와 함께 살게 하시려는 것이었다. 우리가 자든지(육신적으로 사망) 깨든지 항상 그리스도와 함께 살게 하시려고 우리를 부르신 것이다. 중요한 것은 주와 함께 하는 것이다. 하나님께서 우리를 최후의 심판 때 정죄하지 않고 도리어 그리스도와 함께 항상 살도록 구원하셨다. 이미 4:17절에서 선언한 것처럼, 재림의 궁극적인 목적은 우리가 그리스도와 함께 항상 있도록 하시는 하나님의 역사의 완성이다.

따라서 우리의 구원은 하나님께서 역사를 완성하시는 그 목적과 하나로 연결되어 있다. 우리의 생명 역시 그리스도의 생명과 연결되어 있다. 따라서 재림을 소망하는 우리의 믿음은 그 어떤 반석보다도 더 강한 반석위에 서 있다. 우리의 구원은 우리 자신의 감정에 달린 것이 아니라 성삼위 하나님께서 이루신 구원 사역에 굳건하게 매여 있다. 따라서 우리의 소망은 견고하다.

나가며: 피차 권면하고 덕을 세우라(11절).

예수님의 재림을 의식하지 못하는 세상은 그들의 거짓된 평안 속에서 갑자기 임하는 멸망을 직면하게 될 것이다. 세상의 번영과 성공 속에서 역사의 목적에 눈먼 자들은 홀연히 임하는 멸망을 결코 피할 수 없다. 그러나 우리에게는 잉태한 여인이 해산하는 것처럼 반드시 그리스도께서 다시 오신다는 사실이 큰 위로와 격려가 된다.

이 멸망에 대해서 우리는 이미 낮에 속한 자들이며, 빛의 자녀들로서 두려움의 대상이 아니라 오히려 하나님께 대한 충성되고 지혜로운 종임을 증명할 수 있는 기간이다. 그래서 주님이 언제 오시든지 우리는 늘 깨어서 주께서 기뻐하시는 것을 행하고자 한다.

예수님의 종말에 대한 기대는 우리의 구원에 대한 더 큰 확신을 준다. 종말은 우리에게 진정한 안도감과 평안을 준다. 우리는 주님의 재림으로 말미암아 역사의 목적이 성취되고, 구원이 완성될 것을 믿기 때문에 그 날을 소망하며 기다린다. 그래서 우리는 정신을 바짝 차리고 맑은 정신으로 우리에게 주어진 영적 무장을 강화하면서 현재의 전투에 임해야 한다.

우리는 주님이 임하실 구체적인 연월일시에 대한 관심과 재림의 표징과 종말의 사인을 찾기 위해서 골몰하지 않는다. 그것은 주님께서 가르치신 말씀과 바울의 가르침에 반하는 것이다. 그것은 진정으로 종말에 대한 믿음이 없음을 의미한다. 우리는 이미 낮에 속한 자로서 진리의 빛을 따라 우리에게 맡겨진 사명을 감당하는 것으로 주님을 맞을 준비를 해야 한다. 본문에서 보여주는 마지막 때의 징조와 표징을 굳이 찾는다면, 대다수 사람들이 '평안하다 평안하다'하면서 예수님의 다시 오심을 기다리지 않는 다는 것이다. 심지어 교회 안에 있는 사람들마저도 세상이 주는 평안과 안락에 취해 있게 될 것이다.

우리는 세상 사람들과 사사기 18장의 라이스 사람들처럼 이 세상의 평안과 세상에서 안심입명(安心立命)을 추구하는 삶이 아니라,

하나님 나라를 구하는 사람들이다. 이것이 종말의 시대를 사는 성도의 삶의 목적이어야 한다. 개혁교회는 역사의 목적과 방향에 대한 바른 인식 속에서 그 시대의 독특한 성격을 파악해야 한다. 그래서 그 역사의 성격을 통찰하고, 역사의 도전에 적절히 대응하면서 교회적 사명을 수행해야 한다. 이것이 종말의 실존을 인식한 교회적인 각성이다.

이런 각성을 한 교회들은 하나로 연합해야 한다. "그러므로 피차 권면하고 피차 덕을 세우기를 너희가 하는 것 같이 하라"(살전 5:11). 이 말씀은 종말의 시대를 지나는 교회가 최우선적으로 해야 할 일이다. 교회는 이 타락한 세상에서 믿음과 사랑과 소망으로 서로 권면하고 세워주는 공동체이다. 교회는 살아계신 하나님의 성전임을 기억하고, 건물을 건축하여 세우는 것처럼 교회 공동체가 믿음과 사랑으로 서로를 세워주어야 한다. '덕을 세우라'는 말은 바울이 교회를 위한 사역을 표현하는 관용구적인 은유다. 교회를 세우는 것은 교회 전체와 각 지체들이 서로 믿음의 형제로서 사랑으로 섬기며, 소망 가운데서 인내하면서 이 세상의 풍조를 맞서 나아갈 것을 권면하는 말씀이다. 교회아(敎會我)의식을 가지고 교회 전체의 유익을 위해 서로 섬겨야 한다.

'피차'(서로)라는 단어는 개혁교회가 상호목회의 원리로 받은 말씀이다. 그리스도인들은 서로가 서로를 세워주는 사람들이어야 한다. 서로 지원해 주고 서로 돌보아 주고 격려하며 위로하는 것이 모든 성도의 책임이다. 이미 데살로니가 교회는 이 일에서도 잘 하고 있었다. "너희가 하는 것 같이 하라." 그래서 더 열심히 하라는 권면이다. 이것이 진정한 교회의 모습이다. 상호 사랑이라는 특징을 가지고 있지 않다면 어떤 공동체도 기독교적인 공동체라고 할 수 없다. 반면 어떤 공동체도 더 많이 하라는 권면을 듣지 않아도 될 만큼 사랑으로 낙원을 이룬 공동체는 아직 지상에는 없다.

그렇다면 우리는 어떻게 서로 위로하고 권면하며 덕을 세울 것인가? 그것은 단지 정서적으로 서로를 이해해 주고, 그들의 말을 들어주고 무조건 동정을 표하는 것인가? 아니면, 어설픈 세상의 지식이나 상담 심리학으로 사람들을 위로해 주는 것인가? 아니다! 그런 것들로는 결코 덕을 세울 수 없다. 4:18절에서처럼, "이 여러 말로 서로 위로하라"는 말씀을 다시 상기해야 한다. 그리스도인의 문제는 그것이 무엇이 되었든지 간에 신학적인 문제다. 그래서 형제자매를 돕고 세워주는 것도 근본적으로는 신학적인 일이어야 한다. 하나님의 말씀을 공부하게 하고 말씀의 원리를 삶에 적용하는 것보다 더 빠르고 효과적인 해결책은 없다. 참된 위로자는 언제나 훌륭한 신학자였다. 참된 상담자는 말씀을 능숙하게 해석하고 적용할 수 있는 사람이다. 우리는 바로 이러한 방식으로 서로를 세워주고 교회를 세우는 것이다.

마태복음 25장에 열 처녀 비유를 생각해 보자. 슬기로운 다섯 처녀와 어리석은 다섯 처녀는 그들의 소망과 바람, 그들의 준비 등 열 가지 중에서 아홉 가지는 거의 동일했다. ① 그들은 모두 신부의 복장을 했다. ② 그들은 모두 신랑을 기다렸다. ③ 그들이 간절하게 신랑을 기다렸다는 점에서도 동일했다. ④ 그들은 모두 신랑이 오실 성문 밖에 동일한 장소에서 있었다. ⑤ 그들은 모두 등을 가졌다. ⑥ 그들을 모두 등불을 밝히고 있었다는 것도 같았다. ⑦ 밤늦은 시간까지 기다린 것도 같았다. ⑧ 그리고 그들은 신랑이 더디 오는 상황도 함께 견뎠다는 점에서도 같았다. ⑨ 그리고 그들은 밤중에 '신랑을 맞으러 오라'는 초청의 소리까지도 함께 들었다. ⑩ 그러나 단 한 가지, 어리석은 처녀들은 기름을 준비하지 못했다. 그래서 그들은 슬피 울며 혼인잔치에 들어가길 갈망했지만 참여하지 못했다. "그 후에 남은 처녀들이 와서 가로되 주여 주여 우리에게 열어 주소서. 대답하여 가로되 진실로 너희에게 이르노니 내가 너희를 알지 못하노라 하였느니라. 그런즉 깨어 있으라 너희는 그 날과 그 시를 알지 못하느니라"(마 25:11-13).

그들의 등불이 꺼져 가고 있었다. 슬기로운 처녀는 평소에 준비했다. 아마도 슬기로운 처녀들은 평소에도 "피차 권면하고 피차 덕을 세워주면서" 종말을 대비해야 한다고 말했을 것이다. 그 권면의 말을 듣고 종말의 때를 실존적으로 살아낸 사람들은 슬기로운 처녀와 같이 신랑 되신 예수님을 맞이할 것이다. 그러나 평소에 "성경을 공부하시라, 성경의 교리를 적용해야 한다, 당신의 문제는 경제의 문제가 아니라 영적이며 신학적인 문제다"라고 계속 권면의 말을 들었음에도 자신의 방식과 세상의 지혜를 따라 세상의 평안을 추구한 사람은 어리석은 처녀와 같다. 그런 사람은 결국 그리스도의 오심으로 시작될 영원한 혼인 잔치에 참여하지 못한다고 경고해 준다. "그런즉 깨어 있으라 너희는 그 날과 그 시를 알지 못하느니라." 이는 우리 모두에게도 두려운 경고이다.

성경의 모든 교리는 우리의 삶을 온전하게 한다. 모든 진리는 경건으로 이끌고, 경건은 범사에 유익하다. 다시 말해서 경건이(하나님을 기쁘시게 하는 삶) 우리의 삶의 모든 문제를 푸는 열쇠이다. 어떤 자리에서 어떤 문제를 만나든지, 주께서 기뻐하시는 방식으로 그 문제를 바라보자. 주께서 기뻐하시는 방식으로 그 문제를 직면하자. 주께서 온전히 우리와 함께 하시는 날을 소망하면서, 그 정신을 차리고 영적으로 무장하여 영적인 전투에 임하자. 종말에 관한 교리는 우리가 세상에 타협하지 않고, 우리가 누구이며, 무엇을 위해 살아야 하는지를 명확하게 보여준다.

다시 오실 우리 주 예수 그리스도는 우리를 위해서 십자가에서 죽으시고 부활하시고 하늘 보좌에 계신 분이시다. 따라서 우리는 두려워하지 않아야 한다. 우리는 이미 승리한 군대의 군사로 부르심을 받았고 이미 승리한 전쟁에서 전투중이다. 비록 현재의 전투가 치열할지라도 서로 권면하고 서로 세워주고 격려하면서 그리스도께서 다시 오실 때를 기다리면서 함께 승리하도록 하자. 그것이 우리가 슬기로운 처녀로서 기름을 준비하는 일이며 깨어서 신랑의 오심을 맞이할 준비를 하는 것이다.

기독교 세계관 정립을 위한 질문들

8장. 종말에 비추어 살자!

1. 그리스도인 종말에 근거해서 자신의 실존을 보지 못하게 되면 어떤 위험이 있습니까?

2. 구약의 '주의 날'과 신약의 '주의 날'에서 동일한 점은 무엇이고, 차이점은 무엇입니까?

3. 하나님의 백성들은 종말의 '그 때와 그 시기'가 언제(when)인가에 관심을 집중하는 것이 아니라, '그 때와 그 시기'를 어떻게(how) 준비하며 살 것인가에 더 집중해야 하는 이유는 무엇입니까?

4. 오늘날 지배적인 이데올로기에 매몰된 사람들의 위험은 무엇입니까?

5. 이 세상에 인생의 목적을 두고 사는 사람들의 위험은 무엇입니까?

6. 술에 취한다는 것은 어떤 상태를 가리키는 은유(metaphor)입니까?

7. 빛에 속한 그리스도인은 삶을 영적인 전투로 이해해야 합니다. 그 이유는 무엇입니까?

8. 성경에서 "옷을 입다"라는 은유는 무엇을 가리킵니까?

9. 그리스도인은 어떤 방식으로 영적 전쟁을 수행해야 합니까?

10. 우리의 구원이 역사를 완성하시는 하나님의 목적과 하나로 연결되어 있다는 것은 우리에게 어떤 의미가 있습니까?

11. 개혁교회는 모든 성도가 서로를 세워주기 위해 섬기는 '상호목회'의 원리를 따릅니다. 당신은 지금 이 목회적 책임을 어떻게 인식하며 감당하고 있습니까?

12. 경건이 우리 삶의 모든 문제를 푸는 열쇠라는 말을 자신에게 적용해 보시오.

교회를 세우는
기독교 세계관

세계관 변혁을 위한 설교

세 계 관 　 변 혁 을 　 위 한 　 설 교

9장 욥의 회개와 기도

교회를 세우는
기독교 세계관

욥기 42:1-6

1 욥이 여호와께 대답하여 가로되
2 주께서는 무소불능하시오며 무슨 경영이든지 못 이루실 것이 없는줄 아오니
3 무지한 말로 이치를 가리우는 자가 누구니이까 내가 스스로 깨달을 수 없는 일을 말하였고 스스로 알 수 없고 헤아리기 어려운 일을 말하였나이다
4 내가 말하겠사오니 주여 들으시고 내가 주께 묻겠사오니 주여 내게 알게 하옵소서
5 내가 주께 대하여 귀로 듣기만 하였삽더니 이제는 눈으로 주를 뵈옵나이다
6 그러므로 내가 스스로 한하고 티끌과 재 가운데서 회개하나이다

9장

욥의 회개와 기도
욥기 42:1-6

들어가며: 영적인 도착?

    사단은 사람들이 그리스도께로 나오지 못하도록 여러 장애물들을 놓는다. 어떤 사람들에게는 자신의 모든 일이 잘 되고 있다는 착각을 가지고 현재 상태에 만족하게 함으로써 눈먼 안도감을 갖게 한다. 어떤 사람들에게는 신비적인 체험을 통해서 자신의 영적인 안정성을 보장받았다고 착각하게 한다. 그런 사람들은 알콜 중독자들처럼 술기운이 떨어질까 봐 계속해서 영적인 술을 들이키려고 한다. 이런 사람들은 거의 병적인 수준으로 항상 새로운 흥분거리를 찾는다. 그들은 영적인 엑스타시를 주는 것이라면 그 어떤 것이라도 개의치 않는다. 안타까운 것은 믿음이 견고하지 못한 어린 신자들이 이런 영향을 받아서 영적인 엑스타시를 추구하는 것이다. 이러한 흥분거리를 찾는 사람들은 감정적이고, 감상적인 신앙에 머물거나 심하면 이단에 빠져들게 된다. 왜냐하면 이단은 더 큰 흥분과 황홀경으로 그들을 유인하기 때문이다. 이런 사람들은 자만과 허영, 아집에 가득 차 있어서 성경이 말하는 것에는 관심이 없고 영적인 체험을 갈망한다. 그래서 수많은 은사주의, 신비주의적인 집회에 이런 사람들이 몰린다. 예언자 학교, 늦은 비 학교 등의 단체가 인기를 끌고 있고 장래를 예언한다고 주장하는 무당같은 목사들이 활개를 치고 있다.

이러한 사람들은 자신들의 기도와 예배에 하나님의 은총을 받을 수 있는 주술적인 힘이 있는 것처럼 광고한다. 그들은 제물로 하나님의 환심을 살 수 있다고 생각하지만 그런 생각과 행동은 가증스러운 것이다. 하나님은 오직 순전한 마음을 원하신다. 참된 예배자는 자신이 드리는 예배와 기도를 하나님을 매수하려는 용도로 보는 것이 아니라 은혜의 방편으로 본다. 참된 예배자는 '상한 심령과 통회하는 마음'으로 자신의 부족을 아뢰고(시 51:17), 하나님께서 기뻐하시는 삶을 살고자 애쓴다(시 18:20-24). 욥은 고난 가운데서 물질이나 건강의 회복을 구하지 않았다. 욥은 "내가 어찌하면 하나님 발견할 곳을 알꼬 그리하면 그 보좌 앞에 나아가서 그 앞에 호소하며 변백할 말을 입에 채우고 내게 대답하시는 말씀을 내가 알고 내게 이르시는 것을 내가 깨달으리라"(23:3-5)고 간구했다. 욥은 재물의 회복이나 자녀들을 되돌려 받고 싶은 것보다 하나님 앞에 서고자 갈망했다. 진정한 신앙은 그가 갈망하는 것으로 드러난다. 자기 추구의 영적인 도착에 빠진 자들은 성경적인 신앙과는 다른 길로 가고 있다. 욥의 기도를 통해서 우리의 신앙을 점검해 보자.

1. 본문의 문맥

1) 욥과 세 친구들의 대화

욥기 1-2장에서 욥은 자신을 덮치는 재앙에 대해 조용히 하나님의 뜻을 수용한다. 그는 여호와께서 주신 것뿐만 아니라 취하신 것(1:21), 복뿐 아니라 재앙(2:10)에 대해서도 하나님을 송축했다. 고난 중에 있는 사람들이 욥과 같이 수용적인 태도를 가질 수 있다면, 그들은 사실상 복을 받은 사람들이다. 우리가 만약 욥과 같이 자신이 당하는 고난의 현실을 담담히 받아들인다면, 그리고 현재의 슬픔에 지나치게 압도되지 않는다면 욥의 이야기에서 많은 유익을 얻을 것이다.

고난에 처했을 때 어떻게 해야 하는지에 대한 두 번째 답은 욥의 마음의 비탄과 혼란으로부터 찾을 수 있다(3-31장). 자신이 처한 고난을 더 이상 수용할 수 없을 때도, 하나님으로부터 분리되었다는 감각이 자신을 엄습하여 괴로워하고 분노하게 되었을 때도, 심지어 하나님으로부터 박해받고 있다고 느낄 때에도, 욥은 자신이 해야 할 일을 했다. 그는 자신에게 일어난 일 때문에 생겨난 하나님을 향한 적대감을 억누르려고 하지 않았고, '마음의 아픔을 인하여' 말하고, '영혼의 괴로움을 인하여 원망할' 것이라고 말했다(7:11). 욥은 분노와 좌절감을 표현하기 위해 허공에 소리치거나 원망하지 않았다. 그의 탄식은 바로 하나님을 향한 것이었다. 욥이 하나님께 항의하는 방식을 볼 때, 때때로는 경솔한 것처럼 보였지만 그는 올바른 방향에 서서 항의했다. 그는 자신이 대면해야 하는 분이 바로 하나님임을 깨닫고 있기 때문이다.

욥의 친구들은 인과응보의 원리로 욥을 위로하려 했다. 그들은 무고한 사람이 고난을 겪는 경우는 없기 때문에, 욥이 해야 할 일은 자신이 그 동안 행한 일을 낱낱이 생각하면서 자신의 잘못을 찾아 회개하는 것이라고 말했다(4:6-7). 그러나 이를 욥이 받아들이지 않자 그들의 어조는 점점 격앙되었고 욥을 정죄하며 비난했다(15:4; 20장). 물론 인과응보의 원리는 구약에서도 뒷받침하는 구절들이 많다. 하지만 구약 저자들은 원인에서 결과를 추론했다. 그들은 죄가 불행한 결과를 가져올 것이라고 결론을 내린다. 그러나 욥의 친구들은 정반대로 추론했다. 욥의 친구들은 결과에서 원인을 추론했다. 즉 그들은 욥이 고난 받는 것을 보면 그가 죄를 지었음이 틀림없다고 결론을 내렸다. 이런 식의 결론은 구약 전체에 비추어 볼 때 합당하지 않다. 구약에 기록된 대부분의 고난은 고난 받는 사람 자신의 죄와 관련이 없는 경우가 많다(요셉, 다니엘과 그의 세 친구, 나봇 등).

욥은 친구들의 현세적인 인과응보 사상의 종교적이고 도덕적인 체계의 파산을 폭로한다. 이는 욥의 친구들이 시대를 초월해 종교적이고 도덕적으로 진지한 사람들과 공유했던 체계였다. 그러나 욥은 그 체계가 실패작이라고 선언한다. 욥은 그 체계의 허점들을 들어냈다(12장). 27-31장에서 욥은 세 친구들에게 자신의 논증을 요약한다. 27장과 28장에서는 친구들의 잘못된 체계에 대해서 경고하면서 지혜를 찾는 자의 추구와 지혜를 찾아도 얻을 수 없는 인간의 무능력을 대조한다. 29-31장은 하나님 앞에서 자신의 과거의 삶을 돌아보면서 자신의 갈망을 표현하고(29장), 현재 자신이 겪는 고난을 탄식한다(30장). 그리고 마지막 말에서는 자신의 무죄함에 대한 최후의 진술을 한다(31장).

2) 엘리후의 연설(32-37장)

이제 남아 있는 것은 하나님의 판결뿐이다. 하나님께서 욥을 의롭다고 인정하시거나 아니면 욥의 말처럼 하나님의 저주가 임해야 한다. 과연 하나님이 등장하셔서 욥에게 어떤 판결을 내리실 지 긴장감이 팽배해 있는 이 때 갑자기 한 인물이 등장한다. 그가 바로 엘리후이다. 엘리후의 등장은 무죄를 주장하는 욥의 주장(31장)과 하나님께서 친히 등장하셔서 하신 말씀(38:1-42:6)을 잇는 교량 역할을 한다. 만일 엘리후의 변증이 없다면 하나님께서는 욥의 요구에 직접 나서서 응답하시는 분으로 보여 지게 된다. 그러나 하나님은 욥의 요구나 인간의 요구에 따라 즉각적으로 답변하시는 분이 아니시다. 하나님은 사람의 요구 때문이 아니라 하나님의 주권에 따라 답변하시거나 보류를 하시는 분이시다. 엘리후의 등장은 독자로 하여금 하나님의 대답을 기다리게 하는 긴장감을 더해준다. 또한 욥이 하나님의 말씀을 수용할 수 있도록 정화시켜주는 역할도 한다. 여기서 우리는 욥을 기다리게 하시는 하나님을 발견할 수 있다. 하나님은 스스로 때가 되어야 행동하시는 분이시다.

'부당합니다!'라는 항의는 많은 사람들에게 공감을 일으킨다. 인간은 정의가 무엇인지 알고 정의가 마땅히 이루어져야 한다고 기대한다. 축구장에서 심판이 판정을 잘못했을 때 관중들의 반응을 생각해 보라. 우리는 정부가 불의하거나 부패했다는 이유로 데모도 하고 정권을 타도하려고도 한다. 부패한 관리들이 합당한 벌을 받기를 바란다. 마치 욥이 그랬다. 욥은 '하나님은 공정하지 못합니다!'라고 말했다. 그는 높은 곳의 부패뿐 아니라 가장 높은 곳의 부패를 말했다. 우주에 정의가 없다면 우리에게 무슨 희망이 있겠는가? 개인적인 수준에서, 나의 건강이나 성장이나 능력이나 대인관계에서 하나님이 우리를 공정하게 대하지 않으신다고 느낀다면 우리의 믿음은 무너질 것이다. 그렇게 된다면 우리는 하나님께 순종하려고 하지 않을 것이고 우리의 희망이나 기쁨은 사라질 것이다. 에덴동산에서 사단의 첫 유혹은 하나님이 공정하시지 않기 때문에 하나님을 거부해야 한다는 것으로 시작되었다. 엘리후는 하나님의 정의를 중심으로 연설했다.

　엘리후의 연설은 이전까지의 친구들과 욥의 대화와 분위기가 사뭇 다르다. 이전까지의 대화가 감정적이었다면, 엘리후의 연설은 이성적이다. 엘리후의 연설은 욥기 안에서 중요한 문학적 기능을 하고 있다. 세 친구와의 대화에서 자신의 의로움에 대해 너무 강조하고 있는 욥을 향해서 엘리후는 이스라엘의 신앙을 대표하는 목소리로 나타나서 하나님의 정의를 보호한다. 그는 세 친구의 인과응보적인 단순한 신학체계와는 달리 신자가 겪는 고난이 훈련의 과정일 수도 있다는 신학을 제시한다. 그러므로 그는 욥의 고난이 죄의 결과라는 논리에서 벗어나 욥의 고난에 대한 새로운 해석을 제시한다. 이런 점에서 엘리후의 연설은 이후에 나타날 하나님의 말씀에 대한 준비 과정이라 볼 수 있다.

3) 하나님께서 찾아오심(38-41장)

욥의 기대 대로 마침내 욥은 하나님 앞에 서게 된다. 비록 폭풍 가운데 하나님이 등장하셨다 할지라도 그 자리는 어전회의와 같은 성격의 천국 법정임에 틀림없다. 드디어 욥이 원했던 법정 공청회가 시작된 것이다. 그러나 하나님은 욥의 청원에 대답하는 대신 오히려 욥에게 질문을 던지신다. 이것은 마치 하나님께서 욥의 소환장에 응하는 대신 욥에게 소환장을 발부하시는 것처럼 보인다. 이 자리에서 하나님은 욥에게 70여 가지가 넘는 질문을 퍼부으신다. 하나님은 피조세계의 수많은 현상에 대해 욥을 심문하시듯 질문 공세를 펴신다.

자연과 인간을 통치하시는 하나님에 대해 그 길을 이해하거나 관여할 수 있는 사람은 아무도 없다. 그 질문들에 대해 한마디도 답변할 수 없는 사람이 어떻게 하나님을 상대로 논쟁을 할 수 있겠는가? 하늘과 땅을 다스리시고 모든 짐승들에게도 목적을 가지고 계신 하나님께서 당연히 사람에게도 자신의 목적을 가지고 있다는 사실을 선언하신다. 사람은 하나님의 길을 알 수 없다. 하나님께서 행하시는 계획과 목적에 대해서도 이해를 할 수 없다. 욥은 하나님의 질문에 대해 한 가지도 답변할 수 없었다. 대신 욥은 그 자리에서 하나님을 대면할 수 있었다. 이것은 하나님께서 욥을 버리지 않으셨다는 증거다. 욥은 하나님으로부터 외면당하고(16:7) 버림당하고(16:8) 공격받는다(16:9)고 주장했었다. 하나님께서 끝가지 침묵하시면서 고난 중에 있는 자신을 돌아보지 않으심에 불평했었다(19:7). 그러나 지금 욥은 바로 그분 앞에 서게 되었다.

비록 하나님께서 폭풍(폭풍은 하나님의 진노를 상징한다는 점에서 욥이 범죄했음을 시사해 준다)가운데 등장하셔서 책망하고 계시지만 욥이 그분 앞에 있다는 사실만은 분명하다. 그리고 그 책망은 하나님의 권능과 지혜를 욥에게 보여주시기 위함이었다. 또한 이 책망은 상대적으로 욥이 무지하고 성급하다는 사실을 지적해준다. 하나님은 욥에게 하나님의 길을 설명하지 않으신다. 하나님은 창조주이시며 우주의 보존자이시기 때문에 인간에게 일일이 설명해야 할 이유가 없으시다. 그러나 하나님의 책망은 하나님께서 무엇을 하시는지, 무엇을 계획하고 계시는지 그리고 모든 피조물에 대한 궁극적인 목적이 무엇인지 보여준다.

따라서 하나님의 경영을 이해할 수 없다 할지라도 인간은 하나님을 신뢰해야 된다. 그리고 전지전능하신 그분께 경배와 찬양을 드려야 한다. 하나님께서는 욥의 질문 즉 사람이 겪는 고난에 대한 하나님의 계획과 목적이 무엇인지에 대해 대답하시지 않으셨지만 하나님의 책망 가운데에서 욥은 그 해답을 찾을 수 있었다. 중요한 것은 하나님의 나타나심(Theophany)이다. 하나님께서 무엇을 말씀하셨느냐는 그 다음이다. 왜냐하면 하나님께서 말씀하시고자 한 요지는 이미 엘리후의 강화에서 충분히 드러났기 때문이다. 오히려 엘리후의 강화보다 하나님의 말씀은 훨씬 이해하기 어려울 수도 있다.

실제로 하나님의 말씀은 이해를 돕는 설명이 아니라 질문으로 계속 된다. 그 질문들은 하나님과 인간의 본질에 대한 것이었다. 즉 "하나님은 누구인가? 그리고 인간은 누구인가?"로 요약할 수 있다. 그 답은 욥이 지금까지 추구한 질문을 초월한다. 전능하신 하나님 그리고 그분의 통치를 받는 피조물인 인간에 대한 본체론적(ontology) 논증 앞에서 욥이 택할 수 있는 길은 회개뿐이었다. 욥은 티끌과 죄 가운데서 회개한다. 친구들에게 쏟아냈던 장황(裝潢)한 변론과는 달리 욥의 답변은 극히 단순하다. 그러나 간결한 욥의 대답에는 깊고 철저한 참회가 담겨 있다.

욥을 책망하신 하나님의 말씀은 성경에서 하나님께서 사람에게 직접 말씀하신 가장 긴 기록이다. 성경 어디에서도 이보다 길게 하나님께서 직접 발언하신 말씀은 찾아 볼 수 없다. 이 말씀은 두 부분 (38:1-40:2; 40:6-41:34)으로 나누어진다. 이는 하나님께서 말씀하시는 중에 욥에게 "변박하는 자가 전능자와 다투겠느냐 하나님과 변론하는 자는 대답할지니라"(40:2)는 책망에 대한 욥의 짧은 응답이기 때문이다.

여기서 욥은 이렇게 말한다. "나는 미천하오니 무엇이라 주께 대답하리이까 손으로 내 입을 가릴 뿐이로소이다 내가 한두 번 말하였사온 즉 다시는 더하지도 아니하겠고 대답지도 아니하겠나이다"(40:4-5). 욥은 탄식하고 있었다. 그러나 하나님을 향한 욥의 도전에 대해 하나님의 책망은 계속된다. 이것은 마치 법정에 서 있는 욥에게 자신을 변호할 기회를 주지 않는 것처럼 보이기까지 한다. 사실 욥이 자신을 위해 변호한다는 의지는 이미 무시된 상태였다. "내가 땅의 기초를 놓을 때에 네가 어디 있었느냐 네가 깨달아 알았거든 말할지니라"(38:4). 하나님은 창조의 사역을 말씀하시면서 "네가 아마 알리라 네가 그 때에 났었나니 너의 년수가 많음이니라"(38:21)고 욥을 철저하게 무시하셨다. 40-41장에서 하나님께서는 "네가 세상을 다스릴 능력이 있느냐? 하마[베레못]와 악어[리워야단]를 제어할 수 있느냐? 영적인 세력들을 제어할 수 있느냐?"라고 물으셨다.

2. 욥의 기도

1) 이제 아는 것을 말하나이다.

욥은 불만을 길게 토로했으나 하나님께서는 그의 불만이 부적절하다고 하셨다. 아예 논의에서 제외시켜버리셨다. 욥은 이제 준비가 되었다. 욥의 기도는 그가 인용하는 여호와의 두 말씀이 중심을 이루는 세 진술로 구성되었다. 먼저 욥의 진술(2절)이 나온다. 이어서 그는 하나님의 말씀 인용(3a절 38:2)을 인용한다. 다시 욥의 진술(3b절)이 나오고 다시 하나님의 말씀 인용(4절; 38:2)을 인용한다. 그 다음으로 욥의 진술(5-6절)이 나온다.

욥은 40장에서 첫 번째 대답으로 하나님과는 더는 논쟁하지 않겠다고 말했다. "나는 미천하오니 무엇이라 주께 대답하리이까 손으로

9장 욥의 회개와 기도 247

내 입을 가릴 뿐이로소이다 내가 한두번 말하였사온즉 다시는 더하지도 아니하겠고 대답지도 아니하겠나이다"(40:4-5). 그러나 두 번째 대답에서는 그의 세계관이 변했음이 드러난다. 그는 이제 인간 중심적인 세계관을 떠나 하나님의 시각으로 혼돈이 존재하는 이 세상과 세상에서의 인간의 삶의 조건을 본다. 그것을 다 이해할 수 없었지만, 그것을 통해서 하나님의 신비로운 질서가 형성되어 가는 것을 깨닫게 된다.

욥은 여호와의 영광과 능력을 인정하는 찬양으로 첫 마디를 시작한다. "주께서는 무소불능하시오며 무슨 경영이든지 못 이루실 것이 없는 줄 아오니"(2절). 욥은 이제 하나님은 '못 하실 일이 없고', '무슨 계획이든지 못 이루실 것이 없다'는 것을 안다. 욥은 그동안 절대 이 진리를 의심하지 않았다. 하나님을 거듭 전능자라고 불렀고 위로자들과 마찬가지로 하나님께서 실제로 전능하시다고 확신했다. 욥은 이미 9장 5-12절의 찬양에서 하나님의 무한하신 능력을 노래했었다. 하지만 도저히 이해할 수 없는 고난을 겪게 된 욥은 엄청난 혼란에 빠지게 되었다. 현세적 인과응보 신학체계에서 벗어나 활동하시는 하나님께 대해 부당하다는 생각도 갖게 되었다. 하지만 하나님의 주권과 무한하신 지혜를 알게 된 욥은 더 이상 불평하지 않고 회개한다. 시편 73편의 상황과 비슷하다. 현세적 인과응보의 신학체계를 가지고 있던 시편기자는 악인의 형통함을 보고 시험에 들었다. 그러나 그가 성전에서 하나님을 뵙게 되면서 모든 것을 이해하고 하나님을 찬양했다. 이제 욥은 하나님을 더 깊이 더 온전하게 알게 되었다. 하

하나님은 이 세상 그 어떤 체계의 설명과 책임을 초월하시는 분이시다.

우리가 욥처럼 겸손해 질 때 하나님께서 우리에게 찾아오신다. 하나님을 경외하는 겸손에서만 우리는 하나님의 말씀을 들을 수 있고 하나님의 무한하신 지혜와 역사의 경륜을 받아들일 수 있다. 자신이 '의인'이라고 생각하면 성경의 진리를 진정으로 받아들일 수 없다. 어떤 청년이 있었다. 그는 의협심이 강하고 불의를 보면 참지 못하는 성격을 가졌다. 그는 자신의 인생을 바쳐서 이 부조리한 세상에서 억압받는 노동자와 농민을 위해 살고자 했다. 그는 부패한 사회체계를 바로잡고자 했다. 그것이 하나님께서 자신을 구원해 주신 목적이라는 소명 의식까지 생겼다. 그래서 어떤 어려움을 겪더라도 그 일을 하겠다고 나섰다. 그러나 하나님께서 그가 그 일을 하면 안 된다고 막고 계셨다. 그 청년도 욥처럼 항변했다. '하나님 그것은 인류가 추구하는 보편적인 가치가 아닙니까? 왜 그것이 잘못이라는 말입니까? 모든 사람들이 정당하게 대우받고, 행복한 세상을 만들기 위해 헌신하는 것이 뭐가 잘못이라는 것입니까?' 그러나 하나님께서는 그 청년에게 그 어떤 이유도 말씀하시지 않았다. 하나님께서는 그 청년의 참된 영적 실상을 보여주셨다. 자신의 부패하고 교만한 영적 실상을 보자 그 청년은 입을 다물 수밖에 없었다. 그는 하나님 앞에 자신의 실상을 보았을 때 변화되었다. 하나님 앞에 드러난 자신의 부패한 죄의 실상을 보았을 때 다른 모든 의문은 더 이상 문제가 되지 않았다. 단지 하나님의 주권을 인정하고 하나님의 은혜를 찬양하는 것뿐이었다.

하나님께서는 이렇게 낮아진 사람에게 자신을 낮추셔서 만나 주신다. 욥은 하나님의 통제에서 벗어나 있는 하수구 맨홀과 같은 곳으로 추락했다고 생각했었다. 그러나 하나님께서 그를 찾아와 만나 주셨을 때, 자신의 죄가 발견되었을 때, 그 모든 것이 하나님께서 능력의 말씀으로 붙들고 계심을 알게 되었다. 하나님의 자비로운 손길이 미치지 않는 것은 아무것도 없었다. 어리석은 타조나 소름 돋는 괴물들도 그분의 손 안에 있다. 이제 욥에게는 답변되지 않는 질문들이 더 이상 문제가 되지 않았다. 능력과 의와 지혜는 모두 하나이자 동일한 하나님의 성품이었다. 이제 욥은 믿음 안에서 모든 문제를 하나님의 신비에 맡길 수 있게 되었다. 믿음은 모든 것을 세세히 알아서 믿는 것이 아니다. 믿음은 하나님의 통치하심을 신뢰하면서 불확실한 사실들과 상황을 견디면서 살 수 있게 한다.

2) 헤아리기 어려운 말을 하였나이다.

욥은 38장 2절에서 하나님께서 하신 말씀을 인용하여 기도한다. "무지한 말로 이치를 가리우는 자가 누구니이까? 내가 스스로 깨달을 수 없는 일을 말하였고 스스로 알 수 없고 헤아리기 어려운 일을 말하였나이다." 욥이 인용한 하나님의 말씀은 어쭙잖게 알면서 다 아는 것처럼 질문하는 자들을 경멸하는 내용이다. 욥은 자신에 대해 하나님께서 경멸하신 말씀을 인용한다. 지금까지 자신은 알지 못하는 것을 말하는 '어리석은 자'요 '어둡게 하는 자'(38:2)였음을 고백한다. 욥은 자신이 분수를 모르고 하나님과 피조물을 가르는 경계선을 넘어 '접근 금지 구역'에까지 들어갔었다고 인정한다. 그는 하나님의 공의와 거룩하심에 도전했었다.

욥은 자신이 뜬 구름을 잡으려는 자처럼 말한 것을 고백한다. "무지한 말로 이치를 가리우는 자는 저였습니다." 욥은 아직도 하나님께 들은 말씀이 귀에 쟁쟁하게 울리고 그의 마음을 흔들고 있었다. 하나님의 말씀은 그의 마음과 세계관에 일대 변혁을 일으켰다. "그렇게 잘난 채 하는 너는 누구냐? 네가 한 번 세상을 통치해 보겠느냐?" 2차 세계대전 중에 런던이 독일 공군의 비행기에 공습(空襲)을 받았다. 이런 급박한 상황에서 한 목사님이 피해를 입은 가정에 심방을 다녀오다가 한 동료 목사님을 만났다. 그는 피곤에 지쳐서 이렇게 말했다. "내가 10분 동안만이라도 하늘 보좌에 앉아 있었더라면, 이런 상황을 면할 수 있었을 텐데" 그러자 동료 목사님께서 이렇게 말했다. "나는 당신이 다스리는 세상에서 단 10초도 살고 싶지 않습니다."

욥은 하나님 앞에서 자신의 실상을 보았다. 그는 하나님 앞에서 말한 모든 것이 자신의 어리석음에서 나왔음을 인정했다. 하나님의 말씀이 우리의 참된 실상을 드러낼 때 우리도 이렇게 반응해야 된다. 이제 욥은 자신이 하나님을 소환하려했던 것이 부적절했음을 인정한다. 그리고 자기가 주제넘게 알지도 못하면서 말했음을 인정한다. 욥의 고백에서 가장 중요한 부분은 '헤아리기도 어려운'[놀라운]이라는 말이다. 이 말은 그 어떤 설명으로도 설명이 불가능한 하나님의 초월적인 지혜를 가리킨다. 욥은 자신이 여호와의 초월적인 지혜를 자신의 작은 범주에 담으려 했던 잘못을 인정한다. "나는 너무나 어리석은 자였습니다. 나는 깨닫지 못한 일을 말하였고, 스스로 알 수도 없고 헤아리기도 어려운 일을 말하였나이다"(3절)라고 고백한다.

하나님께서 7절에서 인정해주셨듯이, 욥은 자신이 하나님께 대해 한 말들이 대체로 참되다는 것을 알고 있었다. 그러나 하나님의 임재를 경험한 욥은 자신이 바르게 말한 것들조차도 그 깊은 의미를 알지 못한 가운데 말했었다는 것을 깨닫게 되었다. 욥은 여호와 앞에 머리를 숙이면서 자신이 알지도 못한 것을 말하고, 깨닫지도 못한 일들을 말함으로써 감히 '이치'를 가리려했다고 자백한다. 그렇게 고개를 숙인 채로 하나님 앞으로 가까이 나아간다. 하나님의 사람은 자기가 어리석은 자라는 사실 때문에 하나님께로부터 도망하지 않는다. 그는 지금까지 자신이 무지한 말을 지껄였다는 것을 알았지만 범죄한 아담처럼 여호와를 피하여 숨지 않았다. 그는 도리어 하나님의 말씀을 다시 붙들고서 바로 그 말씀으로부터 담대함을 얻어 하나님께 더 가까이 나아갔다. 이것이 하나님의 자비와 언약을 믿는 사람들에게서 나오는 담대함이다.

3) 주여 내게 알게 하옵소서!

4절을 보자. "내가 말하겠사오니 주여 들으시고 내가 주께 묻겠사오니 주여 내게 알게 하옵소서." 욥은 38장 3절에서 하셨던 하나님의 말씀 시작부분을 인용한다. "너는 대장부처럼 허리를 묶고 내가 네게 묻는 것을 대답할지니라." 욥은 꿈꾸는 사람처럼 하나님의 초대를 받아들이고 나아간다. "보소서 나는 비천하오니 무엇이라 주께 대답하리이까? 손으로 내 입을 가릴 뿐이로소이다. 내가 한 번 말하였사온즉 다시는 더 대답하지 아니하겠나이다." "내가 주께 묻겠사오니 … 알게 하옵소서." 욥은 지금까지 질문자를 자처했다. 그러나 이것은 욥에게 맞는 역할이 아니다. 하나님께서 그동안 70가지가 넘는 질문을 쏟아부으셨다. 여호와께서는 욥에게 대답할 틈도 주지 않고 계속 질문하셨다. 나올 대답이 분명하기 때문이다. 여호와께서 이렇게 질문을 쏟아 부으신 목적은 욥이 창조주께 복종해야 하는 피조물로서 다시 겸손하도록 하기 위함이었다. 욥은 지금껏 대담했고 지나치게 단정적이었다. 그러나 이런 태도는 하나님께 합당하지 않는다.

욥의 말은 이런 의미를 내포하고 있다. "나의 하나님! 나는 주의 말씀을 들은 그대로 받아들이고 주님께 나아갑니다. 주께서 내게 오라고 명령하신대로 주께로 나아가서 내 사정을 아뢰고 겸손히 호소합니다." 욥은 하나님의 말씀을 "들은" 것에 초점을 맞춘다. 기도는 하나님의 말씀을 듣는 것에서 시작된다. 욥은 이전의 '듣는 것'과 '새로운 보기'를 대비한다. 욥이 고통을 겪기 전에는 하나님을 아는 지식은 '귀로 듣기만 한' 것이었다. 그러나 "이제 눈으로 주를 뵈옵는다"고 고백한다. 하지만 욥은 어떤 환상을 본 것이 아니다. 이사야가 본 것처럼 성전에 높이 들린 보좌에 앉으신 하나님을 보거나, 에스겔처럼 하나님의 전차의 보좌에 앉으신 하나님의 환상을 본 것도 아니었다. 사실 욥은 문자 그대로 아무것도 보지 않았다. 그가 본 것이라 곧 여전히 쓰레기 더미에 앉아 있는 자신의 모습이다. 곪아터진 상처를 깨진 사기 조각으로 후벼내고 있는 자신의 모습이었다. 그러나 욥은 하나님께서 직접 말씀 하시는 것을 듣고, 하나님을 전에 없이 분명하게 보았다. 빌립이 예수님께 "하나님을 보여주소서!"라고 요청했을 때, 예수님께서는 "빌립아 네가 이렇게 오래 너희와 함께 있으되 네가 나를 알지 못하느냐 나를 본자는 하나님을 보았거늘 어찌하여 아버지를 보이라 하느냐?"라고 하셨다 (요 14:9). 그러면서 예수님께서는 "내가 너희에게 이르는 말이 스스로 하는 것이 아니라, 아버지께서 내 안에 계셔 그의 일을 하시는 것이라"(요 14:10)고 말씀하셨다. 우리는 하나님의 말씀을 통해 하나님을 뵈옵는 것이다.

욥은 바로 그 하나님의 말씀을 듣고 하나님을 만났고, 경험하고 회개하며 기도한다. 욥은 자신이 하지 말았어야 할 말을 한 것을 인정하는 것에서 그치지 않았다. 그는 자신이 한 말에서 자신의 죄를 깊이 뉘우치고 회개했다. 그의 양심이 하나님의 말씀으로 깨우침을 얻었다.

우리에게도 이런 경험이 있어야 한다. 하나님의 말씀이 객관적인 진리로만 머물고 있다면, 우리의 양심과 우리의 마음에 아무런 영향을 미치지 못한다. 그것은 단지 지식으로 알고 앵무새처럼 하나님의 말씀을 되뇌이는 것이다. 따라서 그런 사람은 그 지식으로 다른 사람을 정죄하면서도 자신의 실상을 보지 못한다. 하나님의 말씀이 우리의 양심과 마음의 폐부(肺腑)를 드러내야 한다. 말씀을 통해서 우리가 영광의 주님을 보아야 한다. 꿈이나 환상으로 주님을 보는 것이 아니다. 바로 그의 진리의 말씀에 비추어 자신의 죄된 실상을 보고, 하나님의 거룩하심에 대한 강력한 반응이 나와야 한다.

그 다음에 우리도 욥처럼 해야 한다. 우리의 죄와 어리석음을 깨달았을 때 그것을 빌미로 하나님으로부터 멀리 도망치면 안 된다. 우리가 아무것도 아닌 비천한 자에 불과하다는 것을 알았을 때 도리어 우리의 궁핍함을 인정하고 은혜의 보좌로 담대히 나아가야 한다. 우리가 어리석고 구제불능의 죄인이라는 사실을 발견했다면 오직 하나님만이 우리를 깨끗하게 해 주시고 하늘의 지혜로 가르치시는 분임을 고백하면서 담대히 나아가야 한다.

하나님께서 우리에게서 얼굴을 돌리시고, 눈살을 찌푸리시는 것처럼 보일 때에도 순전한 확신을 가지고 하나님께 나아가 엎드려야 한다. 하나님을 진실로 만나게 될 때 인간은 자신의 나약함과 어리석음을 깨닫고 하나님께 엎드리게 된다. 오직 하나님 밖에 소망이 없음을 깨닫는 사람만이 전심으로 하나님을 찾는다. "너희가 전심으로 나를 찾고 찾으면 나를 만나리라"(렘 29:13). 인간의 자신의 한계와 절망을 올바로 깨닫기 전에는 전심으로 하나님을 찾지 않는다. 자신에게 철저히 실망하고 자신에게 의가 없음을 깨닫고 완벽하게 영적인 파산을 경험한 사람만이 하나님께 간절히 부르짖는다.

"그러므로 내가 스스로 한하고 티끌과 재 가운데서 회개하나이다"(6절). 하나님을 체험한 사람은 누구나 이렇게 철저히 회개하게 된다. 욥은 자신의 처지를 불평한 것에 대해서 회개했다. 그는 하나님을 거슬러 온갖 불평을 한 것에 대해서 회개했다. 욥은 자신이 절망한 것도 회개했고, 하나님을 향해 도전하는 말을 한 것도 회개했다. 욥은 자신의 무지한 말로 이치를 가린 것에 대해서 회개했다.

사람은 회개할 때 자기 자신을 가장 낮은 자리에 둔다. 욥은 "티끌과 재 가운데서 회개하나이다"라고 말한다. 스펄전 목사님은 하나님 앞에 자신이 발견된 사람은 이렇게 말한다고 했다. "나는 쓰레기를 먹어 치우는 벌레에게도 폐가 됩니다. 왜냐하면, 자연계의 부패 가운데는 이 추악하기 짝이 없는 도덕적인 악 같은 그런 고약한 부패는 존재하지 않기 때문입니다. 그래서 회개하는 사람은 가장 낮은 곳에 자리를 잡습니다"(렘 17:9 참조). 모든 진정한 회개는 거룩한 비탄과 자기 자신에 대한 혐오를 수반한다. 회개는 근본적인 변화이기 때문에 자신의 죄를 진정으로 비통해 하는 마음과 자기 자신을 혐오하는 마음이 동반된다. 죄에 대하여 비통해 하는 것이 없는 회개는 참된 회개가 아니다. 누가 되었든지 쓰라린 비통함이 없이 죄를 바라볼 수 있다면, 결코 십자가의 필요성을 제대로 이해한 적이 없다는 증거다. 티끌과 재 가운데 있는 사람만이 믿음으로 예수님을 바라보게 된다.

이런 회개 속에만 참된 위로가 담겨 있다. 이런 회개 속에는 지극히 큰 비통함과 아울러서 기쁨도 내포되어 있다. 그래서 어떤 청교도 목사님은 회개는 쓴 맛을 지닌 달콤함 또는 달콤한 맛을 지닌 쓴 맛이라고 했다. 참된 회개는 기쁨의 전당으로 통하는 문이다. 티끌과 재 가운데에서의 욥의 회개는 그의 구원에 대한 가장 선명한 전조였다. 그러므로 우리에게 구원의 즐거움 곧 영적인 기쁨이 없다면 진정한 회개의 문을 통과했는지를 점검해야 한다. 자신이 티끌과 재

가운데로 낮아졌는지를 확인해 보라. 영광의 하나님을 말씀을 통해서 만났는가? 그 하나님 앞에 자신의 실상을 발견하게 되었는가? 낮아질 대로 낮아진 사람만이 하나님의 보좌로 올라가는 기도를 드릴 수 있다. 그러므로 낮아져야 한다. 교만의 옷을 벗어 던져야 한다. 자기 의(義)라고 하는 화려한 장신구들을 내 던져야 한다. 욥은 비견할 수 없을 정도로 거룩한 성인이었다. 우리 중에는 그와 같은 사람이 아무도 없다. 그렇게 온전하고 거룩한 욥이 "저는 저 자신을 혐오합니다"라고 고백했다. 그렇다면 우리는 어떻게 해야하겠는가? 우리가 할 수 있는 한 지극히 낮아졌을 때 우리는 그리스도와 함께 하나님의 보좌로 나아갈 수 있다. 바닥까지 낮아진 사람만이 유턴의 신호가 보인다. 끝까지 내려가지 않는 것은 어떤 면에서 불법유턴과 같다. 칼빈 선생님은 우리가 자랑할 것을 다 모아놓는다 해도 하나님 앞에는 한 덩이의 오물에 불과하다고 했다.

　이런 상태에 있는 우리를 누가 구원할 수 있겠는가? 우리 자신은 물론 세상의 그 무엇으로도 우리를 다시 고칠 수 없다. 그래서 하나님께서 우리에게 그의 독생자를 주셨다. 그러나 그 아들에게 나아갈 수 있기 위해서는 자신의 죄에 대해서 비통해 하면서 회개해야만 한다. '티끌과 재 가운데' 앉아 있는 사람만이 수로보니게 여인처럼 "주여 옳소이다마는 상 아래 개들도 아이들의 먹던 부스러기를 먹나이다" (막 7:28)라고 외치며 구원을 요청할 수 있다. 티끌과 재 가운데 있는 사람은 이런 사람이다. 그에게는 자존심이나 자기 연민이나 자기 사랑이 없다. 자기의 자랑이나 장점은 한 덩이의 오물에 불과함을 인정한다. 그는 철저히 멸망해야 할 자신의 죄가 가장 크게 자신을 짓누르고 있음을 안다. 그런 사람만이 그리스도의 십자가를 붙든다. 자신을 멸망에서 구원할 수 있는 분은 오직 하나님뿐임을 알고 하나님의 처분만을 바라게 된다. 이것을 경험 한 사람이 온유한 사람이다.

나가며: 회개한 자의 회복

욥은 자신을 철저히 부정하고 죄를 시인하며 회개하였다. 이렇게 하나님을 만난 사람은 하나님의 거룩하심과 위대하심 앞에 자신을 부인하고 회개한다. 욥의 회개로 친구들과 하나님과의 긴 논쟁은 막을 내리게 된다. 누가 참 지혜자인가에 대한 논쟁은 오직 하나님만이 진정한 지혜자라는 것으로 결론이 났다. 욥기를 고난의 시각으로 읽으면 답이 없다. 핵심이슈는 '욥의 의로움이 정말 온전한 의로움인가?'였다. 답은 '아니다!' 욥은 결국 '티끌과 재 가운데서' 회개해야만 했다. 욥이 스스로 말한 결론은 "입을 닫고 회개하겠나이다"라는 것이다.

이 세상은 하나님의 창조와 섭리를 통해서 보전되고 유지되지만, 인간의 삶에는 미스터리[신비]가 있다. 그것을 경험할 때, 우리는 함부로 말해서는 안 된다. 하나님의 섭리와 하나님의 뜻이 자신의 생각과 다르다고 할지라도 무지한 말로 '이치'를 가리는 말을 함부로

해서는 안 된다. 그래서 믿음은 이 모든 것을 사용하시는 하나님의 주권과 섭리에 대해서 신뢰하는 것이다. 하나님의 창조 질서에 대한 신뢰가 믿음의 본질이다. 우리는 다 알지 못하기 때문에 하나님을 경외해야 한다. 성경의 지혜서들은 세상의 혼돈된 상태에서도 하나님의 창조 질서에서 답을 찾으라고 한다.

하지만 우리는 하나님께서 계시해 준 것도 다 깨닫지 못하는 자들이다. 하나님께서 우리에게 조명해 주시지 않는 한 우리는 어떤 지식도 바르게 깨달을 수 없고, 하나님의 일을 알 수도 없음을 인정해야 한다. 성령님과 말씀의 통제를 받는 것, 그것이 우리가 지혜롭게 되는 길이다. 하나님의 말씀 속에서 우리가 알고 싶은 것을 다 얻지 못한다 할지라도 우리는 그냥 모르는 채 남아 있는 법을 배워야 한다. 그리고 하나님의 말씀을 붙들고 기도하며 하나님의 때를 기다릴 줄 알아야 한다. 말씀이 없는 기도는 허공에 흩어져 버리고 마는 공허한 메아리일 뿐이다.

욥의 회개를 통해서 하나님께서는 그를 회복시켜 주셨다. 아니, 회개의 기도 안에 이미 회복의 전조(前兆)들이 담겨 있었다. 왜냐하면 회개는 하나님께로 돌이키는 것이기 때문이다. 욥의 회복은 그리스도 안에서 주어질 하나님의 백성에 대한 은혜를 예표해 준다. 욥은 회개를 통해 자신이 있어야 할 자리에 서게 되었을 때 비로소 회복을 경험하게 된다. 욥은 하나님의 주권과 섭리를 알았고 그의 모든 통치에 대해서도 믿음으로 받아들였다. 그는 하나님을 경외함으로 다시 하나님과 친밀한 관계를 회복하였다.

하나님과 관계를 회복한 욥은 이제 사람들과의 관계도 회복하게 된다. 하나님께서는 친히 욥과 세 친구들 사이의 문제를 정리해 주셨다. 하나님께서는 욥의 말이 옳고 친구들의 말이 틀렸다고 평가하신다. 또한 욥을 '내 종'이라는 존엄한 칭호로 부르심으로써 언약관계에서 욥을 높이셨다. 욥의 친구들은 욥이 자신들을 위해 기도해야 할 것이라는 말을 듣는다. 아마도 세 사람은 너희가 욥을 위해서 기도해 주라는 말씀을 기대했을 것이다. 그러나 하나님께서는 완전히 그들의 기대와 반대로 말씀하셨다. 욥이 친구들을 위해서 희생제물을 드리는 중보자가 되었다(42:8).

이를 통해 오직 하나님과 바른 관계에 있는 의인의 기도가 응답되리라고 기대할 수 있다. 중보자를 갈망했던 욥이(9:33; 16:19; 19:25) 중보자가 되고, 하나님과 사람 사이의 유일한 중보자, 곧 사람이신 예수 그리스도를 예표하게 되었다(딤전 2:5). 이후 욥의 가정과 물질의 회복이 나타난다(10-17절).

욥기는 하나님께서 왜 욥에게 고난을 주셨는지 끝까지 말해주시지 않는다. 하지만 욥은 하나님을 만나는 순간 현재의 고난이 왜 왔는가가 중요한 것이 아니라, 전능하신 하나님을 진정으로 만나고 또한 그의 주권을 인정하며, 그분께 순복하여 사는 것이 피조물인 사람의 도리라는 것을 깨달았다. 이렇게 우리 인생의 모든 부분에서 하나님의 주권을 인정할 때, 하나님께서는 하나님의 방식으로 하나님의 때를 따라 우리를 인도해 주실 것이다. 따라서 욥기는 욥에 관한 책이 아니라 하나님에 관한 책이다. 하나님의 성품과 정의, 주권과 사랑에 관한 책이다. 욥기는 하나님에 관한 책이기에, 우주에는 우리가 이해하지 못하는 신비가 많음을 인정하게 하는 겸손에 관한 책이기도 하다. 우리는 우주의 신비를 알지 못하고, 알 수도 없다는 것을 인정해야 한다. 고난은 때때로 하나의 신비다.

우리는 고난의 신비뿐만 아니라 하나님의 진리가 구현되는 신비를 동시에 경험해야 한다. 왜냐하면 하나님께서는 자신의 영광과 그 백성의 유익을 위해서 모든 것들을 [심지어 악한 것까지도] 사용하실 수 있다(롬 8:28). 따라서 알 수 없는 고난 가운데서도 끝까지 인내하는 자들은 끝내 선을 이루어주시는 하나님을 만나게 될 것이다. 그것은 예수 그리스도께서 최악의 배신과 최악의 십자가 고난을 통해서 최상의 선, 곧 우리의 죄 사함과 영광으로 바꾸셨기 때문이다. 그리스도의 십자가는 우리에게 불가능했던 삶을 가능하게 하는 기적과 신비를 이루어 주셨다. 그래서 기독교는 진정으로 체험의 종교이며 신비의 종교이다. 초자연적인 황홀경을 체험하는 것이 아니라, 전능하신 하나님의 능력으로 우리가 말씀을 따라 살 수 있는 기적의 신비를 체험하는 것이다. 그러한 신비는 우리가 욥처럼 티끌과 재 가운데서 회개하며 그리스도의 십자가만을 의뢰하며 기도 할 때 현실이 된다. 이것이 아닌 다른 것에서 영적인 황홀경을 찾는 사람들은 또 다른 중독에 빠지게 된다. 그러나 참된 그리스도인들은 말씀을 깨닫고, 말씀을 따라 기도하는 것을 통해서 진정한 능력을 얻게 된다. 욥의 기도는 그것을 가르쳐준다.

"수고하고 무거운 짐진 자들아 다 내게로 오라 내가 너희를 쉬게 하리라. 나는 마음이 온유하고 겸손하니 나의 멍에를 메고 내게 배우라 그러면 너희 마음이 쉼을 얻으리니, 이는 내 멍에는 쉽고 내 짐은 가벼움이라 하시니라"(마 11:28-30)

기독교 세계관 정립을 위한 질문들

9장. 욥의 회개와 기도

1. 영적인 체험만을 갈망할 때 어떤 위험에 직면하게 됩니까?

2. 욥의 친구들의 현세적 인과응보 사상의 문제점은 무엇입니까?

3. 엘리후는 세 친구와 달리 욥의 고난을 어떻게 해석했습니까?

4. 욥의 두 번째 답변에서는 세계관의 변혁이 나타납니다. 그것은 무엇입니까?

5. 자신이 의인이라고 생각하면 성경의 진리를 진정으로 받아들일 수 없는 이유는 무엇입니까?

6. 욥의 세계관을 변혁시킨 것은 무엇이었습니까?

7. 우리가 하나님을 뵈옵는 방식은 어떤 것입니까?

8. 죄에 대해 비통해 하지 않는 회개는 참된 회개가 아닌 이유를 말해 보시오.

9. 인간의 삶에 풀 수 없는 신비가 있을 때 우리는 함부로 말하지 않아야 합니다. 왜 그렇습니까?

10. 우리는 고난의 신비뿐만 아니라 하나님의 진리가 구현되는 신비를 경험해야 하는 이유를 말해 보시오.

세 계 관 　 변 혁 을 　 위 한 　 설 교

10장

모든 것이 합력하여 선을 이루는 방식

교회를 세우는
기독교 세계관

로마서 8:28-39

28 우리가 알거니와 하나님을 사랑하는 자 곧 그의 뜻대로 부르심을 입은 자들에게는 모든 것이 합력하여 선을 이루느니라

29 하나님이 미리 아신 자들을 또한 그 아들의 형상을 본받게 하기 위하여 미리 정하셨으니 이는 그로 많은 형제 중에서 맏아들이 되게 하려 하심이니라

30 또 미리 정하신 그들을 또한 부르시고 부르신 그들을 또한 의롭다 하시고 의롭다 하신 그들을 또한 영화롭게 하셨느니라

31 그런즉 이 일에 대하여 우리가 무슨 말 하리요 만일 하나님이 우리를 위하시면 누가 우리를 대적하리요

32 자기 아들을 아끼지 아니하시고 우리 모든 사람을 위하여 내주신 이가 어찌 그 아들과 함께 모든 것을 우리에게 주시지 아니하겠느냐

33 누가 능히 하나님께서 택하신 자들을 고발하리요 의롭다 하신 이는 하나님이시니

34 누가 정죄하리요 죽으실 뿐 아니라 다시 살아나신 이는 그리스도 예수시니 그는 하나님 우편에 계신 자요 우리를 위하여 간구하시는 자시니라

35 누가 우리를 그리스도의 사랑에서 끊으리요 환난이나 곤고나 박해나 기근이나 적신이나 위험이나 칼이랴

36 기록된 바 우리가 종일 주를 위하여 죽임을 당하게 되며 도살 당할 양 같이 여김을 받았나이다 함과 같으니라

37 그러나 이 모든 일에 우리를 사랑하시는 이로 말미암아 우리가 넉넉히 이기느니라

38 내가 확신하노니 사망이나 생명이나 천사들이나 권세자들이나 현재 일이나 장래 일이나 능력이나

39 높음이나 깊음이나 다른 어떤 피조물이라도 우리를 우리 주 그리스도 예수 안에 있는 하나님의 사랑에서 끊을 수 없으리라

10장

모든 것이 합력하여
선을 이루는 방식

로마서 8:28-39

들어가며: 영원의 관점으로 보자

구글 어스(google earth)라는 위성사진 프로그램을 통해서 지구에서부터 한반도 전체, 그리고 다른 나라와 자신이 사는 지역을 위성사진으로 검색해 보신 분들이 있을 것이다. 요즘에는 포털 사이트에서도 항공사진은 물론 대로변 사진과 영업소의 내부까지도 인터넷으로 검색할 수 있는 서비스를 제공하고 있다. 이러한 프로그램들의 장점은 우리가 살고 있는 지역을 원근(遠近)의 다양한 각도에서 볼 수 있게 해 주는 것이다. 그래서 우리는 자신이 원하는 지역을 컴퓨터 앞에서 마우스의 조작만으로도 주변의 풍경들과 배경은 물론 각 건물의 옥상까지 세밀하게 확인할 수 있게 되었다. 요즘은 스마트폰에서도 자신이 알고자 하는 지역을 다양한 각도에서 입체적으로 볼 수 있다. 물론 단점도 있다. 도둑들이 구글 어스를 통해서 침입하기 좋은 건물들을 물색하여 범행에 이용했다는 뉴스가 나온 것을 보았다.

만약 시간과 관련해서도 이런 서비스가 있다면 그것과는 비교할 수 없는 엄청난 반향을 일으킬 것이다. 타임머신을 타고 과거와 미래로 여행할 수 있다면 현재의 삶에 대한 태도는 혁명적으로 변화될 것이다. 아마도 이런 서비스는 이 역사세계 안에서는 영원히 불가능할 것이다. 왜냐하면 인간은 시간의 한계 안에서만 활동할 수 있기 때문이다. 하지만 하나님께서는 영원자존자이시기에 시공간의 제한이 없이 항상 현재로 과거와 현재와 미래를 동시에 볼 수 있으시다. 하나님께서는 한 눈에 이 시공간의 역사 전체를 동시에 보시면서 자신의 경륜을 완벽하게 성취하시는 분이시다(참고. 사 60:19; 시 90:4; 벧후 3:8). 하나님은 시간에 매여 있는 분이 아니시기 때문에 그에게는 역사 전체의 과정이 언제나 현재와 같다는 사실을 우리는 인식할 수 있어야 한다.

오늘 본문은 우리에게 우리가 매일 수행하는 모든 일을 영원의 관점에서 바라보라고 가르쳐 준다. 우리의 행위는 영원한 의미를 갖는다는 것을 보게 해 준다. 성경은 우리들에게 하나님의 영원한 계획과 그 계획을 성취해 가시는 역사 섭리를 동시에 볼 수 있도록 인도한다. 그래서 우리가 현재의 고난에서 눈을 들어 영원한 관점에서 현 상황을 입체적으로 볼 수 있게 해 준다. 그래서 하나님의 섭리를 항상 인식하며 살도록 한다. 이를 통해서 우리는 삶의 목적과 방향을 명확하게 볼 수 있다. 우리의 존재와 삶의 목적은 역사의 목적을 구현하는 것임을 깨닫게 된다(참고. 고전 10:31; 사 43:21).

1. 본문의 문맥과 약속의 대상

모든 시대의 그리스도인들은 이 로마서 8장 28-30절에서 하나님의 섭리적 돌보심을 깨닫고 말로 형언할 수 없는 위로와 기쁨을 발견했다. 특별히 이 본문은 8:18-39에 위치 해 있다. 로마서 5-8장까지는 구원의 확실성을 선언하는 문맥이다. 5장은 예수 그리스도의 사역에 근거해서 구원의 확실성을 보여준다. 6장은 구원의 확실성을 저해하는 죄 문제를 다루고 있고, 7장은 율법의 문제를 다룬다. 그리고 8장에서는 다시 성령하나님의 사역으로 말미암아 구원의 확실성을 다시 한 번 명확하게 선언한다. 8:1-17절은 성령 하나님의 사역을 보여준다. 신자는 그리스도 안에 있기 때문에 생명을 확신한다. 이는 성령께서 죄와 율법과 사망의 권세를 정복하셨기 때문에 구원이 확실하게 보장된다고 선언한다. 8:18-39절은 로마서 5:1-11절과 대응하는 구절로서 우리의 구원의 절대적인 확실성을 선언한다. 성도는 비록 이 땅에서 고난이 있지만, 그 고난은 장래 누릴 영광을 막을 수 없음을 장엄하게 선언하고 있다.

8장 18-32절에서는 영광의 성령 하나님의 사역을 보여준다. 이 단락의 주제는 18절이다. "생각건대 현재의 고난은 장차 우리에게 나타날 영광과 족히 비교할 수 없도다." 사도는 현재의 고난(suffering)과 미래의 영광(glory)을 비교하면서 그것의 근거를 두 가지로 제시한다. 19-27절에서는 성령의 첫 열매를 받은 그리스도인들마저도 고난을 피할 수 없는 이유와 그런 고난 속에서도 어떻게 안전하게 영광으로 인도되는지를 설명한다. 28-30절에서는 우리의 구원의 시작과 궁극적 목적인 영화가 왜 그렇게 확실한지를 텔레스코핑(telescoping)의 방식으로 장엄하게 선언한다. 바울 사도는 5:3-4절에서 하나님께서 우리의 삶 가운데 허락하신 고통에는 목적이 있다고 가르쳤다. 환난은 인내를 인내는 연단을 연단은 소망을 이루어지게 하려는 것임을 선언했었다. 이 단락에서는 성도의 고난의 의미를 우주적 차원에서 조망한다. 모든 피조세계가 하나님께서 우리에게 주실 영광에 사로잡힐 것이라는 사실을 깨달을 때에 그 압도적인 영광을 소망하면서 더 원대한 구원의 완성을 바라보게 하는 것이다.

사도 바울은 28절은 하나의 전제를 선언한다. "우리가 알거니와 하나님을 사랑하는 자 곧 그 뜻대로 부르심을 입은 자들에게는 모든 것이 합력하여 선을 이루느니라." 그리고 29절과 30절은 그 전제를 확증하는데, 29절과 30절은 '하나님을 사랑하는 자, 곧 그 뜻대로 부르심을 입은 자들'이 누구이고, 왜 그들에게는 모든 것이 합력하여 선을 이루는지에 대한 근거와 이유를 제시한다.

28절은 모든 사람에게 모든 일이 합력하여 선을 이룬다고 약속하지 않는다. '하나님을 사랑하는 자, 곧 그의 뜻대로 부르심을 입은 자들'에게만 해당하는 약속이다. 하나님을 떠난 사람들은 모두가 하나님의 진노아래 있다(롬 1:18). 그들에게는 멸망의 심판이 기다리고 있다. 어떤 사람들은 현세에서 모든 것이 형통하는 것처럼 보일지라도 그들은 가장 위험한 질주를 하고 있음을 알아야 한다.

우리는 주변에서 세상적으로 잘나가는 사람들을 볼 수 있다. 그러나 그들이 그 형통한 것 때문에 하나님께 나아갈 기회를 얻지 못한다면, 가장 불쌍한 사람이다. 왜냐하면 하나님께서는 그가 사치한 만큼 값아 주실 것이기 때문이다. 요한계시록 18장 7절을 보자. "그가 얼마나 자기를 영화롭게 하였으며 사치하였든지 그만큼 고통과 애통함으로 갚아 주라 그가 마음에 말하기를 나는 여왕으로 앉은 자요 과부가 아니라 결단코 애통함을 당하지 아니하리라." 세상 사람들은 이 세상의 부요를 가지고 자기를 영화롭게 하며 즐거움을 추구하는 데 온 마음이 집중되어 있다. 하지만 그들은 그것으로 만족하지 못하고 있다. 인간은 하나님의 형상이기 때문에 하나님이 아닌 것으로는 결코 만족할 수 없게 되어 있다. 하나님 없이 행복을 추구하는 것은 영원히 받을 심판을 저축하는 것이다. 따라서 우리는 그들을 부러워하는 것이 아니라 불쌍히 여긴다. 그들은 이 허영의 도시에서도 참된 위로와 안식이 없이 허무와 절망 가운데 유리하며 방황하고 있기 때문이다.

18절의 약속은 '하나님을 사랑하는 자'에게만 주어진 것이다. 그러면 누가 하나님을 사랑하는 자일까? 교회 안에 있는 사람들 모두를 가리키는 것일까? 물론 믿음을 고백하고 하나님을 사랑하고 예배하는 참된 신자들을 가리킨다. 하지만 오늘날 교회 안에는 하나님보다 자기를 더 사랑하는 사람들이 더 많은 것 같다. 그렇다면 우리는 무엇을 근거로 이 약속에 참여한 사람인지 알 수 있을까? 마태복음 13장에서 가르치신 예수님의 하나님 나라의 비유를 생각해 보자. 씨 뿌리는 비유에서 열매 맺는 밭과 그렇지 못한 밭이 나온다. 길가와 돌밭과 가시떨기 위에 떨어진 씨앗은 열매를 맺지 못한다. 우리가 특히 주목해야 할 부분은 둘째와 셋째의 경우이다. 그들은 처음에는 말씀을 기쁨으로 받았다. 그러나 신앙으로 인해 핍박이 오거나, 재물과 세상의 염려에 사로잡힌 나머지 결국 열매를 맺지 못한다. 이들은 하나님보다 자신과 세상의 재물을 더 사랑한다. 그래서 하나님의 말씀을 따라 순종하는 열매를 맺지 못한다. 그래서 예수님께서도 "너희가 나를 사랑하면 나의 계명을 지키리라"(요 14:15)고 하셨고, 또 "나의 계명을 가지고 지키는 자라야 나를 사랑하는 자니"(요 14:21)라고 말씀하셨다.

하나님을 사랑하는 사람은 하나님의 말씀에 순종하는 사람이다. 우리는 그의 순종을 통해서 그가 하나님께서 뜻대로 부르심을 입은 자임을 알게 된다. 또한 그 열매를 보고 그 나무를 알 수 있다(마 7:20). 바울 사도는 로마서 8장에서 계속해서 성령의 인도함을 받아 율법의 본의(本意)를 행하는 사람이 진정한 그리스도인이라고 반복했다(롬 8:1-11).

두 번째로 '모든 것'이란 무엇을 의미할까? '모든 것'은 일차적으로는 '고난과 탄식의 상황'이라고 할 수 있다. 더 넓은 문맥에서 보면 그리스도인에게 발생하는 순경(順境)과 역경(逆境) 모두를 의미한다. 그렇다면 우리는 우리에게 발생하는 좋은 일과 나쁜 일, 시련과 환란, 질병과 사고, 절망적인 실패까지도 하나님께서는 모든 것을 합하여 궁극적으로 우리에게 선을 이루어 주신다고 말할 수 있다. 물론 시련과 환란과 고통은 그 자체로써 좋은 것은 아니다. 그러나 그것들은 하나님께서 섭리하는 가운데서 선한 목적을 이루기 위해 사용되어진다는 것이다. 하나님은 이처럼 놀라운 약속을 우리에게 주셨고, 실제로 그렇게 역사를 통해서 성취하시고 계신다.

어떤 사람들은 이 약속의 말씀을 자신의 죄나 부주의함으로 말미암아 발생한 고난에까지 이 말씀을 이용하여 변명하기도 한다. 그러나 그것은 왜곡된 적용이다. 결코 참된 신자는 자신을 위험에 노출시키거나 무모한 도전으로 하나님을 시험하는 사람들이 아니다. 여기서 말하는 고난은 그리스도인으로서 살기 때문에 만날 수 밖에 없는 고난과 역경을 의미한다. 또한 많은 사람들이 이 약속의 보장을 자신의 입장에서 생각한다. 하나님께서 모든 것이 합력하여 선을 이루어주신다고 하셨으니, 자신이 원하는 것, 자신이 좋아하는 것을 모두 주실 것이라고 기대한다. 마치 선(善)이라는 말을 괄호로 묶어서 그 자리에 자신이 원하는 것을 넣어서 읽는다. "모든 것이 합력하여 (성공, 재물, 건강, 번영, 권력) 등을 이루어 주실 것이다!" 여러분은 그렇게 하지 않았는가? 나도 몰랐을 때는 그렇게 읽었고, 그렇게 되기를 바랐다. 그러나 시간이 지나고 나서 하나님께서 내가 원하는 것을 주시지 않은 것이 얼마나 감사한 일인지를 알게 되었다. 왜냐하면 그것을 주셨다면 나는 벌써 망했을 것이기 때문이다. 그렇다면 이 약속에서 말씀하는 선(善)이란 무엇일까?

2. 하나님께서 이루시는 '선'이란?

성경해석에서 가장 중요한 원리는 문맥을 따라 해석해야 한다는 것이다. 사람들이 문맥을 무시하고 성경을 해석하기 때문에 말씀의 의도와는 전혀 다른 방향에서 약속을 기대하고 있는 것을 볼 수 있다. 이는 마치 중국 연태에 가는 비행기를 타겠다고 김포공항에서 기다리는 있는 것과 같다. 아무리 그곳에서 열정적으로, 성실하게, 최선을 다해서 기다려도 결코 비행기가 오지 않는다. 왜냐하면 아직까지 연태가는 비행기는 인천공항에만 있기 때문이다. 하나님의 말씀을 잘못 해석하고 적용하면서 그것을 신실하게 믿고, 열정적으로 추구한다할지라도 그 약속의 성취를 기대할 수 없다. 따라서 우리는 건전한 성경해석의 기본원리들을 잘 알아야한다. 그 중에 하나가 바로 문맥에서 그 의미를 찾아야 한다는 것이다. 물론 문맥을 이야기 할 때는 문학적 문맥뿐만 아니라, 역사적이고 사회문화적 문맥과 신학적 문맥을 동시에 고려해야 한다. 그러나 최소한 문학적 문맥만이라도 잘 살피면 황당한 해석을 피할 수 있다.

그렇다면 여기서 말씀하는 '선'이란 무엇일까? 여러분이 문맥에서 찾아보라. 일차적으로는 우리가 영원한 영광의 상태, 즉 영화에 이르게 되는 것이다. 우리에게 그 어떤 일이 일어난다 할지라도 영광의 상태에 도달한다는 약속이다. 왜냐하면 하나님께서 창세전에 우리를 아셨고 역사의 어느 시점에서 우리를 부르시고 의롭다하셨다. 그리고 영광의 자리에 앉게 되는 것이 미래의 일로 남아 있음에도 불구하고 부정과거형으로 표현하였다. 헬라어문법에서 '부정과거형'은 이미 한 번에 이루어진 일을 말하는 강조용법이다. "영화롭게 하셨느니라!" 이는 하나님의 능력 안에서 반드시 그렇게 될 것이기 때문에 이미 일어난 일처럼 선언한 것이다. 영화롭게 된다는 것은 우리가 부활하여 하나님 나라의 극치에 참여하는 것을 가리킨다. 우리에게 일어나는 모든 일들은 결국 그곳을 향해 나가는데 어떤 식으로든 도움을 준다. 이것이 선을 이룬다는 일차적인 의미이다.

그것을 현재의 우리와 관련하여 좀 더 살펴보자. 하나님께서 믿는 우리에게 어떤 목적으로 영광에 참여하도록 하셨는가? 그 목적은 바로 그 아들의 형상을 본받기 위해서 라고 선언한다(29절). 모든 것이 합력하여 선을 이루어 주시는 것은 우리가 하나님의 아들의 형상을 닮아가도록 만드시는 것을 말한다. 이는 또한 우리의 구원의 궁극적 목표이다.

하나님을 사랑하는 자들에게는 모든 것을 통해서 예수 그리스도의 형상을 닮게 하는데 유용한 역할을 한다. 이것이 합력하여 선을 이루어 주신다는 의미이다. 따라서 우리는 선(善)이라는 말에 자신이 원하는 것을 넣은 것이 아니라, 예수 그리스도의 형상을 닮게 만들어 주신다고 읽어야 한다. "우리가 알거니와 하나님을 사랑하는 자 곧 그 뜻대로 부르심을 입은 자들에게는 모든 것이 합력하여 그리스도의 형상을 본받게 하느니라."

그렇다면 하나님의 아들의 형상이란 무엇인가? 우리가 창세기 성경공부에서 배웠던 것처럼, 하나님의 형상은 존재의 거룩함과 사역의 동기와 행함이 사랑으로 이루어지고, 그 결과로 생명이 충만케 되어 하나님의 영광이 현시되게 하는 것이었다. 성경전체의 문맥에서 보여주는 그리스도의 형상도 동일하다. 그리스도의 삶과 가르침을 요약하면 세 가지로 하나님의 아들의 형상을 알 수 있다. 첫째로 그리스도께서는 전적으로 하나님을 사랑하셨다. 둘째로는 그리스도께서는 자신보다도 이웃을 더 사랑했다. 셋째로 그리스도께서는 자연 만물을 다스렸다. 그렇다면 우리가 이 땅에서 그리스도의 형상을 닮아간다는 것은 우리도 하나님을 사랑하고, 이웃을 사랑하며, 자신에게 주어진 자원들을 하나님의 뜻대로 관리하고 사용하는 것을 말한다.

바울 사도는 에베소서 4:22-24에서 "너희는 유혹의 욕심을 따라 썩어져 가는 구습을 좇는 옛 사람을 벗어 버리고 오직 심령으로 새롭게 되어 하나님을 따라 의와 진리의 거룩함으로 지으심을 받은 새 사람을 입으라."고 말씀한다. 24절을 "이제는 새 사람이 되었으니 하나님의 모습처럼 선하고 거룩하게 살아가십시오."라고 번역할 수 있다. 골로새서 3장 10절에도 "새 사람을 입었으니 이는 자기를 창조하신 자의 형상을 좇아 지식에까지 새롭게 하심을 받는 자니라"고 말씀한다. 따라서 우리는 하나님의 아들의 형상을 입었으니 더욱 그리스도를 닮으라는 명령을 받고 있다.

그리스도는 자신의 마음이 온유하고 겸손하다고 말씀하셨다(마 11:29). 우리는 이런 그리스도의 마음을 닮아야 한다. 그래서 온유함과 겸손함이 우리의 성품의 주된 특징이 되어야 한다. 이렇게 우리의 구원의 궁극적 목표는 하나님의 형상, 곧 예수 그리스도의 형상으로 온전히 변화하는 것이다. 이 변화는 우리 안에서 이미 시작되었고 예수님의 재림 때에 완성되어 영광을 누리게 될 것이다.

3. '선'을 이루는 방식은?

그렇다면 이제 우리를 대적하고 많은 고통을 안겨주는 것들이 어떻게 합력하여 선을 이루는 것일까? 우리의 질병과 환란과 말할 수 없이 고통스런 상황들이 어떻게 예수 그리스도의 형상을 닮는데 도움이 된다는 것일까? 우리가 견딜 수 없을 것 같은 괴로움 속에서 탄식하는 것이 어떻게 선을 이룰 수 있을까? 고난은 믿지 않는 사람들에게는 다가올 진노를 예고하는 것이다. 더 큰 심판과 멸망을 미리 보게 해 주는 예고편 영화와 같다.

그래서 고통이 사람들에게 주는 역할을 C. S. 루이스는 이렇게 말했다. "고통은 귀먹은 세상을 불러 깨우는 하나님의 메가폰입니다. 악하면서도 행복한 사람은 자신의 행위가 무언가 '들어맞지' 않는다는 사실, 자신이 우주의 법칙에 따르지 않고 있다는 사실을 조금도 눈치 채지 못합니다. …… 또 고통은 끝까지 회개하지 않는 반항으로 연결될 수도 있습니다. 그러나 고통은 개심(改心)할 수 있는 유일한 기회를 악인에게 제공해 줍니다. 고통은 베일을 벗깁니다. 고통은 반항하는 영혼의 요새 안에 진실의 깃발을 꽂습니다."(고통의 문제, 141-4.)

그러나 그리스도인에게는 다르다. 그리스도인에게 고난과 역경은 풍성한 열매를 맺게 한다. 어떻게 그럴까? 만약 그리스도인에게 모든 일이 잘 되어가고, 세상에서 형통을 거듭하고 있다면, 그것은 매우 위험한 상태로 이끌게 된다. 그러한 성공은 세상에 대한 긴장감을 떨어뜨리고 세상을 더 추구하게 하여 그리스도인의 사명을 망각하게 한다. 이렇게 되면 세상을 더 사랑하여 보다 소중한 영적인 가치들에 무심(無心)하게 된다.

그럴 때 예기치 못한 고난과 고통이 찾아온다. 그 때 우리는 자신을 점검하게 되고 자신의 인생의 의미와 목적을 다시 생각하게 된다. 이런 환란과 고통 속에서 자신이 얼마나 교만하게 행동했었는지, 자신이 얼마나 헛된 것을 추구했는지를 알게 된다. 또한 고난을 통해서 세상의 썩을 면류관을 얻고자 바람을 잡으려는 삶을 살고 있었다는 것을 발견하게 된다. 그리스도인에게 고난은 멈추어서 자신을 점검하도록 도와준다. 고난은 자신의 교만과 헛된 추구들을 회개하고 겸손하게 만들어 준다. 고난은 다시 정신을 차리고, 하나님께서 자신에게 주신 은혜와 사명을 다시 생각할 수 있는 기회를 제공해 준다.

어릴 적에 시골 마을의 저수지에서 오리들이 수영하며 노는 것을 보았다. 그런데 오리들이 물속에서 나와서 제일 먼저 무엇을 하는지 아는가? 여러분도 오리를 잘 관찰해 보시기 바란다. 오리들이 물에서 나오자마자 첫 번째로 하는 것은 온몸을 흔들어서 깃털에 묻어 있는 물을 털어내는 것이다. 물속에서는 물이 짐이 되지 않았지만, 땅에서 활동하려면, 물은 자신들의 활동을 방해하는 무겁고 축축한 짐이다. 그래서 오리들이 물 밖으로 나오자마자 몸을 크게 흔들어서 묻어있는 물을 털어내는 것이다.

그리스도인도 세상에서 살다보면, 이런 저런 세상 것들의 영향을 받게 된다. 그것이 자신도 모르게 영혼에 달라붙어서 짐처럼 따라 다니게 된다. 그러면 그리스도인다운 삶에서 점점 멀어지게 된다. 이럴 때 찾아온 고난의 상황은 자신의 진정한 정체성과 위치를 다시 확인하게 한다. 그래서 하나님 앞에서 사는데 합당하지 않은 것들, 무거운 것들과 얽매이기 쉬운 죄들(히 12:1-2)을 떨쳐버릴 수 있는 기회를 갖게 하는 것이다.

우리가 모든 것이 잘 될 때는 이런 것들에서 자신을 분리시키는 것은 정말 힘들다. 그런데 우리가 갑자가 몸에 큰 병이 들어서 앓아 누웠을 때, 참으로 세상 것들의 가치를 다시 생각하게 된다. 특히 그런 과정에서 우리의 교만한 마음과 세상에 대한 미련들이 얼마나 어리석고 누추한 것인지를 깨닫게 된다. 그러한 고난과 어려움 속에서 우리는 진정으로 겸비케 되고, 주의 뜻과 주께서 주신 사명을 존귀하게 여기게 된다. 그래서 이제부터는 자신의 이상(理想)을 이루려고 하지 않고, 하나님의 뜻과 주신 사명을 이루기 위해 헌신하겠다고 결단하게 된다.

따라서 우리가 겸손해 질 수만 있다면, 그것이 어떤 것이라도 우리에게 유익한 것이다. 왜냐하면 그것을 통해서 우리는 그리스도의 마음을 닮게 되기 때문이다. 그래서 우리는 그리스도의 시각으로 세상과 인생과 역사를 바라볼 수 있게 된다. 그래서 우리는 현재의 삶뿐만 아니라, 영원전의 하나님의 계획을 보게 된다. 하나님의 창조로 말미암아 구현된 이 역사의 목적이 완성될 날을 미리 내다 볼 수 있게 된다. 그래서 현실을 복음으로 정확히 해석할 수 있게 된다.

스펄전 목사님은 이렇게 말했습니다.

"하나님께서 우리에게 주실 수 있는 가장 큰 지상적인 복은 질병이고 그 다음이 건강입니다. 질병이 하나님의 성도에게는 건강보다 훨씬 유익한 때가 많았습니다. 제가 아는 분들 중에 어떤 이들은 한 달만 류마티스를 앓아도, 하나님의 은혜로 사람이 놀랍게 바뀔 수도 있습니다. 고통의 방에서 그것을 배울 가능성이 많은 것입니다. (저는) 사람이 오랜 시간 질병의 고통에 있는 것을 저는 바라지 않습니다. 하지만 이따 끔씩 질병으로 자극을 받는 일은 그 사람을 위해서 필요한 일입니다. 병든 아내나, 형제를 여의는 아픔이나 가난이나 비방이나 마음의 침체 등은 다른 어디에서도 잘 배울 수 없는 고귀한 교훈을 줍니다. 시험은 우리를 신앙의 현실 속으로 이끌어 주는 것입니다. 알곡이 아닌 겨로 배를 채우고 있다가 진정한 할 일을 찾고, 혹은 견뎌야 할 진짜 슬픔을 당하게 되면, 그 때에 비로소 알곡을 먹기를 원하게 됩니다. 그리고 그것이 반드시 있어야 합니다. 그렇지 않으면 쓰러지고 말 테니까요. …… 때때로, 하나님의 섭리가 거친 손으로 전달되지만, 그것이 우리의 믿음을 시험하여 우리를 정금보다 귀하게 만들어 줌으로써 우리에게 한량없는 유익을 던져주기도 하는 것입니다. 주님께 찬양합시다."

이사야 40장 26절을 보자. "너희는 눈을 높이 들어 누가 이 모든 것을 창조하였나 보라! 주께서는 수효대로 만상을 이끌어 내시고 각각 그 이름을 부르시나니 그의 권세가 크고 그의 능력이 강하므로 하나도 빠짐이 없느니라!" 하나님께서는 이사야 선지자에게 바벨론의 포로생활 가운데 지치고 낙심한 하나님의 백성들에게 위로의 말씀을 전하라고 했다. "너희는 위로하라 내 백성을 위로하라!"(1절) 어떻게 위로하는 것일까? 그것은 "눈을 높이 들어 보라! 누가 창조주이신가? 누가 만상의 이름을 부르시는가? 즉 누가 통치하고 계신가를 보라!"는 것이다. 그리고 고난 중에 있는 백성들에게 현재의 권력들의 참된 실상을 보라고 말씀한다. '현재의 바벨론의 권세와 영광이 영원할 것처럼 보이지만 실상 여호와의 기운에 풀의 꽃과 같이 마르고 시들게 되어 있다(8절). 그러니 눈을 들어 만물을 창조하시고, 다스리시는 하나님을 보라! 그러면 열방은 통의 한 방울의 물 같고, 저울의 적은 티끌 같고, 섬들은 떠오르는 먼지에 불과한 것이 보일 것이다'(15절).

바울 사도는 바로 이것을 우리에게 보라는 것이다. "하나님의 창조와 창세전에 갖으셨던 영원한 계획이 역사가운데 구현되고 있다. 그리고 그 역사의 종국에 우리가 영광에 참여하는 영화로 장식될 것이다."

그러니 "눈을 들어 이 거대한 역사의 목적과 그 역사를 주관하시는 하나님을 보라!" 바로 이것이 말씀의 요지이다.

예를 들어 보자. 여러분이 성경을 너무 사랑하여 읽고 싶고 가까이 하고 싶다고 해서 이렇게 성경을 눈에 대고 읽으려고 하면 읽을 수 있겠는가? 읽을 수 없다. 마찬가지다. 우리가 인생을 진지하게 최선을 다해서 살고 싶다는 열망으로 이 현실에만 집중해서는 결코 인생에서 승리할 수 없다. 적당한 거리에서 보아야 한다. 하나님의 창세전 예정으로 출발하여 영화에 이르게 되는 전체 역사를 보면서 현재를 보아야 현실을 객관적으로 볼 수 있다. 그래야 현재의 역경들을 극복하고 승리할 수 있다. 이것이 인생을 영적인 시각, 즉 하나님의 시각으로 보는 것이다.

19세기 말에 영국의 어떤 목사님에게 고난 가운데 있는 한 성도가 상담을 청했다. 그는 자신에게 다가온 극심한 고난을 이해할 수 없었다. 그리고 그 고난을 통해서 하나님께서 선을 이루신다는 것이 정말이지 믿기지 않는다고 했다. 그러자 그 목사님께서는 그분에게 차고 있는 손목시계를 잠깐 달라고 했다. 그리고는 뒤에 있는 뚜껑을 힘을 다해 열었다. 그리고 그 안을 보여 주었다. 그 시계 안에는 여러 개의 톱니바퀴가 서로 다른 방향으로 돌고 있었다. 그리고 목사님이 말했다. "당신은 역방향으로 돌고 있는 이 바퀴 하나만 보고서 불평하고 있습니다. 그러나 이 모든 것들이 함께 움직여서 시계가 정확히 한 방향으로 돌아가고 있지 않습니까?"

그렇다! 지금 여러분도 "이런 고통이 어떻게 선(善)을 이룰 수 있겠어? 단지 위로하려고 하는 공허한 말장난일 뿐이냐!"라고 불평할 수 있다. 그러나 여러분! 그 고난을 통해서 여러분이 겸손을 배울 수만 있다면, 여러분이 온유해질 수만 있다면, 역사의 목적을 바르게 직시할 수만 있다면, 그것은 선을 이루고 있는 것이다. 그러나 반대로 여러분이 그런 고난 속에서도 교만을 꺾지 않는다면, 여러분은 한참 더 돌아야 한다. 아니면 하나님의 사람이 아니라는 증거일 수도 있다. 반면에 여러분이 세상에서 성공하여서 더 교만해진다면, 세상을 더 사랑하게 된다면, 그것은 축복이 아니라 재난의 전조 증상임을 반드시 기억해야 한다.

하나님께서 모든 것이 합력하여 선을 이루시는 방식은 바로 이것이다. 우리가 어떤 일을 통해서든 이 역사의 목적을 알고 역사의 목적에 우리 인생의 목표를 맞추는 것이다. 우리가 표준시간에 늦어지거나 빨라진 우리의 시계를 맞추는 것처럼, 하나님의 목적에 우리의 인생의 목적을 동일하게 맞추어야 한다. 그러면 우리는 모든 일에서 하나님의 주권을 인정하며 온유하게 하나님의 뜻을 즐겁게 따르게 될 것이다. 그리고 겸손하게 주를 경외함으로 세상을 이길 수 있게 될 것이다. "여호와를 기뻐하는 것이 너희의 힘이라!"(느 8:10) 이제 우리도 그리스도처럼 하나님을 사랑하고 이웃을 사랑하며 자신의 모든 자원들을 주의 뜻을 따라 사용할 수 있는 선한 청지기가 될 것이다.

한 가지 더 생각할 것이 있다. 우리는 예수님과 연합되어 있기 때문에 고난은 우리의 일상의 일부라는 사실을 기억해야 한다. 요한복음 15장 2절에서 예수님은 과실을 맺지 못하는 가지를 제거할 뿐만 아니라, "무릇 과실을 맺는 가지는 더 과실을 맺게 하려하여 이를 깨끗케 하시느니라."고 말씀하셨다. 참신자라도 고난을 통해서 깨끗케 되어야 의의 열매를 맺게 된다(히 12:11). 우리는 고난을 통해서 고난의 종인 그리스도의 형상을 더욱 닮아간다. 우리는 고난을 통해서 자기 사랑과 자기연민에서 벗어나게 된다. 우리는 고난을 통해서 지금 이 세상을 추구하고 세상 것들에 몰두했던 생활방식을 버리게 된다. 그래서 더 이상 고난이 없는 곳에서 우리를 기다리고 있는 영광을 바라보며 즐거워하는 법을 배우게 되는 것이다.

4. 약속의 절대적 성취의 증거들

우리는 바로 여기서 약속하고 있는 하나님의 섭리적 돌보심 때문에 어떤 일이 있어도 완전한 영광에 이르도록 확정되어 있다. 그것을 막아서는 것이 계속해서 몰려 올 것이다. 그것을 의심하도록 사단은 계속해서 공격해 올 것이다. 그러나 그 어떤 것도 하나님의 사랑에서 우리를 끊을 수 없다. 바울 사도는 31절부터 39절에서 이 사실을 확증해 주고 있다.

"그런즉 이 일에 대하여 우리가 무슨 말 하리요 만일 하나님이 우리를 위하시면 누가 우리를 대적하리요. 자기 아들을 아끼지 아니하시고 우리 모든 사람을 위하여 내어 주신 이가 어찌 그 아들과 함께 모든 것을 우리에게 은사로 주지 아니하시겠느뇨, 누가 능히 하나님의 택하신 자들을 송사하리요 의롭다 하신 이는 하나님이시니, 누가 정죄하리요 죽으실 뿐 아니라 다시 살아나신 이는 그리스도 예수시니 그는 하나님 우편에 계신 자요 우리를 위하여 간구하시는 자시니라. 누가 우리를 그리스도의 사랑에서 끊으리요 환난이나 곤고나 핍박이나 기근이나 적신이나 위험이나 칼이랴, 기록된 바 우리가 종일 주를 위하여 죽임을 당케 되며 도살할 양같이 여김을 받았나이다 함과 같으니라. 그러나 이 모든 일에 우리를 사랑하시는 이로 말미암아 우리가 넉넉히 이기느니라. 내가 확신하노니 사망이나 생명이나 천사들이나 권세자들이나 현재 일이나 장래 일이나 능력이나. 높음이나 깊음이나 다른 아무 피조물이라도 우리를 우리 주 그리스도 예수 안에 있는 하나님의 사랑에서 끊을 수 없으리라"

"고통과 불행과 상실이 그리스도인을 하나님의 사랑에서 끊을 수 있는가?"라고 질문한 바울은 "결코 그렇지 않다" "오히려 우리가 하나님의 사랑을 더 깊이 체험하고 하나님의 영광을 소망하면서 그리스도의 형상을 더욱 닮게 될 것이다"고 선언한다. 우리가 실수할 수도 있고, 심지어 죄를 지을 수도 있다. 그러나 그런 과정을 통해서 진정으로 회개하고 겸손해 진다면, 하나님께서는 우리를 용서하시고 새롭게 하실 것이다.

탕자를 한 번 생각해 보자. 그가 집을 나서기 전에도 아버지의 사랑에 대해서 알고 있었다. 그러나 그가 다시 아버지의 집으로 돌아 왔을 때, 아버지의 사랑에 대해서 훨씬 더 많이 알게 되었다. 그가 아 버지의 사랑을 배신하고 세상에서 큰 고통을 겪다가 돌아왔을 때, 아 버지의 사랑을 더 깊이 깨닫게 되었다. 우리들도 자신의 넘어짐을 통해서 자신이 얼마나 악하고 연약한 존재인지를 더 깊이 깨닫게 된 다. 이것을 체험한 사람은 자신은 하나님의 은혜가 아니고서는 한 순간도 스스로는 설수 없는 존재임을 배우게 된다. 그래서 이전 보 다 더 하나님을 알게 되어 하나님을 더 사랑하고 의뢰하게 된다. 그 리고 이웃을 더 긍휼히 여기며 온유하게 대하는 것이다.

그래서 우리의 내부의 죄성과 실패도, 세상의 유혹도, 사단과 영 적 세력들의 끊임없는 도전에도 불구하고 우리를 향한 하나님의 이 약속이 성취되는 것을 막을 수 없다. 이것이 구약과 신약의 구름같 이 둘러싼 성도들의 증언이다. 그리고 이천년 교회사에 수많은 위대 한 성도들이 보여준 믿음의 비밀이다.

이제부터는 우리가 바로 이 진리를 증거하고 전해야 한다. 우리 의 존재와 삶을 통해서 그리스도의 형상을 보여주는 것이다. 우리 의 성품에서, 우리의 말과 행동에서, 그리스도의 향기를 드러내야 한 다. 그러면 사람들은 우리의 소망에 대해서 관심을 갖게 될 것이다. 우리가 전하는 메시지에 관심을 갖게 될 것이다. "모든 것을 합력하 여 선을 이루어 주시는 하나님"을 알고 싶어 하게 될 것이다. 그리고 자신들도 그 하나님을 만나 믿고 싶어 할 것입니다. 이것이 참된 전 도의 방식이다.

우리가 예수님을 따른다면, 그 누가 우리를 해칠 수 있겠는가? 하나님의 영원한 경륜이 어떻게 무너질 수 있는가? 역사 가운데 주님의 부르심을 입은 자들이 하늘의 별들처럼 이 진리를 증거하고 있습니다. "주의 권능의 날에 주의 백성이 거룩한 옷을 입고 즐거이 헌신하니 새벽 이슬 같은 주의 청년들이 주께 나오는 도다"(시 110:3) 따라서 용기를 가지고 다음과 같이 노래하며 우리의 길을 계속 가자. "만군의 여호와께서 우리와 함께 계시니, 야곱의 하나님은 우리의 피난처시로다"(시 46:7).

나가며: 담대한 그리스도인

우리가 부르는 복음성가 중에 "내일 일은 난 몰라요"라는 곡이 있다. 그런데 그 가사 중 일부를 수정해야 한다. "내일 일은 난 몰라요. 장래 일도 몰라요."라는 가사는 성경적이지 않다. 이렇게 바꾸어 불러야 한다. "내일 일은 난 몰라요. (그러나) 장래 일은 알아요." 우리는 오늘과 내일 일은 어떻게 될지 모르지만, 우리의 장래, 궁극적인 장래는 확실히 알고 사는 사람들이다. 그것을 알고 담대하게 살도록 바로 이 말씀을 우리에게 주신 것이다. 현재 우리의 고난이 너무나 힘들고, 다 이해가 안된다할지라도 결코 두려워하거나 낙심해서는 안 된다. 주께서 우리 안에 착한 일을 시작하셨기에 반드시 그리스도 예수의 날까지 이루실 것이다(빌 1:3).

이제부터는 우리는 이 약속의 말씀으로 우리의 상황을 해석하고 적용하자. 사단은 우리의 연약함을 빌미로 계속 공격해 올 것이다. "네가 그런 고통을 당하는 것은 하나님께로부터 버림받았다는 증거야!" "네가 그런 상태에 있다는 것은 하나님이 없다는 것을 말하는 것이 아닐까?" "세상을 포기하는 것이 얼마나 어리석은 줄 아느냐?" "네가 고통당할 때 하나님은 어디 계신 거니?" 마귀는 참된 신자에게도 그리스도인이 되면 아무런 고통과 고난이 없어야 한다고 미혹한다. 고통을 피하기 위해서 세상을 따르라고 유혹한다. 그러나 우리가 알아야 할 것은 로마서 8장 17-18절에서 말씀하고 있는 것처럼 죄의 구조가 남아있는 한 그리스도인에게 고난은 항상 있다.

따라서 우리는 이렇게 외쳐야 한다. "하나님은 나로 하여금 고통이 없게 만들어 주신다고 약속하지 않았다. 오히려 고통 속에서 나와 함께 하시고, 이것을 통해 선을 이루어 주실 것이다. 구약의 성도들을 보아라. 그들은 고통을 당하여지만 하나님께서 그 고통 가운데서 승리하게 하셨다. 나에게도 이 세상을 이기도록 나를 끊임없이 격려하시고 지키시는 하나님이 계신다. 또한 성령님과 예수님께서 나를 위해 기도하고 계신다. 내가 이 고통 속에서도 하나님의 방식으로 승리하도록 나에게 인내할 수 있는 힘을 주시고, 지혜를 주시고 계신다! 고난과 역경 그 어떤 것도 내가 예수 그리스도를 닮는 것을 막을 수 없다. 나는 겸손하고 온유하신 예수님을 따라 승리하도록 예정되어 있는 사람이다!"

여러분 명현(冥顯) 현상이라는 것을 아는가? 의학에서 병세가 호전되는 과정에서 역효과로 일시적으로 증상이 더 심해지는 것을 말한다. 그래서 약을 먹게 되면 그 약을 통해 치료가 되기 전에 증상이 일시적으로 나빠지는 경우가 있다. 예를 들어 기운을 보충하려 약을 먹었는데 더 기운이 없어지는 것을 초기에 느끼게 된다. 또 어떤 경우에는 아토피를 치료하려고 약을 먹었는데 더 심해지는 경우도 있다. 그럴 때 경험 많은 의사 선생님은 놀라지 않는다. 오히려 조금 기다려 보면 좋아질 테니 좀 더 먹어 보라고 한다. 그는 이렇게 말할 것이다. "전체적으로 좋아지는 과정에서 노폐물이 빠져나는 현상입니다. 조금 있으면 좋아지는 것을 확인하게 될 것입니다. 잠시 더 증상이 악화되었다고 해서 약을 중단하거나 놀라서는 안 됩니다. 꾸준히 약을 드셔야 됩니다."

이는 우리의 영적 삶에서도 동일하게 적용될 수 있다. 우리가 단지 현재의 상태만 본다면, 사단의 말에 미혹될 수 있다. 그래서 경험 많고 노련한 영혼의 의사인 바울 사도는 이렇게 자상하게 가르쳐준다. "우리가 알거니와 하나님을 사랑하는 자 곧 그 뜻대로 부르심을 입은 자들에게는 모든 것이 합력하여 선을 이루느니라." 역사 전체를 조망하면서 고난에 압도당하지 말고 잘 인내하면서 하나님을 더욱 의뢰하라는 것이다. 그러면 현재 우리에게 닥친 고난과 고통은 우리가 더욱 그리스도를 닮게 해 주는 보약의 명현현상과 같은 것임을 체험하게 될 것이다.

여러분! 자신이 아무런 희망이 없는 막다른 곳에 있는 것처럼 보일 때, 바로 이 말씀을 떠올려야 한다. 그리고 영혼의 눈을 들어 영원의 관점에서 자신의 상황을 바라보라. 그러면 현재의 고난에 놀라지도 않고, 의연하게 대처할 수 있을 것이다. 의연하고 담대하게 주의 약속을 붙잡고 영광의 날이 이르기까지 함께 인내로써 승리하자.

기독교 세계관 정립을 위한 질문들

10장. 모든 것이 합력하여 선을 이루는 방식

1. 자기만족을 위해 사는 사람들이 결국 허무와 절망에 빠지게 되는 이유는 무엇입니까?

2. 하나님을 사랑하는 자에게 나타나는 특징은 어떤 것입니까?

3. '모든 것이 합력하여 선을 이룬다'는 말씀에서 선(善)이란 무엇입니까? 문맥에서 두 가지를 찾아 말해 보시오.

4. 하나님의 아들의 형상이란 무엇입니까?

5. 하나님께서 합력하여 선을 이루는 방식은 무엇입니까?

6. 고통이 세상 사람들에게 주는 의미는 무엇이며, 그리스도인에게 주는 유익은 무엇입니까?

7. 우리가 겸손해 질 수만 있다면, 그 어떤 것이라도 우리에게 유익한 이유는 무엇입니까?

8. 스펄전 목사님은 "하나님께서 우리에게 주실 수 있는 가장 큰 지상적인 복은 질병이고 그 다음이 건강입니다"라고 말했습니다. 여러분이 자신의 체험과 더불어 그 이유를 설명해 보세요.

9. 그리스도인은 고난을 통해서 자기 사랑과 자기 연민에서 벗어나게 됩니다. 여러분에게 이런 경험이 있습니까?

10. 우리가 복음을 전하는 방식은 우리의 존재와 삶을 통해서 그리스도의 형상을 보여주는 것이어야 합니다. 그것이 실제 삶을 통해서 어떻게 드러나야 합니까?

11. 사탄이 우리의 연약함을 빌미로 공격해 올 때 우리는 어떻게 대응해야 합니까?

12. 고난이 영적성장을 위한 명현(瞑眩) 현상으로 이해한다면, 우리는 의연하고 담대하고 고난에 대처할 수 있습니다. 그 이유를 설명해 보시오.

교회를 세우는
기독교 세계관

세계관 변혁을 위한 설교

세 계 관 변 혁 을 위 한 설 교

그리스도인
법률가의 사명

교회를 세우는
기독교 세계관

잠언 31:1-9

1 르무엘 왕이 말씀한 바 곧 그의 어머니가 그를 훈계한 잠언이라
2 내 아들아 내가 무엇을 말하랴 내 태에서 난 아들아 내가 무엇을 말하랴 서원대로 얻은 아들아 내가 무엇을 말하랴
3 네 힘을 여자들에게 쓰지 말며 왕들을 멸망시키는 일을 행하지 말지어다
4 르무엘아 포도주를 마시는 것이 왕들에게 마땅하지 아니하고 왕들에게 마땅하지 아니하며 독주를 찾는 것이 주권자들에게 마땅하지 않도다
5 술을 마시다가 법을 잊어버리고 모든 곤고한 자들의 송사를 굽게 할까 두려우니라
6 독주는 죽게 된 자에게, 포도주는 마음에 근심하는 자에게 줄지어다
7 그는 마시고 자기의 빈궁한 것을 잊어버리겠고 다시 자기의 고통을 기억하지 아니하리라
8 너는 말 못하는 자와 모든 고독한 자의 송사를 위하여 입을 열지니라
9 너는 입을 열어 공의로 재판하여 곤고한 자와 궁핍한 자를 신원할지니라

11장

그리스도인 법률가의 사명[1]
잠언 31:1-9

들어가며: 갈등하는 변호사?

    그리스도인은 삶의 모든 영역에서 하나님을 예배하는 사람이다(롬 12:1-2). 우리의 가정과 학교, 직장과 우리가 생활하는 모든 곳에서 하나님께서 영광을 받으셔야 한다. 하지만 우리는 실제 삶에서 이것을 의식하지 못하거나 의식하더라도 예배하는 삶은 쉽지 않다. 내가 아는 집사님은 판사로서 교회를 잘 섬기면서 모범적인 신앙생활을 했다. 그는 판사생활 10년이 지날 때 쯤 자녀들의 교육비 등의 이유로 변호사 개업을 하게 되었다. 그는 법률가로서도 성실했고, 유능했기에 개업초기에 많은 사건들을 수임할 수 있었다. 그 분이 개업 초기에 나에게 이런 저런 고민을 이야기 했다. 자기가 판사로 있을 때는 몰랐는데 변호사를 해보니 의뢰인들이 불법적인 요구를 계속하면서 변호사인 자신마저도 속인다는 것이다. 그럴 때는 어

---

1) 이 글은 2013년 11월에 성균관대학교 로스쿨 신우회에서 전했던 특강이다.

떻게 해야 하는가? 등의 질문이었다.

나는 그분에게 하나님께서 원하시는 변호사가 어떤 사람일까를 생각해보라고 했다. "하나님께서 기뻐하시는 변호사는 돈을 많이 버는 변호사일까? 아니면 하나님의 공의를 따라 행하는 변호사일까?" 이런 점검 기준은 변호사뿐만 아니라, 모든 직업에서 우리가 어떻게 자신의 직업활동을 통해 하나님을 섬길 것인지를 결정하는 중요한 시금석이 된다. 여러분들은 법조인으로 살기위해서 준비 중에 있다. 그렇다면 여러분에게도 동일한 고민이 있을 것이다. '그리스도인 법률가로서 어떻게 하나님을 예배하며, 어떻게 하나님의 공의를 시행하는 사람으로 살아갈 수 있을까? 어떻게 하면 솔로몬처럼 지혜로운 재판관이 될 수 있을까?' 나는 여러분이 솔로몬이 기록한 잠언에서 그 지혜를 발견할 수 있다고 생각한다. 여러분이 잠언의 지혜를 터득한다면 솔로몬처럼 지혜로운 법률가가 될 수 있을 것이라고 기대한다. 나는 오늘 여러분과 함께 잠언의 말씀을 통해서 그리스도인 법률가의 사명(使命)을 함께 살펴보고자 한다.

이와 관련하여 다양한 관점에서 접근이 가능하겠지만, 나는 잠언에서 기독교의 국가관을 살펴보고, 그리스도인 법률가의 사명을 살펴 보고자 한다. 우선 국가 권력의 기원과 정당성에 대해서 성경이 가르치는 바를 찾아보고, 두 번째로 국가의 법과 공권력이 정당성을 갖기 위한 조건을 살펴보고, 셋째로 하나님께 반하는 국가의 권위에도 순종해야하는가에 대해서 검토해보겠다. 마지막으로 그리스도인 법률가들에게 요구되는 사명과 책임이 무엇인지를 말씀을 통해서 함께 생각해 보고자 한다.

1. 국가의 기원과 법

여러분은 헌법을 공부하면서 국가의 기원에 대한 다양한 견해들을 공부했을 것이다. 국가의 기원에 대해서 법학자들은 인본주의적인 관점에서 다양한 견해를 제시하고 있다. 그래서 여러분도 시험에서는 인본주의적인 관점에서 국가의 기원에 대한 답안을 작성했을 것이다. 하지만 여러분은 그리스도인으로서 국가의 기원과 역할에 대한 성경적인 국가관을 명확하게 정립해야 한다. 이것은 변호사 시험에 나오지는 않지만, 이 세상을 사는 동안 여러분이 그리스도인으로서 세상을 해석하고 세상과 다른 방식으로 살도록 해주는 중요한 세계관을 형성하게 될 것이다. 성경은 국가라는 제도를 하나님께서 일반은혜를 베푸시기 위한 방편으로 주셨다고 가르친다. 여기서 말하는 국가는 삼권분립이 된 근대국가를 포함하지만 더 넓은 개념으로 모든 정치적 권위구조를 통해 통치가 이루어지는 권력체계를 포괄하는 의미이다.

먼저 잠언 8장 15-16절을 보자. "나로 말미암아 왕들이 치리하며 방백들이 공의를 세우며 나로 말미암아 재상과 존귀한 자 곧 세상의 모든 재판관들이 다스리느니라." 여기서 "나"는 지혜를 가리킨다. 지혜가 의인화되어 진리를 가르치는 교사로 나타난다. 그렇다면 지혜란 무엇일까? 잠언에서 지혜란 삶의 모든 영역에 다 적용되는 하나의 원리를 말한다. 잠언을 비롯한 지혜서(욥, 전도서)들은 인간이 하나님의 형상으로서 삼중적인 관계에 놓여 있음을 가르친다. 첫째는 하나님과의 수직적 관계이다. 둘째는 이웃과의 수평적 관계이다. 셋째는 자연과의 관계이다. 따라서 지혜는 바로 이런 삼중적인 관계 속에서 우리가 올바른 위치에서 정당하게 행동하게 해 주는 원리와 능력이다. 하나님과의 관계에서 지혜는 여호와를 경외함으로 나타난다. 여호와를 경외한다는 것은 모든 삶의 우선순위를 하나님을 예배하고 섬기는데 두는 것이다. 이것이 지혜의 근본이다(잠 1:7; 욥 28:28). 지혜의 두 번째 측면은 수평적인 측면으로 이웃과의 관계에서 어떻게 살 것인가를 보여주는 원리이다. 다시 말하면 다양한 인간관계 속에서의 그 관계를 바르게 유지하고 지속할 수 있게 하는 원리이다. 잠언은 이것을 '우정'이라고 가르친다. 세 번째 측면에서는 자연과의 관계에서 어떻게 그것을 사용하고 누릴 것인지를 가르치는 원리이다. 잠언은 이 원리를 '청지기'라고 가르친다. 오늘날 환경문제가 심각한 이유는 사람들이 이런 지혜가 없기 때문이다.

그렇다면 잠언 8장 15-16절이 말하는 의인화된 '나'로 나타나는 지혜란 무엇일까? 우선 잘못된 이해를 먼저 살펴보자. 많은 사람들이 이 본문에 나온 의인화된 지혜를 예수님과 직접 연결시킨다. 그러나 그렇게 하면 상당한 문제가 발생한다. 우선 22절을 보면 하나님께서 태초 전에 지혜를 창조하셨다고 나온다. 히브리어 '키나'라는 동사는 하나님이 주어가 되면 언제나 '창조하다'라는 의미가 된다.

그렇게 되면 성자이신 예수님께서 영원 전 어느 시점까지는 존재하지 않았었다는 말이 된다. 그러면 4세기에 나타난 이단 아리우스파의 주장을 반복하는 것이다. 아리우스는 성자(聖子)는 나시기 전에 존재하지 않았던 때가 있었다고 주장했다. 아리우스는 성자는 무(無)에서 피조 되었고, 성부와 다른 본질을 가졌다고 주장함으로써 325년 니케아 회의에서 이단으로 정죄되었다.

그렇다면 지혜는 무엇일까? 본문의 전후 문맥을 세밀하게 읽는다면, 우리는 지혜가 하나님께서 창조하신 창조의 원리임을 발견할 수 있다. 지나치게 단순화는 감이 있지만 좀 더 쉽게 말한다면, 하나님께서 우주와 만물을 창조하시고, 섭리(보존과 통치)하시는 원리라고 말할 수 있다. 하나님께서 우주와 만물을 창조하시고 섭리하시는 통전(通典)적인 모든 경륜이 곧 지혜라고 할 수 있다.

이제 잠언 8장 15-16절을 다시 살펴보자. "나(지혜)로 말미암아 왕들이 치리하며 방백들이 공의를 세우며 나로 말미암아 재상과 존귀한 자 곧 세상의 모든 재판관들이 다스리느니라." 하나님에게서 비롯된 창조와 섭리의 원리인 지혜를 통해서 국가가 세워지고 왕들이 다스린다. 하나님께서는 어떤 사람들에게 지혜를 주셔서 왕과 관리로 세우셔서 공의로 재판하게 하셨다. 국가의 통치체제와 지도자들 모두 하나님께서 세우셨다. 그래서 국가의 통치는 하나님께서 주신 지혜, 즉 일반계시로 주신 자연법과 그로부터 연역해 낸 원리들로써 헌법과 구체적인 법률들을 통해 이루어진다. 우리는 본문에 직접 언급되지 않았지만 성경 전체의 문맥에서 그것을 충분히 알 수 있다. 그러므로 국가는 하나님께서 일반은혜를 시행하시는 방편으로 주신 것이다. 우리는 이것을 로마서 13:1-7절에서 더 분명하게 확인할 수 있다.

"각 사람은 위에 있는 권세들에게 굴복하라 권세는 하나님께로 나지 않음이 없나니 모든 권세는 다 하나님의 정하신 바라. 그러므로 권세를 거스리는 자는 하나님의 명을 거스림이니 거스리는 자들은 심판을 자취하리라. 관원들은 선한 일에 대하여 두려움이 되지 않고 악한 일에 대하여 되나니 네가 권세를 두려워하지 아니하려느냐 선을 행하라 그리하면 그에게 칭찬을 받으리라. 그는 하나님의 사자가 되어 네게 선을 이루는 자니라 그러나 네가 악을 행하거든 두려워하라 그가 공연히 칼을 가지지 아니하였으니 곧 하나님의 사자가 되어 악을 행하는 자에게 진노하심을 위하여 보응하는 자니라. 그러므로 굴복하지 아니할 수 없으니 노를 인하여만 할 것이 아니요 또한 양심을 인하여 할 것이라. 너희가 공세를 바치는 것도 이를 인함이라 저희가 하나님의 일꾼이 되어 바로 이 일에 항상 힘쓰느니라. 모든 자에게 줄 것을 주되 공세를 받을 자에게 공세를 바치고 국세받을 자에게 국세를 바치고 두려워할 자를 두려워하며 존경할 자를 존경하라."

2. 국가의 권위와 질서에 순복하라.

하나님께서 그의 지혜로 국가의 권위 구조와 법질서를 세우셨기 때문에 우리는 국가의 권위와 법질서를 존중하고 순복해야 한다. 이 권세를 거스르는 자는 하나님의 명을 거스르는 것이라고 바울은 말한다(롬 13:2). 잠언 20장 2절을 보자. "왕의 진노는 사자의 부르짖음 같으니 그를 노하게 하는 것은 자기의 생명을 해하는 것이니라." 하나님께서 세우신 권위를 거역하는 것은 하나님을 거역하는 것이 되기 때문에 자기 생명을 해하는 것이다. 잠언 20장 8절은 "심판의 자리에 앉은 왕은 그 눈으로 모든 악을 흩어지게 하느니라"고 말씀한다. 왕은 하나님의 사자가 되어 악을 심판함으로써 사람들 사이에 악이 관영하지 않도록 막는 역할을 한다. 또 잠언 20장 26은 이렇게 말씀한다. "지혜로운 왕은 악인을 키질 하며 타작하는 바퀴로 그 위에 굴리느니라." 지혜로운 왕은 악이 성행하지 못하도록 법을 공정하고 엄격하게 집행한다는 말씀이다.

이렇게 하나님께서는 지혜를 주셔서 국가 기관들과 권세 자들에게 그 지혜를 따라 행함으로 국민의 생명과 인권을 보호하며 평화와 번영을 누리도록 은혜를 베푸셨다. 따라서 그리스도인들은 기본적으로 국가의 제도나 권위에 순복해야 한다. 국가의 권위에 반역하는 것은 스스로 하나님의 지혜를 버리는 것이며, 자기를 해롭게 하는 것이다. 그래서 잠언 24장 22-23절은 이렇게 말씀한다. "내 아들아 여호와와 왕을 경외하고 반역자로 더불어 사귀지 말라. 대저 그들의 재앙은

"속히 임하리니 이 두 자의 멸망을 누가 알랴" 하나님께서 세우시고 사용하시는 국가의 왕을 반역하는 자와 함께하지 말라고 가르친다. 그런 사람에게는 언제 재앙이 임할지 알 수 없고, 그것은 하나님의 지혜에 반역하는 것이기 때문이다. 잠언 13장 15절에서는 "궤사한 자의 길은 험하니라"고 했다. 배신자의 길은 파멸이라는 것이다. 따라서 우리는 여호와께서 세우신 국가의 권위 구조와 질서를 반하는 행동을 해서는 안 된다.

3. 하나님께 반하는 국가 권력에 대해서도 복종해야 하는가?

그렇다면 여기서 한 가지 의문이 들 수 있다. 국가가 권력을 남용하거나 옳지 않는 관리들에 대해서는 어떻게 해야 할까? 잠언은 그런 사람들도 분명히 있음을 가르친다. 잠언 28장 15-16절을 보자. "가난한 백성을 압제하는 악한 관원은 부르짖는 사자와 주린 곰같으니라. 무지한 치리자는 포학을 크게 행하거니와 탐욕을 미워하는 자는 장수하리라." 세상에는 악한 관원도 많고 악한 왕도 많다. 하나님께서 세우셨다면 왜 그런 왕이나 관리들이 있는 것일까?

그 질문에 답하기 전에 우리가 알아야 할 것이 있다. 지금 이 세상은 죄의 세력이 지배하고 있다(참고. 행 26:18; 골 1:13). 하나님께서 일반은혜 언약을 주신 것도 세상에 죄악이 관영하던 시점이었다. 창세기 8장 21절을 보자. "여호와께서 그 향기를 흠향하시고 그 중심에 이르시되 내가 다시는 사람으로 인하여 땅을 저주하지 아니하리니 이는 사람의 마음의 계획하는 바가 어려서부터 악함이라. 내가 전에 행한 것 같이 모든 생물을 멸하지 아니하리니" 이 말씀은 노아시대 홍수심판 사건 직후에 주신 말씀이다. 죄악이 관영한 세상을 홍수로 심판했지만 사람의 마음은 변하지 않았다. 사람들은 여전히 어려서부터 항상 악한 상태에 있었다.

그러므로 우리는 하나님께서 일반은혜 언약을 주신 것은 세상에서 죄를 완전히 없애시기 위한 것이 아니었음을 알 수 있다. 오히려 죄로 인해 세상이 완전히 붕괴되지 않도록 주신 조치였다. 하나님께서 일반은혜로 국가와 권위자들을 세우신 것은 물이 바다를 덮음 같이 여호와를 아는 지식으로 인해 공의가 실현되는 완벽한 세상을 만들려는 것이 아니었다. 일반은혜는 더 큰 악을 막고, 죄의 세력에 의해서 세상이 완전히 전복(顚覆)되지 않도록 보존하시기 위한 방편이다. 일반은혜의 목적은 하나님의 백성들이 구원을 받고 하나님 나라가 극치에 이르기까지 세상을 보존하시기 위한 것이다. 따라서 여러분은 이 악한 세상이 붕괴되지 않고 아직도 존재하는 것은 하나님께서 일반은혜로 보존하시는 결과임을 알아야 한다.

그래서 인류 역사에는 선한 왕보다도 악한 왕이 더 많았다. 지금도 그렇지만 선한 관원보다 악한 관원이 훨씬 많았다. 나봇의 포도원을 빼앗던 아합과 같은 왕들이 더 많았다. 그러나 '악한 정부라도 없는 것보다 낫다'는 말처럼 권위구조 자체가 없다면 큰 혼란에 빠지게 된다. 그런 악한 권력자로 인해 고통을 겪더라도 우리는 그것 때문에 불평하거나 의기소침해져서는 안 된다. 감사하게도 하나님께서는 그런 자들에게 현세에서도 섭리적인 심판을 행하시지만, 종말에 최종적으로 심판하실 것이다. 예수님께서 재림하셔서 역사의 목적이 완성되기까지는 이 세상 역사에는 부패한 정권과 관리들이 계속 있을 것이다.

나는 악한 권력자들의 통치는 하나님보다 우상을 섬기며 불의를 사랑하는 사람들에 대한 하나님의 섭리적인 심판으로 해석한다. 지금도 세계 곳곳에서는 악한 지도자들 때문에 고통당하거나 민중들의 항쟁이 끊이지 않고 있다. 그것을 잠언 28장 2절에서는 이렇게 말씀한다. "나라는 죄가 있으면 주관자가 많아져도 명철과 지식이 있는 사람으로 말미암아 장구하게 되느니라." 국가에 죄악이 관영하면 사회 질서의 근간이 흔들리게 되고 너도 나도 지도자로 자처하게 되어 더 큰 혼란이 발생한다. 그러나 지식과 명철이 있는 사람, 곧 지혜로운 통치자가 나오면 그로 인해 그 나라는 번영하게 된다. 따라서 우리는 하나님께 국가의 지도자들을 명철하고 지혜로운 사람을 세워주시길 기도해야 한다.

그렇다면 국가 권력이 하나님께서 권위를 위임하신 목적에 반하는 일을 한다면 어떻게 할까? 다시 말해 국민의 생명과 인권을 보호하는 것이 아니라 그것을 파괴한다면 어떻게 해야 할까? 우리는 그런 정권에게도 순복해야 할까? 아니다. 모든 권위는 하나님의 권위 아래 있다. 하나님의 뜻에 반하는 국가나 정권에 대해서 우리는 순복해서는 안 된다(참고. 행 4:19). 더 적극적으로는 하나님의 목적이 바르게 시행 되도록 하기 위해서는 혁명도 선택 가능한 대안이 될 수 있다. 영국의 청교도 혁명이 이것을 보여 준다. 물론 그런 결정은 종합적이며 신중한 판단이 요구된다. 우리가 만약 그런 상황에 처하게 된다면 먼저 해야 할 일은 혁명이 아니라, 하나님의 도우심과 인도하심을 기도해야 한다.

바울은 우리에게 국가의 지도자들을 위해서 기도하라고 말씀하고 있다. "그러므로 내가 첫째로 권하노니 모든 사람을 위하여 간구와 기도와 도고와 감사를 하되 임금들과 높은 지위에 있는 모든 사람을 위하여 하라 이는 우리가 모든 경건과 단정한 중에 고요하고 평안한 생활을 하려 함이니라"(딤전 2:1-2). 이렇게 기도하는 것은 교회의 복음 전파와 세상을 위한 중보적 사명을 감당하기 위함이다. 따라서 우리는 하나님의 섭리 안에서 지혜롭게 하나님의 뜻을 따라 행해야 한다.

4. 그리스도인 법률가의 사명과 책임

1) 그리스도인 법률가는 하나님의 사자(使者)다.

여러분 중에는 판사나 검사가 될 사람도 있을 것이고, 또는 행정부의 법무관이나, 로펌에서 변호사로 일하실 분도 있을 것이다. 여러분이 무엇보다 먼저 생각해야 할 것은 여러분은 법률가로 부르심을 받기 전에 하나님의 사람으로 부르심을 받았다는 것이다. 여러분 자신과 모든 활동은 하나님의 부르심에 대한 응답이어야 한다. 그러므로 우리에게 중요한 것은 하나님을 경외하는 것이다. 우리는 먼저 하나님과의 관계에서 올바른 위치에 있어야 한다. 잠언에서 지혜로 번역된 '호크마'라는 히브리어는 단순히 현명한 것을 의미하는 것이 아니다. 지혜는 우리가 맺고 있는 삼중적인(하나님, 이웃, 자연) 관계에서 바른 선택을 하고 승리하는 능력을 의미한다. 우리가 성공적인 삶을 살고자 한다면, 지혜를 따라 하나님을 경외하고 이웃과 더불어 평화를 추구하며 자연을 하나님의 뜻대로 선용할 수 있어야 한다.

여러분은 국가 기관이든, 민간 법률회사든 어디에서 근무하더라도 일차적으로는 하나님 앞에서 일하고 있음을 늘 기억해야 한다. 그래서 여러분의 존재와 활동 자체가 하나님의 부르심에 대한 응답이어야 한다. 그리고 각자에게 주어진 위치에서 하나님의 방식으로 하나님의 공의를 세우는 자로서의 사명을 감당해야 한다. 여러분이 하나님의 사자(使者)로서 직무를 감당해야 한다는 것은 무엇보다도 여러분을 그 자리에 세우신 분이 하나님이심을 기억하는 것이다. 다음으로 여러분이 그 직무를 수행하는 방식 또한 세상이 좋아하는 방식이 아니라 하나님께서 기뻐하시는 방식이어야 한다. 여러분은 하나님의 공의에 합당한 방식으로 일해야 한다.

잠언 24장 23절에는 "재판할 때에 낯을 보아주는 것이 옳지 못하니라"고 했다. 오늘날 법조계에 널리 펴져 있는 관행이 무엇인가? '전관예우'아닌가? 왜 직전 판사나 검사 출신의 변호사는 되고 다른 변호사는 안 되는 것인가? 그것은 공의로 재판하지 않고 그 변호사의 낯을 보아주기 때문에 생긴 것이 아닌가? 이것이 하나님께서 기뻐하시는 것일까? 여러분이 하나님께로부터 보냄을 받은 자라면 신명기 25장 1절 말씀을 기억해야 한다. "사람과 사람 사이에 시비가 생겨서 재판을 청하거든 재판장은 그들을 재판하여 의인은 의롭다 하고 악인은 정죄할 것이며" 하나님의 공의를 세우는 것이 재판장의 임무이다. 여러분을 통해서 공의가 시행됨으로써 국가와 사회가 바로 서고, 교회가 평화로운 가운데 주어진 사명을 잘 감당하도록 도와야 한다.

여러분은 옛날 왕이나 관리가 된 사람들과 같이 우리 사회의 지도층이 될 것이다. 왜냐하면 왕과 관리가 재판하는 사람이었던 것처럼 여러분도 어떤 형태로든 재판에 참여하는 사람들이 될 것이기 때문이다. 그래서 여러분은 잠언 20장 28절의 말씀을 늘 기억해야 한다. "왕은 인자와 진리로 스스로 보호하고 그 위도 인자함으로 말미암아 견고하니라." 왕이나 관리들이 인자와 진리를 따라 행하는 것으로 자신과 백성들을 보호하며, 자신의 직위도 견고하게 한다. 따라서 이스라엘에서 왕이 된 자들은 모세가 신명기 17장 18-20절에서 말씀한 것을 늘 기억해야 했다. "그가 왕위에 오르거든 레위 사람 제사장 앞에 보관한 이 율법서를 등사하여 평생에 자기 옆에 두고 읽어서 그 하나님 여호와 경외하기를 배우며 이 율법의 모든 말과 이 규례를 지켜 행할 것이라. 그리하면 그의 마음이 그 형제 위에 교만하지 아니하고 이 명령에서 떠나 좌로나 우로나 치우치지 아니하리니 이스라엘 중에서 그와 그의 자손의 왕위에 있는 날이 장구하리라." 신명기 말씀은 왕이 이렇게 모범을 보이라는 것이다. 따라서 이 말씀은 왕뿐만 아니라 여러분과 같이 지도자가 되려는 사람들이 꼭 명심하고 지켜야 할 말씀이다.

여러분도 항상 성경을 읽고 연구하여 여호와를 경외하는 것을 배워야 한다. 그래서 하나님을 기쁘시게 하며 공의를 시행하는 법률가가 되어야 한다. 여러분은 무슨 일을 하든지 마음을 다하여 주께 하듯 하고 사람에게 하듯 하지 않아야 한다(골 3:23). 여러분이 깨달은 성경을 자신의 직무와 삶에 적용하라. 그리고 여러분의 연약함을 고백하면서 하나님의 도우심을 기도하라. 여러분은 자신과 여러분이 속한 조직이 공의를 시행하도록 기도해야 한다. 여러분 자신이 먼저 겸손하게 하나님의 길로 가길 바란다. 좌로나 우로나 치우치지 않고 정도(正道)를 가는 하나님의 손에 붙잡힌 법조인이 되길 부탁한다.

2) 그리스도인 법률가는 이익(利益)보다 공의(公義)를 추구한다.

오늘날 세속화된 사회에서 돈이 모든 것을 판단하는 척도가 되고 있다. 자본(資本)의 소리가 다른 모든 소리를 압도하고 있다. 그래서 예전에는 존경받았던 전문직 종사자들도 이제는 돈만 아는 사람, 특권을 누리면서도 책임을 다하지 않는 사람으로 비춰지고 있다. 물론 이는 여러분의 탓이 아니다. 그러나 이런 사회 문화적 환경에서 여러분 앞에도 동일한 시험과 유혹이 놓여 있다. 많은 사람들이 의(義)를 버리고 돈과 이익을 쫓고 있다. 그래서 그리스도인들도 하나님의 공의보다 돈을 따라가는 비굴한 삶을 살고 있다. 그러나 이는 큰 위험이라는 사실을 기억해야 한다. 잠언 1장 19절을 보자. "무릇 이를 탐하는 자의 길은 다 이러하여 자기의 생명을 잃게 하느니라." 사람이 돈을 과도하게 추구하는 이유는 돈이 자신의 안전과 행복을 보장해 줄 것이라고 생각하기 때문이고, 이 세상에서의 삶이 전부라고 생각하기 때문이다. 그러나 잠언의 교사는 그것은 가장 우매한 선택이며 자기 생명을 잃게 한다고 경고한다. 그리스도인은 돈이 아니라 하나님만이 자신의 안전과 행복의 근원이심을 믿는 사람이다. 따라서 우리는 돈이 아니라 하나님의 말씀과 공의를 따라 행해야 한다.

잠언 17장 23절을 보자. "악인은 사람의 품에 뇌물을 받고 재판을 굽게 하느니라." 돈을 하나님보다 더 사랑하여 뇌물을 받고 공정하게 재판하지 않는 사람을 하나님께서는 악인이라고 말씀하고 있다. '유전(有錢) 무죄(無罪) 무전(無錢) 유죄(有罪)'라는 말은 오늘날에만 있는 말이 아니다. 사무엘상 8장 3절에 보면 이스라엘의 위대한 지도자 사무엘의 아들들의 잘못을 고발한다. "그 아들들이 그 아비의 행위를 따르지 아니하고 이를 따라서 뇌물을 취하고 판결을 굽게 하니라." 이 일이 계기가 되어 이스라엘 백성들은 이방 나라들처럼 왕을 달라고 하는 지경으로 나아갔다. 이처럼 지도자가 뇌물을 받고 판결을 굽게 하면 전체 백성들에게 심각한 영향을 미치게 된다.

바울 사도는 "돈을 사랑함이 일만 악의 뿌리가 되나니 이것을 사모하는 자들이 미혹을 받아 믿음에서 떠나 많은 근심으로써 자기를 찔렀도다"(딤전 6:10)라고 말씀했다. 나는 여러분이 실패하는 것보다 잘못된 방법으로 성공하는 것을 더 두려워해야 한다고 생각한다. 만약 여러분이 잘못된 방법으로 성공하게 되면, 마지막 날에 하나님 앞에 서기까지 자신이 잘못된 길로 가고 있음을 깨닫지 못할 것이다. 그래서 더 위험하다. 성경은 부요함 자체가 죄라고 하지 않는다. 그러나 그것이 하나님과 경쟁하게 될 때 큰 위험이 된다. 따라서 여러분은 돈과 세상의 성공이 주는 위험을 항상 주의해야 한다. 자신을 지켜 세속에 물들지 않는 사람이 복된 사람이다(약 1:27). 또한 우리가 복음을 증거 하는 가장 최상의 방법은 우리가 받은 직업적인 소명 안에서 신뢰할 만한 모습을 보여 주는 것이다. 이것을 꼭 기억하길 바란다.

나가며: 공의를 세우고 약자들을 돕는 법률가가 되라.

마지막으로 잠언 31장 1-9절을 함께 보자. "르무엘 왕의 말씀한바 곧 그 어머니가 그를 훈계한 잠언이라. 내 아들아 내가 무엇을 말할꼬 내 태에서 난 아들아 내가 무엇을 말할꼬 서원대로 얻은 아들아 내가 무엇을 말할꼬 네 힘을 여자들에게 쓰지 말며 왕들을 멸망시키는 일을 행치 말지어다. 르무엘아 포도주를 마시는 것이 왕에게 마땅치 아니하고 왕에게 마땅치 아니하며 독주를 찾는 것이 주권자에게 마땅치 않도다. 술을 마시다가 법을 잊어버리고 모든 간곤한 백성에게 공의를 굽게 할까 두려우니라. 독주는 죽게 된 자에게, 포도주는 마음에 근심하는 자에게 줄지어다. 그는 마시고 그 빈궁한 것을 잊어버리겠고 다시 그 고통을 기억지 아니하리라. 너는 벙어리와 고독한 자의 송사를 위하여 입을 열지니라. 너는 입을 열어 공의로 재판하여 간곤한 자와 궁핍한 자를 신원할지니라."

여러분 중에는 아마 장래 취업과 결혼에 대해서 또는 다른 일들에 대한 염려와 고민이 있을 것이다. 하지만 여러분이 잠언의 말씀을 따라 여호와를 경외한다면, 분명히 우리 사회에서 영향력 있는 지도자로 성장할 것이다. 그러나 여러분이 성공했다고 느낄 수 있는 바로 그때가 내가 보기에 가장 위험한 때이다. 그런 상황에서 여러분은 배나 더 깨어 있어야 한다. 힘을 많이 소유하면 할수록 유혹과 시험은 더 크게 다가 올 것이다. 여러분은 외견상 패배로 보이는 승리가 있고, 외견상 승리가 그저 허상일 수 있음을 기억해야 한다.

최근에 검찰의 최고의 자리에 오른 총장이 그의 능력 때문이 아니라, 다른 일로 공격을 받아 낙마했다. 잠언은 성공한 지도자에게 중대한 위험이 여자와 술이라고 경고하고 있다. 여자와 술은 여러분을 즐겁게 할 것처럼 보이지만, 결국은 위험에 빠뜨리게 될 것이다. 잠언 23장 27-35절을 보자. 이 단락에서는 여자와 술이 주는 두 가지의 위험을 시적으로 묘사해주면서 그것의 위험을 설득력 있게 전달해 준다. 술에 대한 부분만 원문에 가깝게 번역하면 이렇게 번역할 수 있다.

29절 : (술로 인한 고통) 재앙이 뉘게 있느뇨?
근심이 뉘게 있느뇨?
싸움질이 뉘게 있느뇨?
원망이 뉘게 있느뇨?

(술로 인한 상처) 까닭 없는 상처가 뉘게 있느냐?

붉은 눈이 뉘게 있느뇨?

30절 : (술을 찾는 자) 늦도록 술자리를 뜰 줄 모르는 자들

혼합한 술을 맛보러 온 자들이다.

31절 : (술을 바라봄) 술을 바라보지 마라.

그것이 붉어 보일지라도

번쩍일지라도

순하게 내려가게 보일지라도

32절 : (술의 파괴력) 그것이 마침내 뱀같이 물것이요.

그것이 마침내 독사같이 쏠 것이다.

33절 : (술의 결과) 네 눈에는 괴이한 것이 보일 것이요

네 마음은 구부러진 말을

지껄일 것이요

34절 : (술로 인한 고통) 너는 바다 한가운데에 누운 자와

같을 것이요

너는 돛대 꼭대기에 누운 자와

같을 것이다.

35절 : (술로 인한 상처) "사람들이 나를 때려도 나는 아프지

아니하고

사람들이 날 쳐도 나는 감각이 없다.

내가 깨어 날 때에

나는 다시 술을 찾겠노라!"하고

말한다.

이 말씀은 술의 유혹을 에덴동산에서 사단의 유혹만큼 매혹적이며 위험한 것으로 생생하게 그려주고 있다. 여러분은 구약의 선지자 다니엘을 잘 알 것이다. 그는 세 제국(바벨론, 메대, 바사)이 바뀌는 격변기에도 유대인 포로 출신으로써, 세 제국 모두에서 핵심요직에 있었던 사람이다. 그런 다니엘을 시기하고 그의 자리를 탐하며 멸시하는 본토인들이 얼마나 많았겠는가? 그들은 다니엘을 낙마시키고자 모든 자료를 찾고 찾았지만, 털어서 먼지조차 나지 않았다(단 6:4-5). 그를 고소할 수 있는 것은 그의 신앙밖에 없었다. 여러분도 그렇게 되길 바란다. 그리스도인 법률가로서 비둘기처럼 순결하고 뱀처럼 지혜롭게 행하라. 그러면 하나님께서 여러분과 함께 하실 것이다. 힘은 언제나 정당하고 절제 있게 사용될 때 가치 있고 아름답다. 여러분이 성공하여 힘을 갖게 되었을 때, 잠언의 말씀을 따라 고독한 자와 소외된 사람들을 돌아보시길 바란다.

여러분이 소유하게 된 지위와 권세를 자신의 사욕(私慾)을 위한 기회로만 생각하지 말고, 사회적 약자와 소외된 자들에게 그리스도의 사랑과 긍휼을 전하는 도구로 사용해야 한다. 하나님께서 여러분에게 그런 성공을 허락하신 것은 공의가 시행되는 국가와 사회를 통하여 교회가 하나님 나라의 사명을 감당하는데 기여도록 하기 위한 것임을 기억해야 한다. 그러기 위해서 무엇보다 하나님의 말씀을 깊이 공부해야 한다. 여러분이 지금 법전과 판례를 연구하는 열정만큼 성경을 중요하게 공부해야 한다. 무엇보다도 여호와를 경외하는 참된 지혜를 얻기 위해 최선을 다하라. 지혜롭고 겸손한 법률가가 되기 위해서는 영적인 통찰력을 소유해야 한다. 영적인 통찰력은 성경에 능통한 사람에게 주어진다. 여러분은 늘 신중하게 말씀을 공부하고 그 말씀을 자신에게 적용하는 훈련을 해야 한다. 동시에 성령 하나님께서 조명(照明)해 주시길 기도하라.

나는 여러분 모두가 여호와를 경외하는 지혜로운 법률가들이 되길 바란다. 그래서 공의가 무너져 가는 이 사회에 하나님의 사자(使者)가 되어 공의를 세우는 지도자가 되길 부탁한다. 또한 소외된 자들에게도 애정 어린 관심을 갖는 예수님을 닮은 법률가가 되길 바란다. 여러분이 이 로스쿨에서 공부하는 동안 학업에서뿐만 아니라 영적인 면에서도 큰 성장과 진보를 이루길 축원한다.

기독교 세계관 정립을 위한 질문들

11장. 그리스도인 법률가의 사명

1. 국가의 기원에 대한 성경적인 관점은 무엇입니까?

2. 지혜서는 인간이 삼중적인 관계에 놓여 있다고 가르칩니다. 그것은 무엇이고, 그 관계 속에서 우리가 올바르게 행동할 수 있게 하는 지혜의 세 측면은 무엇인지 말해 보시오.

3. 잠언 8장 15-16절을 예수님과 직접 연결하여 해석할 때의 문제점은 무엇입니까?

4. 잠언 8장 15-16절의 '지혜'는 어떻게 해석해야 합니까?

5. 국가의 권위와 질서에 순복해야 하는 이유와 근거는 무엇입니까?

6. 하나님께서 세우신 국가 권력이 악을 행하는 이유는 무엇입니까? 일반은혜는 왜 주어졌습니까?

7. 국가 권력이 국민의 생명과 재산, 인권을 보호하는 것이 아니라, 그것을 파괴하는데도 그 권력에 맹목적으로 순복해야 할까요?

8. '국가와 지도자들을 위해서 기도하라'는 바울 사도의 명령(딤전 2:1-2)은 교회가 악한 권력자들과 부화뇌동(附和雷同)하라는 것일까요? 바울 사도는 왜 국가와 지도자들을 위해서 기도하라고 했나요?

9. 우리는 어떤 직업으로 부르심을 받기 전에 먼저 그리스도인으로 부르심을 받았습니다. 이것이 우리 직업 활동에 주는 함의는 무엇입니까?

10. '전관예우'의 관행이 문제가 되는 근본적인 이유는 무엇입니까?

11. '유전 무죄, 무전 유죄'라는 말이 모든 시대에 회자(膾炙)되는 이유는 무엇입니까? 자본의 소리가 모든 소리를 압도하는 시대에, 여러분은 어떤 소리를 따르고 있습니까? 자본의 소리입니까? 하나님의 말씀입니까?

12. 세상적인 성공이 더 위험한 이유는 무엇입니까?

13. 영적인 통찰력을 갖기 위해서 우리는 어떤 노력을 해야 합니까?